한국어-스페인어
번역과 작문

문법 지식의 응용

[개정판]

한국어-스페인어 번역과 작문

: 문법 지식의 응용

© 심상완, 2020

개정 1판 1쇄 인쇄__2020년 3월 20일
개정 1판 1쇄 발행__2020년 3월 31일

지은이__심상완
펴낸이__홍정표
펴낸곳__글로벌콘텐츠
　　　　등록__제25100-2008-000024호

공급처__(주)글로벌콘텐츠출판그룹
　　　　대표_홍정표　**이사**_김미미　**편집**_김수아 이예진 권군오 홍명지　**기획·마케팅**__노경민 이종훈
　　　　주소__서울특별시 강동구 풍성로 87-6, 201호
　　　　전화__02) 488-3280　**팩스**__02) 488-3281
　　　　홈페이지__http://www.gcbook.co.kr
　　　　이메일__edit@gcbook.co.kr

값 16,500원
ISBN 979-11-5852-274-2 03770

개정판

한국어-스페인어
번역과 작문

문법 지식의 응용

심상완 지음

글로벌콘텐츠

머리말

　스페인어의 ABC도 모른 채 공부를 시작한 지도 벌써 많은 시간이 흘렀다. 학창 시절 마음에 드는 번역 및 작문 서적이 없었던 것이 늘 마음 한 구석에 아쉬움으로 남아 있었기에 대학 강단에 서면서 언젠가는 내 손으로 직접 책을 집필해야겠다고 생각했었다. 그러나 이러한 결심이 빛을 보기까지는 많은 시간이 걸렸다. 준비하는 과정에서 부족한 부분을 계속 보완하다보니 이제야 비로소 책을 완성하기에 이르렀다.

　이 책에서 필자는 문법, 번역, 작문 세 가지를 종합적으로 학습하도록 하는데 중점을 두었다. 스페인어 학습의 목표가 문법을 이해하는 것이 아니라 자신의 생각을 스페인어로 표현하는 것이라고 볼 때 문법 자체는 크게 중요하지 않다고 본다. 그러나 대학에 들어와서 처음으로 스페인어를 배우는 학습자의 입장에서 문법적 지식을 갖추지 않고서 제대로 된 번역이나 작문을 하기란 매우 힘들다고 판단된다. 따라서 필자는 각 단원마다 필요한 문법 설명과 함께 이와 관련된 기본 예문을 많이 제시하여 학습자에게 도움을 주고자 하였다. 한편, 지금까지 출간된 대부분의 작문 서적들이 단순히 한국어를 스페인어로 번역하는데 치중해온 점을 감안하여 이를 보완하는데도 많은 주의를 기울였다.

　흔히들 '번역'과 '작문'은 다르다고 하면서 번역 위주의 작문 수업에서 벗어나야 한다고 많이들 지적한다. 필자 역시 맞는 말이라고 생각한다. 그러나 스페인어 학습자의 대다수가 대학에 와서야 비로소 이 언어를 처음으로 접하는 까닭에 번역 및 작문 과정에서 모국어인 한국어의 영향을 벗어나기란 결코 쉽지 않다. 가령, 한국 사람과 스페인어 권 국가 사람들의 의식과 문화 차이로 인해 같은 내용을 두고서도 표현하는 방법이 서로 다른 경우가 한

두 가지가 아니다. 따라서 학습자 나름대로는 스페인 식으로 사고를 한다고 해도 스페인 식 사고가 뭔지도 제대로 모르는 상황에서 원어민처럼 표현을 하기란 쉽지가 않다. 사정이 이렇다보니 español이 아닌 소위 cospañol이 되어버리는 경우가 허다하다. 그러므로 두 언어의 구조적, 문화적 차이에서 오는 표현의 차이점을 학습자에게 미리 일러주어서 오류를 예방하게 하는 것도 스페인어를 가르치는 교수들의 중요한 역할 가운데 하나라고 생각한다. 이러한 관점에서 제대로 된 번역 학습의 중요성도 무시할 수 없다고 판단하고 이 책에서 많은 기본 예문과 번역 연습 문제를 제시하였다. 다만, 지나친 번역 위주 학습의 단점을 보완하기 위해 필자는 각 단원의 연습문제 B에 특정 테마나 글을 제시하고 이에 관한 학습자의 의견을 길게 적어보게 한다든지 혹은 key word를 제시하고 문장을 완성해보도록 하여 학습자의 문장력과 사고력을 높이는데도 나름대로 주의를 기울이고자 하였다.

집필을 시작할 때는 정말 멋진 책을 만들어보리라 결심했지만 막상 완성하고 보니 부족한 점이 한 두 군데가 아니어서 부끄럽기 그지없다. 다만 나름대로 최선을 다했다는 것으로 위안을 삼고자 한다. 아무쪼록 이 책의 부족한 부분에 대해 독자분들의 많은 양해와 좋은 지적을 부탁드린다.

2020년 2월 安西湖에서 심상완

차 례

SER를 이용한 작문

• Saber es poder.

    스페인어에서 영어의 BE 동사에 상응하는 동사는 세 가지 즉, SER, ESTAR, HABER다. 따라서 이 세 동사의 용법을 잘 알아야만 번역 혹은 작문을 할 때 실수를 예방할 수 있다. SER는 국적, 직업, 종교, 출신, 사람/사물의 고유한 특성, 재료, 가리키는 대상에 대한 정의, 소유 등을 나타낼 때 사용한다.

기본 예제

(1) 저는 칠레 사람입니다.   [국적]
    Soy chileno / Soy de Chile.

(2) 저는 사업가입니다.   [직업]
    Soy hombre de negocios.

(3) 제 어머니는 가정주부이시고 아버지는 변호사이십니다.   [직업]
    Mi madre es ama de casa y mi padre es abogado.

(4) 저는 기독교 신자이고 제 동생은 회교도입니다.   [종교]
    Soy cristiano y mi hermano es musulmán.

(5) 뻬드로는 바르셀로나 출신입니다.   [출신]
    Pedro es de Barcelona.

(6) 이 케이크는 치즈로 만든겁니다.   [재료]
    Esta tarta es de queso / Esta tarta está hecha de queso.

(7) 저 배우는 매우 웃긴다.   [고유 특성]
    Aquel actor es muy gracioso.

⑻ 한국음식은 매우 다양하다.   [고유 특성]

   La comida coreana es muy variada.

⑼ 지구는 둥글다.   [고유 특성]

   La Tierra es redonda.

⑽ 설탕은 달고 소금은 짜다.   [고유 특성]

   El azúcar es dulce y la sal es salada.

⑾ 내 딸은 성격이 쾌활하고 장난도 곧잘 친다.   [고유 특성]

   Mi hija es alegre y juguetona.

⑿ 이것은 무엇인가요? 이것은 핸드폰입니다.   [정의]

   ¿Qué es esto? Es un teléfono móvil.

⒀ 노트북은 마리아 것이다.

   El ordenador portátil es de María.   [소유]

ㅇ 유의사항

   사람의 특성(종교, 직업 등)을 나타내는 명사 술어가 SER 동사 뒤에 올 때 명사 술어 앞에 부정관사를 사용하지 않는 것이 일반적이다. 한편, 아래에서 보듯이 명사 술어가 형용사의 수식을 받는 경우는 부정관사를 사용한다.

기본 예제

⑴ a. 마리아는 학생이다.

   María es alumna.

  b. 마리아는 매우 현명한 학생이다.

   María es una alumna muy inteligente.

⑵ a. 뻬드로는 의사다.

   Pedro es médico.

  b. 뻬드로는 매우 친절한 의사다 .

   Pedro es un médico muy simpático.

⑶ a. 그는 정치인이다.

　　Es político.

　b. 그는 텍사스의 유명한 정치인이다.

　　Es un político famoso de Texas.

El Escorial

연습문제 A

1. 저는 스페인어과 학생입니다. 그러나 저는 영화 스타가 되고 싶어요.

(*영화 스타 estrella de cine)

2. 저 사람은 이곳 출신이 아닙니다. 일본 출신이라고 하더군요.

3. 내 애인은 서울 출신이지만 천안에서 살고 있다.

4. 이 손수건은 비단으로 만들었고 품질도 좋습니다.   (*비단, 실크 seda, 품질 calidad)

5. 이 티셔츠는 면으로 만들었습니다.   (*티셔츠 camiseta, 면 algodón)

6. 이 수저는 은이 아니라 스테인레스로 만들었다.   (*스테인레스 acero inoxidable)

7. 이 핸드백은 무엇으로 만들었나요? 가죽으로 만들었습니다.

(*핸드백 bolso, 가죽 cuero, piel)

8. 스페인의 수도는 바르셀로나가 아니라 마드리드입니다.   (*수도 f. capital)

9. 저는 스페인어를 가르치는 교수이고 마리아는 제가 가르치는 학생입니다.

10. 제 부모님은 불교신자이지만 저는 기독교인입니다. 일요일마다 동생과 함께

    교회에 나갑니다.   (*불교신자 m.f. budista)

11. 축구는 스페인 사람들이 선호하는 스포츠 중의 하나이다.

(*좋아하는, 선호하는 favorito, 스포츠 deporte, …중의 하나 uno de N)

12. 내 머리는 검고 곱슬이다.   (*곱슬인 rizado)

13. 후안의 여동생은 똑똑하기는 하나 농땡이다.   (*농땡이 holgazán, holgazana)

14. 이사벨은 매우 겸손한 사람이어서 자기의 성공에 대해 자랑하지 않는다.

(*겸손한 modesto, humilde, …대해 자랑하다 hacer alarde de)

15. 알폰소는 매우 수줍음을 타는 소년이어서 여자친구가 없다.

(*수줍음을 타는 tímido)

16. 내 동생은 매우 말썽꾸러기여서 거의 매일 어머니에게 야단맞는다.

(*장난이 심한 travieso, 장난 travesura, 장난꾸러기 travieso, 누구를 야단치다 regañar a alguien)

17. 미겔은 매우 교양이 있는 사람이다.   (*교양이 있는 culto, educado)

18. 내 동생은 키가 크지만 나는 그렇지 못하다1).

19. 그들은 부자이지만 우리는 그렇지 못하다.

---

1) ser/estar 동사 뒤 형용사, 과거분사가 반복되는 것을 피하기 위해 lo를 사용한다.

20. 포도주는 건강에 좋지만 담배는 건강에 매우 해롭다.

(*건강에 좋은/나쁜 ser bueno/perjudicial para la salud, ser sano/insano)

21. 스포츠 활동을 하는 것은 매우 몸에 좋다.

22. 달리기는 심장에 좋고 잠을 자는 것은 뇌에 좋다.　　　(*심장 corazón, 뇌 cerebro)

23. 레몬 차는 비타민 C가 풍부해서 감기에 좋다.

(*레몬 차 té con limón, …이 풍부한 ser rico en, 감기 resfriado, 독감 gripe)

24. 고기, 생선, 우유, 달걀은 단백질이 풍부한 식품이다.　　　(*식품 alimento)

25. 이 색깔은 너에게는 지나치게 밝아서 너에게 권하고 싶지 않다.

(*밝은 claro, 어두운 oscuro)

26. 스페인 북쪽의 경치는 남쪽의 경치와 달리 매우 푸르다.

(*경치, 풍경 paisaje, …와 달리 a diferencia de)

27. 마놀로는 모범생이지만 그의 동생은 그렇지 못하다.　　　(*모범생 alumno modelo)

28. 못되게 굴지 마라. 착한 사람이 되거라.

29. 이것은 제 배낭이 아니라 호세의 것입니다.　　　(*배낭 mochila)

30. 호세는 겁쟁이어서 그 일을 하려고 하지 않는다.　　　(*겁쟁이 cobarde)

31. 이 거리는 폭이 매우 좁아서 러시아워에는 차가 많이 막힌다[2].

(*러시아워에는 en las horas punta, 차가 막히다, 체증이 생기다 hay atascos)

32. 마이애미(Miami)는 매우 중요한 관광 도시다. 또한 중요한 상업과 금융의 중심지이기도 하다. 백만 명 이상의 히스패닉계가 마이애미에 살고 있다.

(*무역, 상업 comercio, 상업의 comercial, 금융 f. pl. finanzas, 금융의 financiero)

---

[2] 러시아워 hora punta의 복수형은 horas punta이지 horas puntas가 아니다. 두 명사가 합쳐서 형성된 복합 명사는 복수표시를 할 경우 첫 번째 명사에만 -s를 첨가한다(ciudad dormitorio → ciudades dormitorio, sofá cama → sofás cama)

연습문제 B

1. 다음에 주어진 단어들을 이용하여 성, 수 일치에 유의하여 문장을 자유롭게 만
   들어 보시오.
   ① madre (delgado)
   ② abuelos (simpático)
   ③ suegra (gordo)
   ④ Lola (argentino), Pablo (coreano)
   ⑤ enfermera (antipático)
   ⑥ gorra (barato)

2. 아래에 제시된 세 개의 글을 참조하여 자기 혹은 자신 주변 사람의 직업, 성격,
   신체적 특징, 취미 등에 대해 3~4줄 정도로 적어보시오.

> Julia es profesora. Hace amigos fácilmente porque es muy amable y alegre. Su pelo es rubio y rizado, sus ojos morenos y su boca grande. Es de estatura media y muy guapa de cara. Le gusta cocinar con sus hijos.

> Tengo un amigo colombiano. Se llama Pedro. Es un abogado muy bueno. Trabaja mucho y es fuerte de salud. Le gustan los deportes, especialmente jugar al tenis. Es honrado y simpático. Es de estatura alta; su pelo es moreno, sus ojos castaños y su nariz aguileña.

> Mi padre es alto y moreno. Tiene la cara redonda, la boca grande y los labios gruesos. Su nariz es recta. Mi madre es baja y tiene la piel blanca. Tiene la cara alargada. Su boca es pequeña y sus labios finos. Yo me parezco un poco a mi padre y a mi madre. Soy alto y moreno como mi padre. Tengo la cara alargada. Mi pelo es negro y rizado, como el de mi madre.

2 ESTAR를 이용한 작문

> • *El hierro hay que machacarlo cuando está caliente.*

1. 변하기 쉬운 속성을 표현하고자 하는 경우는 일반적으로 Estar + {형용사/과 거 분사}를 사용하여 작문을 한다.

기본 예제

⑴ 동생은 아프고 나는 매우 바쁘다. 어떻게 해야 하나?

　Mi hermano está enfermo y yo estoy muy ocupado. ¿Qué tengo que hacer?

⑵ 어제 밤에 목감기에 걸려서 오늘 목이 쉬어있다.

　Anoche cogí un resfriado en la garganta y hoy estoy ronco.

⑶ 치마 좀 다려라. 구겨져 있다.

　Plancha la falda. Está arrugada.

⑷ 나는 일을 많이 해서 지쳤다.

　He trabajado mucho y estoy cansado.

⑸ 이 복숭아는 아직 덜 익었으니 먹지 마라.

　No comas este melocotón porque todavía {no está maduro/está verde}.

⑹ 고메스(Gómez) 씨는 지금 배가 아프다.

　El señor Gómez está mal del estómago.

　Al señor Gómez le duele el estómago.

⑺ 백화점에서는 할인행사 중이다.

　En los grandes almacenes están de rebajas.

⑻ 재떨이가 담배꽁초로 가득 찼으니 비워라.

　　Vacía el cenicero porque está lleno de colillas.

⑼ 오이 가격이 어떻게 되나요? 킬로당 5유로입니다.

　　¿A cuánto están los pepinos? Están a 5 euros el kilo.

⑽ 내 친구는 매우 말이 많은 사람이지만 오늘은 매우 조용하다.

　　Mi amigo es una persona muy habladora pero hoy está muy callado.

ㅇ 유의사항

　같은 형용사라 할지라도 상황에 따라 Ser와 Estar를 모두 허용하는 경우도 있다. 가령 simpático는 일반적으로 사람의 성격을 나타내지만 그렇지 않은 사람이 어느 날 갑자기 친절하게 대할 경우는 Estar를 사용한다. 따라서 어떤 특정 형용사는 항상 특정 동사하고만 결부된다는 생각을 해서는 안 된다.

기본 예제

⑴ 저 웨이터는 원래 불친절한데 오늘은 매우 친절하다.

　　Aquel camarero es antipático pero hoy está simpático.

⑵ 삘라르(Pilar)는 상당히 아름다운 여인이지만 그녀의 결혼식 날에는 정말 예뻤다.

　　Pilar es una mujer bastante guapa, pero el día de su boda estaba guapísima.

⑶ 네가 이 옷을 입으니 참 예쁘구나.

　　Estás muy guapa con este vestido.

⑷ a. 태평양의 물은 차갑다.　　　　　　　　　　　　　　　　　[특성]

　　　Las aguas del Pacífico son frías.

　　b. 그런데 오늘은 물이 그리 차갑지 않구나.　　　　　　　　　[현재상태]

　　　Pero hoy el agua no está fría.

2. casado, soltero, viudo와 같은 형용사는 Ser와 Estar 모두 허용한다. 하지만 일
상대화에서는 후자가 더 많이 사용된다.

기본 예제

⑴ 롤라는 미혼이고 애인도 없다.

  Lola {es / está} soltera y no tiene novio.

3. 동사가 Ser냐 Estar에 따라 형용사의 의미가 달라지는 경우도 있다.

	SER	ESTAR
bueno	좋은, 착한	건강한, 맛있는, 육체적으로 매력이 있는
malo	나쁜	아픈(=enfermo)
listo	똑똑한	준비된
moreno	머리색이 검은	일광욕으로 피부색이 검게 탄
rico	부자인	맛있는
blanco	흰	창백한
rojo	붉은	창피해서 얼굴이 붉혀진
seguro	안전한	확신하는, 확실한
verde	녹색의	덜 익은

스페인 광장(Plaza de España)

연습문제 A

1. 뻬드로와 크리스티나는 스페인어과 학생들인데 현재 3학년에 재학 중이다.

2. 식탁이 지저분해서 닦아야겠다. 휴지를 가져와라.   (*휴지 papel higiénico)

3. 그는 성격이 쾌활한 사람이지만 오늘 그는 기분이 좋지 않다.

    (*기분이 나쁜 estar de {malhumor/mal humor}, estar malhumorado)

4. 오늘 나는 기분이 좋아서 너희를 저녁 식사에 초대하고 싶다. 우리가 6시에
   극장 앞에서 만나기로 하는 게 어떻겠니?

    (*기분이 좋은 estar de buen humor, 식사에 초대하다 invitar a alguien a inf.)

5. 후안은 매우 성실한 학생이지만 오늘은 정신이 딴 데 가있다.

    (*정신이 딴 데 가있는 distraído, estar en la luna)

6. 도서관에서 하루 종일 공부하는 것은 매우 피곤한 일이다.

    ('피곤하다'의 주어가 사람이면 estar cansado이지만 '피곤하다'의 주어가 어떤 행위나 상황인 경우에는
ser cansado를 사용한다(예: Es cansado corregir todos los exámenes).

7. 저는 어떤 백화점에서 근무합니다. 하루 종일 서있는 것은 매우 피곤한 일이
   어서 항상 파김치가 되어 집에 옵니다.

    (*서있는 estar de pie, 백화점 grandes almacenes, centro comercial)

8. 해물탕이 매우 짜니 물을 좀 더 넣어라.   (*짠 salado, 해물 marisco)

9. 나는 내 월급에 만족하지만 아내는 그렇지 못하다.

    (*월급 m. sueldo, …에 만족한 estar contento con, estar satisfecho de …)

10. 나는 지금 매우 긴장하고 있어서 아무 말도 할 수가 없다.   (*긴장한 nervioso)

11. 시험 공부를 하나도 하지 않아서 나는 지금 매우 긴장하고 있다.

12. 그들은 독일 출신인데 지난주부터 휴가중이야.

13. 요즘은 이 모델이 유행하고 있고 저 모델은 한물 지나갔습니다.

    (*…이 유행중인 estar de moda, 유행이 지나간 estar pasado de moda)

14. Pedro는 심각한 교통사고를 당했지만 아직 살아있다.   (*살아있는 vivo)

15. 어머니는 오늘 매우 피곤해서 일찍 잠자리에 드셨다.   (*잠자리에 들다 acostarse)

16. 방이 연기로 가득 차 있다. 즉시 모든 창문을 열어라.

    (*연기로 가득 찬 lleno de humo, 즉시 inmediatamente)

17. 우리가 도착했을 때 식당은 이미 사람들로 가득 차 있어서 식사를 하기 위해 30분을 기다려야만 했다.

18. 뻬드로의 과일 가게는 매우 쾌적하다. 항상 깨끗하고 모든 종류의 과일과 채소가 있다. 더욱이 그는 매우 친절해서 따라서 단골 손님이 무척 많다.

(*모든 종류의 todo tipo de/todos los tipos de, 단골 손님 cliente fijo, clienta fija)

연습문제 B

1. 아래의 글을 읽고 빈칸에 ser와 estar 중에서 적절한 것을 골라 적으시오. 그리고 글을 참조로 하여 ser와 estar를 적절히 섞어서 서울에 대한 글을 적어 보시오.

Madrid _____ una ciudad muy agradable, a pesar de _____ muy grande. _____ en el centro de la Península Ibérica y su clima _____ continental. En general, la gente _____ simpática y hospitalaria. El problema más grave es el paro: Por ejemplo, hay mucha gente que _____ abogado o licenciado en filología, pero _____ de camarero o vendedor porque no encuentra otro trabajo. A pesar de este problema la gente _____ optimista respecto al futuro.

(*원문 출처: Curso de Español, Suma y Sigue. p. 27)

3 '(사람/사물)이 …에 있다' 와 HABER

- *Para el mal de amores, no hay doctores.*

스페인어에서 HABER와 ESTAR는 모두 '(사물, 사람이) …에 있다'라는 뜻을 지닌 동사들이다. 따라서 학생들은 이 두 동사의 용법을 혼동하는 경우가 많다. 작문할 때 실수를 범하지 않으려면 두 동사의 차이를 잘 알아둘 필요가 있다. 우선 HABER의 용법부터 알아보자. 영어에서 대화나 문맥상에 사람, 사물의 존재를 처음으로 알리고자 할 때는 'There be + 명사 + 장소' 구문을 사용하는데 이에 상응하는 것이 바로 HABER 구문이다.

유의할 점은 사람/사물의 존재를 처음으로 알리고자 하는 경우에만 사용하므로 HABER 동사 뒤에는 정관사가 출현할 수 없고 동사도 항상 hay (과거는 había) 형태만 가능하며 명사는 there 구문과 마찬가지로 항상 HABER 뒤에 출현한다. 단, 장소를 표시하는 전치사구는 문장의 앞과 뒤에 모두 출현할 수 있다.

기본 예제

⑴ 나무 밑에 고양이 두 마리가 있습니다.

Hay dos gatos debajo del árbol / Debajo del árbol hay dos gatos.

cf. There are two cats under the tree.

⑵ 울타리 옆에 큰 나무 한 그루가 있습니다.

Hay un árbol grande al lado de la cerca.

⑶ 파티에는 10명의 사람들만이 있었다.

En la fiesta sólo había diez personas[3].

---

3) solo가 부사(=solamente)로 쓰이는 경우에는 강세표시(sólo)를 해도 되고 하지 않아도 된다.

⑷ 광장에는 무엇이 있습니까?

¿Qué hay en la plaza?

⑸ 방에는 난로, 침대, 전화기, TV가 있습니다.

En la habitación hay una estufa, una cama, un teléfono y un televisor.

⑹ 교회 앞에는 나무와 꽃이 있는 정원이 있습니다.

Delante de la iglesia hay un jardín con árboles y flores.

⑺ 책상 위에는 연필과 볼펜이 담긴 통이 하나 있고 그 옆에는 스탠드가 있다.

Encima del escritorio hay un bote con lápices y bolígrafos, y a su lado hay una lámpara de mesa.

⑻ 학교 앞에는 횡단보도가 있으니 속도를 줄여라.

Reduce la velocidad porque hay un paso de peatones delante de la escuela.

○ **유의사항 1**

HABER 구문은 한글로 번역하면 '…이 …에 있다'로 해석되는 까닭에 HABER 뒤에 나오는 명사를 주어로 착각하기 쉽다. 그러나 이 명사는 HABER의 목적어이다. 목적어라는 증거는 HABER 뒤의 명사를 대명사로 바꾸어 보면 주격이 아닌 대격 형태를 취한다. 따라서 HABER 동사는 뒤에 출현하는 명사의 수에 상관없이 항상 hay/había로 사용되는 비인칭 동사이다.

기본 예제

⑴ ¿Hay una cafetería cerca de aquí? Sí, la hay.

○ **유의사항 2**

스페인어의 어순은 영어의 어순에 비해 상대적으로 더 자유롭지만 그렇다고 아무렇게나 단어를 배치할 수 있는 정도는 아니어서 한국인 입장에서는 어순의 문제와 관련하여 스페인어가 영어보다 더 어렵게 느껴진다. 즉, '어설픈 자유'가 '엄격한 통제' 보다 더 못한 셈인 것이다. 영어는 어순이 대체로 고정되어 있어서 정해진 순서대로 그냥 단어를 배열하면 이미 언급되어졌느냐 아니냐에 따라 위치가 바뀌는 경우가 많다. 즉, 스페인어의 어순은 겉보기에는 자유로워 보이지만 실제로는 정보 구조에 의해 결정되어진다고 말할 수 있다. 예를 들어 보자. Hay una cama en la habitación과 En la habitación hay una cama는 모두 문법적인 문장이지만 ¿Qué hay en la habitación?과 같은 질문이 사전에 주어지고 이에 대해 답을 하는 경우에는 En la habitación hay una cama라고 대답하는 것이 더 적절하다. 즉, 앞의 문맥에 이미 en la habitación이 출현하는 경우에는 en la habiatción은 舊情報(old information)로서 문장의 앞에 적어주고 새로운 정보(new information)인 hay una cama는 뒤에 적는 것이 일반적이다. 또 다른 예를 들어보자. Susana leyó el diario와 Leyó el diario Susana 역시 둘 다 문법적인 문장이다. 그러나 ¿Qué hizo Susana?라는 질문이 사전에 주어지면 Susana는 舊情報로서 leyó el diario보다 앞에 오는 것이 더 적절하다. 반대로 ¿Qué pasó?와 같은 질문이 주어지면 이에 대한 답은 문장 전체가 하나의 새로운 정보가 되는데 이때는 Leyó el diario Susana의 어순이 더 적절하다. 그리고 ¿Quién leyó el diario?와 같은 질문이 먼저 주어지면 이에 대한 답은 El diario lo leyó Susana라고 해야 한다. 스페인어에서 목적어는 동사 뒤에 오는 것이 원칙인데 위의 예문처럼 목적어(el diario)가 동사(leyó)보다 앞에 출현하는 경우에는 반드시 목적어 명사에 해당하는 대격 대명사(lo)를 한 번 더 적어주어야만 한다. 이는 간접 목적어의 경우도 마찬가지다.

연습문제 A

1. 우리 집 앞에 개 한 마리가 있고 개 옆에는 가로등 하나가 서 있다.

(*가로등 farola)

2. 우리 동네에는 약국이 없어서 약을 사기 위해서는 차를 타고 시내로 가야 합니다. (*동네 barrio, 약국 farmacia, 차를 타고 en coche)

3. 극장 옆에는 무엇이 있습니까? 정육점 하나가 있습니다. (*정육점 carnicería)

4. 이 서랍에는 무엇이 들어있나요? 가위가 있습니다. (*서랍 cajón, 가위 tijeras)

5. 이 부근에 현금 출납기가 있습니까? (*현금 출납기 cajero (automático))

6. 강의실에는 아무도 없습니다. 텅 비어 있습니다. (*아무도 nadie, 강의실 aula)

7. 냉장고 안에 무언가가 있습니까? 아뇨, 아무 것도 없어요.

(*냉장고 nevera, frigorífico)

8. 이 호텔은 냉난방이 되는 방이 하나도 없습니다.

(*냉난방이 되는 방 habitación con aire acondicionado y calefacción)

9. 식기 세척기에는 접시 몇 개가 놓여있고 싱크대에는 지저분한 프라이팬이 하나 놓여있다.

(*프라이팬 f. sartén, 싱크대, 개수대 fregadero)

10. 이 미술관에서 어떤 스페인 화가의 전시회가 있다. (*미술관 museo, 전시회 exposición)

11. 광장 왼쪽에 커피숍이 하나 있는데 내 동생은 매일 그곳에서 점심을 먹는다.

12. 이 도로에는 커브가 많아서 사고가 나지 않기 위해서는 천천히 그리고 조심해서 운전해야 합니다.

(*커브 curva)

13. 소라는 한국 출신이다. 그녀는 매우 친절하고 아름다운 학생입니다. 그녀는 지금 바르셀로나에 살고 있으며 어떤 랭귀지 스쿨에서 스페인어를 배우고 있습니다. 그녀의 집은 해변 근처에 있는데 크고 이층입니다. 일층에는 거실, 부엌, 서재, 욕실이 있습니다. 이층에는 방이 두 개가 있고 욕조가 하나 있습니다. 집 앞에는 꽃과 나무가 있는 아름다운 정원이 있고 집 뒤에는 넓은 도로가 있습니다. 집 근처에는 공원이 하나 있어서 주말에는 그곳에서 친구들과 산책을 합니다.

(*랭귀지 스쿨 {academia/ escuela} de idiomas)

연습문제 B

연습문제 A의 맨 마지막 문제와 같은 유형으로 ser와 haber를 사용하여 4~5줄 정도로 작문을 해보시오.

'(사람/사물)이 …에 있다' 와 ESTAR

• *Una manzana cada día, de médico te ahorraría.*

문맥이나 대화에 이미 등장했거나 세상에 단 하나뿐인 존재(예: 나의 어머니) 또는 고유명사의 위치를 나타낼 때, 혹은 화자가 분명히 존재한다고 확신하고 있는 사람/사물의 위치를 나타낼 때 ESTAR를 사용한다. ESTAR와 같은 뜻으로 encontrarse, situarse, ubicarse, hallarse 등이 사용되기도 한다.

기본 예제

⑴ 너의 어머니는 어디에 계시니?

  ¿Dónde está tu madre?

⑵ 화장실은 어디에 있습니까? 복도 끝에 있습니다.

  ¿Dónde está el servicio? Está al fondo del corredor.

⑶ 우체국은 어디에 있습니까? 이 대로를 따라 쭉 가십시오.

  ¿Dónde está la oficina de correos? Siga todo recto por esta avenida.

⑷ 발렌시아는 바르셀로나의 남쪽에 있다.

  Valencia está al sur de Barcelona.

○ 영어와의 대조

영어의 경우 존재의 개념을 나타낼 때 명사구가 한정적이든 비한정적이든 상관없이 모두 BE 동사를 사용하지만(A book is on the table/The book is on the table) 스페인어의 HABER는 비한정 명사구와 ESTAR는 한정 명사구와 사용된다는 점을 다시 한 번 유의하기 바란다.

○ 유의사항

한편, '…의 위치, 장소'와 관련하여 모든 경우에 HABER나 ESTAR를 사용하는 것은 아니다. 예를 들어 accidente, concierto, graduación, juicio, reunión, sinfonía, conferencia, fiesta, función (show), clase, boda와 같이 사건이나 행사(acontecimiento/evento)가 어떤 장소에서 혹은 어떤 시간에 개최되거나 치러진다고 표현하고자 하는 경우에는 SER를 사용한다. 필자의 경험에 따르면 학생들은 이와 같은 경우 실수를 많이 범하는 편인데 장소가 나왔다고 해서 무조건 ESTAR 동사를 사용하지 않도록 유의하기 바란다.

기본 예제

⑴ 결혼식은 산타 마리아 교회에서이지만 신부는 산타 테레사 교회에 있다.

La boda es en la iglesia de Santa María pero la novia está en la iglesia de Santa Teresa.

⑵ 파티는 어디에서 열리나요? 그의 집에서 열립니다.

¿Dónde es la fiesta? La fiesta es en su casa

⑶ 촘스키(Chomsky) 교수의 강연회가 어디서 개최되나요? 이 건물 5층에서요.

¿Dónde es la conferencia del profesor Chomsky? Es en la quinta planta de este edificio.

⑷ 내일 비가 오지 않으면 모임은 야외에서 개최될 것이다.

El mitin será al aire libre si no llueve mañana.

⑸ {구술시험/필기시험}은 301호 강의실에서 치르질 것이다.

{El examen oral/El examen escrito} será en el aula 301.

⑹ 콘서트는 내일 오후에 개최될 것입니다.

El concierto será mañana por la tarde.

연습문제 A

1. 세비야(Sevilla)는 마드리드 남쪽, 300킬로 지점에 있다.   (*…의 남쪽에 al sur de)

2. 우리 학교 학생 중의 상당수가 서울 출신이다. 한국의 수도인 서울은 천안 북쪽 80km 지점에 있다.

3. 너의 할아버지 내외분은 지금 어디에 계시니? 안뜰에 계신다. (*안뜰, 마당 patio)

4. 생일 파티에 초대받은 사람들은 지금 레스토랑에 있다.

5. 경찰서는 길모퉁이에 있고 시장은 길 건너편에 있습니다.

(*경찰서 comisaría, 모퉁이 esquina, 구석 rincón)

6. 강남으로 가기 위해서는 17번 버스를 타야하는데 버스 정류장은 거리 맨 끝에 있다.   (*거리 맨 끝에 al final de la calle)

7. 그의 집은 이곳에서 멀리 떨어져 있어서 차를 타고 가야한다.

(*멀리 있는 estar lejos de)

8. 차기 월드컵은 몇 년도에 그리고 어느 나라에서 개최될 것인가요?

9. 환영식은 어디에서 합니까? 강당에서입니다.

(*환영식 acto de bienvenida, 강당 sala de actos públicos)

10. 이번 주말에 농구 시합은 어디에서 열리죠? 잠실체육관에서요.

(*시합 partido, 농구 baloncesto, 체육관 gimnasio)

11. 학생들의 데모가 있을 거라고 들었는데 어디에서 할까요?   (*데모 manifestación)

12. 어제 지진이 났다고 들었는데 지진이 어디에서 일어났나요?

(*지진 m. terremoto, seísmo)

13. 교회 옆에 꽃과 나무가 있는 작은 공원이 있는데 네 동생은 그곳에 자기 애인과 같이 있다.

연습문제 B

1. SER나 ESTAR를 이용하여 문장을 완성해 보시오.

① Pedro … y … en la biblioteca.

② Esta tarde no … aquí porque …

③ María … y, por eso, habla bien inglés.

④ México … y Argentina …

⑤ Corea … entre …

⑥ Mis padres … de Seúl pero ahora …

⑦ El parque … pero …

⑧ El concurso …

⑨ El examen … pero los alumnos …

⑩ Hoy hace mucho calor y voy a …

2. HABER, ESTAR, SER 동사를 섞어서 자유롭게 4~5줄 정도로 작문을 해보
시오.

스페인 왕궁(Palacio Real)

5 '–있다': 결과적 상태(ESTAR + p.p.)와 현재 진행(ESTAR + gerundio)

● *Quien sabe que no sabe, algo sabe.*

'…되어 있다/…한 상태로 되어 있다'와 같이 어떤 행위의 결과로 인한 상태 (resultado durativo/acción resultante)를 표현하고자 하는 경우에는 'ESTAR + 과 거 분사'를 사용한다. 이때 과거 분사는 ESTAR 동사의 주어의 성, 수에 일치를 시킨다.

필자의 경험에 따르면 학생들은 어떤 문장이 '…있다'로 끝나는 경우 무조건 'ESTAR + 현재 분사'를 사용하여 작문하는 경향이 많은데 '…있다'로 끝난다고 해서 무조건 이렇게 번역해서는 곤란하다. 따라서 실수를 예방하기 위해서는 '… 있다'로 끝나는 문장의 의미가 결과적 상태를 지칭하는 것인지 아니면 발화의 순 간에 행위자가 어떤 동작을 진행하고 있음을 지칭하는지를 먼저 구분하여야 한 다. 이러한 구분이 사전에 이루어지지 않으면 올바른 번역/작문이 이루어지기 힘 들다는 것을 유의하기 바란다.

기본 예제

⑴ a. 한 시간 전부터 문이 열려 있다.

　　La puerta está abierta desde hace una hora.

　b. 동생이 방을 정리정돈하기 위해 문을 열고 있다.

　　Mi hermano está abriendo la puerta para ordenar la habitación.

⑵ a. 불이 모두 꺼져 있다.

　　Todas las luces están apagadas.

b. 수위 아저씨가 지금 복도의 불들을 모두 *끄고* 있다.

El portero está apagando todas las luces del corredor.

⑶ a. 방의 유리창들이 모두 깨져있다.

Todas las ventanas del cuarto están rotas.

b. 후안이 지금 방의 유리창들을 모두 부수고 있다.

Juan está rompiendo todas las ventanas del cuarto.

⑷ a. 한국의 인구는 5년 전부터 정체되어 있다.

La población de Corea está estancada desde hace 5 años.

b. 한국의 인구는 해마다 줄어들고 있다.

La población de Corea está disminuyendo año tras año.

⑸ a. 이 편지는 손으로 쓰여진 것이다.

Esta carta está escrita a mano.

b. 그는 지금 손으로 편지를 쓰고 있다.

Está escribiendo a mano una carta.

⑹ a. 저녁 식사가 준비되었으니 식당으로 가시기 바랍니다.

Pueden ustedes pasar al comedor: la cena está preparada.

b. 저녁 식사를 준비 중이오니 잠시만 기다리세요.

Esperen un momento: están preparando la cena.

⑺ 한국에서는 미성년자에게 술과 담배를 판매하는 것은 금지되어 있다.

En Corea está prohibido vender alcohol y tabaco a los menores de edad.

En Corea está prohibida la venta de alcohol y tabaco a los menores de edad.

○ 유의사항 1

예문 ⑺에서 보듯이 원형절이 문장의 주어가 되는 경우가 있는데 이때 원형절은 남성 3인칭 단수의 가치를 지닌다. 따라서 Está prohibido [vender alcohol y tabaco a los menores de edad]와 같은 문장에서 동사는 3인칭 단수 형태를 그리고 과거 분사는 남성 단수의 형태를 취한다.

○ 유의사항 2

'앉다'는 sentarse를 사용하지만 '그녀가 소파에 앉아 있다'와 같은 표현에서는 재귀사 se를 사용하지 않고 'Ella está sentada en el sofá'라고 한다. 즉, *Se está sentada/*Está sentádase라고 하지 않는다. 그 이유는 'ESTAR + p.p'는 'SER + p.p'처럼 일종의 수동 구문이다. 잘 알다시피 능동 구문의 목적어는 수동 구문에서 문법적 주어 위치를 차지한다. 가령, 'Juan la golpeó'에서 목적어 la는 수동 구문에서는 주어 위치에 오므로 주격 형태를 사용하여 'Ella fue golpeada'가 되어야지 '*La fue golpeada'로 표현해서는 안 된다. 마찬가지로 sentarse에서 se(=himself/herself)는 sentar(…를 앉히다)라는 동사의 행위가 다시 행위자 자신에게 가해진다는 점만 다를 뿐 la sentó en la silla의 la처럼 목적어의 역할을 수행한다. 따라서 'ESTAR + p.p.' 구문에서는 se/lo가 주어 위치에 오게 되면 이 위치에서는 목적격이 아닌 주격 형태(yo, tú, él, ella …)를 사용해야 한다. 결국, 'ESATR + p.p.' 구문에서 재귀사 se를 사용할 수 없는 것은 바로 이러한 이유 때문이다.

연습문제 A

1. 나의 티셔츠가 찢어져있다, 누가 찢었을까?　　　(*티셔츠 camiseta, *찢다 romper)

2. 동생이 어떤 티셔츠를 찢고 있는 중이다.

3. 문이 열려있다. 밖이 많이 추우니 문을 닫아라.

4. 어머니께서 청소를 하기 위해 지금 집안의 모든 창문을 열고 계신다.

5. 가게에 도착해보니 문이 열려 있었다.

6. 가게에 도착해보니 도둑이 문을 열고 있는 중이었다.

7. 버스가 병원 앞에 주차되어져 있다.　　　(*주차시키다 aparcar)

8. 운전기사가 버스를 병원 앞에 주차시키고 있다.

9. 부엌에 저녁 식사가 준비되어 있다.　　　(*준비하다 preparar)

10. 어머니께서 몸이 좋지 않아서 아버지께서 부엌에서 저녁을 준비하고 계신다.

11. 그들은 시험 칠 준비가 되어있다.　　　(*시험을 치르다 examinarse)

12. 그들은 도서관에서 스페인어 시험에 대비하여 공부하고 있다.

(*…대비하여 공부하다 estudiar para el examen, prepararse para el examen)

13. 자동차가 수리되어 있으니 운전해도 좋습니다. (*수리된 arreglado)

14. 정비사들이 비행기를 지금 수리하고 있어서 승객들은 두 시간 더 기다려
야 한다. (*정비사, 수리공 mecánico, 승객 pasajero)

15. 바지가 구겨져 있어서 다려야겠다.

(*구겨진 arrugado, 주름 arruga, 다림질하다 planchar)

16. 내 딸이 지금 서류를 구기고 있다. (*구기다 arrugar)

17. 아버지께서 늦게 돌아오셔서 어머니는 화가 무척 나 있다.

(*화가 난 estar enfadado)

18. 방에 들어가니 아버지께서 어머니에게 화를 내고 계셨다.

19. 방에 불이 켜져 있으니 외출하게 될 때 불을 끄도록 하여라.

20. 후안은 한 달 전부터 실업자 신세여서 지금 일자리를 찾고 있는 중이다. 그의
부모님은 걱정을 많이 하고 계시지만 그는 걱정을 하지 않는다.

(*실직 상태인 estar en paro, parado, desempleado, sin empleo)

21. 슈퍼가 닫혀있어서 우리는 빵과 우유를 살 수 없었다. (*슈퍼 supermercado)

22. 이 소시지는 돼지고기로 만든 것이지만 매우 비싸다.

(*소시지 salchicha, 돼지고기 carne de cerdo)

23. 뻬드로와 마리아는 지금 사랑에 빠져있다. (*사랑에 빠진 enamorado)

24. 내 여동생은 시험을 통과하지 못해 지금 절망 상태다.

(*시험을 통과하다, 합격하다 aprobar el examen, 절망 상태인, 절망에 빠진 desesperado)

25. 빠블로는 무릎 통증 때문에 달리기를 할 수가 없어서 풀이 죽어있다.

(*무릎 rodilla, 풀이 죽은, 의기소침한 desanimado)

26. 컴퓨터가 고장나 있어서 숙제를 할 수가 없다. 내일 수리공에게 가져가야
겠다. (*고장난 estropeado/averiado)

27. 주유소에서는 담배 피우는 것이 금지되어 있으니 담뱃불을 즉시 꺼주시기 바
랍니다. (*주유소 gasolinera, 금지시키다 prohibir)

28. 이 박물관에서는 사진 촬영이 금지되어있다.

(*금지된 prohibido, 사진 찍다 sacar fotos)

29. 이곳은 교통사고가 많은 곳이다 따라서 앞지르기가 금지되어 있다.

(*앞지르다, 추월하다 adelantar)

30. 당신의 보석은 금고에 잘 보관되어 있으니 걱정하지 않으셔도 됩니다.

(*금고 caja fuerte, 보관하다 guardar)

31. 선생님은 학생들에게 둘러 쌓여 있다.　　　(*둘러 쌓여 있다 estar rodeado de/por)

32. 아이들은 서 있고 엄마 아빠는 소파에 앉아 있다.　　　(*서있다 estar de pie)

연습문제　B

1. 'ESTAR + 과거 분사', 'ESTAR + 현재 분사'를 이용하여 짧은 문장을 각각 세 개씩 만들어 보시오.

2. 아래의 글을 참조로 하여 자신과 가족들의 식사 습관에 대해 글을 적어 보시오.

　　Todos los días a las 8:00 de la mañana desayuno con mis padres. Comemos pan tostado con mermelada y, a veces, un huevo frito. Después de desayunar, mis padres siempre toman café y yo, zumo. Una vez a la semana cenamos fuera. Muchas veces vamos al restaurante chino Yangcha-kang porque nos gusta mucho la comida de allí.

6

의문사를 이용한 작문

●*Dime con quién andas, te diré quién eres.*

1. 직접 의문문: 스페인어의 의문사는 의문 대명사, 의문 형용사, 의문 부사로 구분된다. 의문 대명사와 의문 부사는 독자적으로 사용될 수 있지만 의문 형용사는 자신의 뒤에 출현하는 명사의 성, 수에 일치한다(기본 예제 ⑾, ⑿, ⒀ 참조). 한국어의 경우는 의문사가 절의 맨 앞에 놓이지 않아도 되지만 스페인어는 반드시 절의 맨 앞에 놓여야 하며 의문사가 동사의 목적어인 경우 주어와 동사가 반드시 도치되어야 한다는 점을 유의할 필요가 있다(기본 예제 ⑶ 참조).

기본 예제

⑴ 당신은 누구십니까?　　　　　　　　　　　　　　　　　　　[신분 확인]

　¿Quién es usted?

⑵ 당신의 직업은 무엇입니까?/어떤 일을 하십니까?　　　　　　　　　　[직업]

　¿Qué es usted? (=¿Cuál es su profesión?)

⑶ 방과 후에 학생들은 무엇을 했습니까?

　¿Qué hicieron los alumnos después de clase?

⑷ 퇴근 후에 주로 무엇을 하십니까?

　¿Qué suele hacer después del trabajo.

⑸ 한국 전쟁은 언제 일어났습니까?

　¿Cuándo fue(=estalló) la guerra civil de Corea?

⑹ 우체국은 어디에 있나요?

¿Dónde está la oficina de correos?

⑺ 후안은 왜 울고 있니?

¿Por qué está llorando Juan?

⑻ 그 문제를 어떻게 해결했니?

¿Cómo has solucionado el problema? (=¿Qué has hecho para solucionar el problema?)

⑼ 저 정치인 대해 어떻게 생각하십니까?

¿Qué opina Vd. de aquel político?

⑽ 당신은 돈을 얼마나 가지고 있나요?

¿Cuánto dinero tiene usted?

⑾ 하루에 우유를 몇 잔 드십니까?

¿Cuántos vasos de leche toma Vd. al día?

⑿ 올림픽은 얼마마다 개최되나요? 4년마다 개최됩니다.

¿Cada cuánto tiempo se celebran los juegos olímpicos? Se celebran cada 4 años.

⒀ a. 너는 이번 학기에 무슨 과목들을 듣니?

¿Qué asignaturas tomas este semestre?

b. 너는 이번 학기에 몇 과목을 듣니?

¿Cuántas asignaturas tomas este semestre?

○ 유의사항

‘몇’을 무조건 cuánto/cuántos로 번역해서는 안 된다. 문맥상에서 ‘몇’이 양의 개념을 나타내면 cuánto/cuántos을 사용하지만 선택의 개념이면 ‘qué + 명사’를 사용해야 한다.

기본 예제

⑴ 당신은 오토바이를 몇 대나 가지고 있습니까?

¿Cuántas motos tiene Vd.?

⑵ 모임이 몇 층에서 있습니까?

　¿En qué planta se celebra la reunión?

⑶ 하루에 잠을 몇 시간 주무시나요?

　¿Cuántas horas duermes al día?

⑷ 몇 시에 낮잠을 자니?

　¿A qué hora duermes la siesta?

⑸ 몇 층에 가십니까?

　¿A qué piso va?

⑹ 박정희 전 대통령은 몇 년도에 사망했나요?

　¿En qué año falleció el expresidente Park?

⑺ 대학 몇 학년에 재학하고 있습니까?

　¿En qué año de la universidad estás?

2. 간접 의문문: 간접 의문문이란 주절의 동사가 자신의 목적어로 명사가 아닌 의문사절을 취하는 경우를 가리킨다. 주의해야할 점은 영어 간접 의문문의 경우는 주어－동사 도치가 일어나지 않지만 스페인어는 의문사가 동사의 목적어인 경우 주어－동사의 도치가 필수적이다(cf. 아래 기본 예제 ⑴ 참조). 그리고 의문문을 취할 수 있는 주절 동사의 종류도 매우 제한적이어서 saber, pre-guntar(se) 등의 동사는 의문절을 보어로 취할 수 있으나 pensar, creer와 같은 동사는 의문문을 보어로 취할 수 없다. 한편, '그녀가 나를 좋아하는지 아닌지 알고 싶다'와 같은 문장을 번역할 때는 si를 이용하면 된다(cf. 아래 기본 예제 ⑹ 참조).

기본 예제

⑴ 나는 아내가 백화점에서 무엇을 샀는지 알고 싶다.

　Quiero saber qué compró mi mujer en los grandes almacenes.

⑵ 대통령은 국민들이 자기를 어느 정도로 존중하는지 알고 싶어 한다.

　El presidente quiere saber hasta qué punto le aprecia su pueblo.

⑶ 너는 기차가 언제 도착했는지 알고 있니?

¿Sabes cuándo llegó el tren?

⑷ 오늘 아침 왜 늦게 왔는지 말해봐.

Dime por qué has venido muy tarde esta mañana.

⑸ 그녀가 나를 사랑하는지 의아스럽다.

Me pregunto si ella me quiere.

⑹ 그것을 사야할 지 말아야 할지 잘 모르겠다. 결정을 못 내리고 있어요.

No sé si comprarlo o no. Estoy indeciso.

연습문제 A

1. 저 아주머니는 무엇을 하시는 분입니까? 가정주부입니다.

2. 저 아주머니는 누구십니까? 엘레나의 어머니입니다.

3. 당신은 여가 시간에 주로 무엇을 하십니까?   (*여가 시간 tiempo libre)

4. 당신은 제게 무엇을 기대하십니까?   (*누구에게 ~을 기대하다 esperar algo de alguien)

   난 당신에게 아무것도 기대하지 않는다.

5. 당신은 세르반테스에 대해 뭘 아십니까?

6. 해마다 이맘때쯤이면 어디로 여행을 떠나고 싶습니까?

                              (*해마다 이맘때쯤 todos los años por estas fechas)

7. 마드리드행 표는 얼마나 합니까?   (*표 billete; 가격이 얼마나 하다 costar)

8. 이 편지를 우편으로 파리에 보내려면 어떻게 해야 합니까?

                                          (*우편으로 부치다 mandar por correo)

9. 복도에 학생이 얼마나 있습니까? 약 20명가량 있는 것 같군요.

10. 미국으로 여행을 하려면 어떤 서류들이 필요합니까?

11. 제가 보기에 그녀는 스페인어를 아주 잘하는군요. 그녀는 몇 년도에 스페인
    어를 공부하기 시작했나요?

12. 당신은 몇 층에 사십니까? 5층에 삽니다. 그렇다면 우리는 같은 층에 사
    는군요.   (*층 m. piso, f. planta)

13. 환영식은 언제 몇 층에서 거행됩니까? 6층에서 거행됩니다.

(*환영식 acto de bienvenida)

14. 그녀는 몇 학년에 재학 중입니까? (*학년 curso, año)

15. 페니실린은 몇 년도에 발명했나요? (*발명하다 inventar, 페니실린 f. penicilina)

16. 너의 동생은 몇 년 생이니?

17. 그녀의 부모님은 집을 몇 채나 소유하고 있습니까?

18. 사람들이 말하기를 돈을 벌기 위해 당신은 일을 많이 한다고 하던데 하루에 몇 시간이나 일을 하시나요? (*하루에 al día, por día)

19. 당신은 커피를 많이 드시는 것 같은데 하루에 커피 몇 잔을 마십니까?

20. 하루에 물 몇 리터를 마십니까?

21. 몇 킬로의 생선을 사고 싶습니까?

22. 서울에는 공공 도서관이 얼마나 있습니까? (*공공 도서관 biblioteca pública)

23. 그녀의 나이가 어떻게 됩니까? 막 20살이 되었습니다.

(*막, 방금 …하다 acabar de inf., 몇 살이 되다 cumplir)

24. 왜 그곳에 가지 않기로 결심했니?

25. 너는 자동차를 어떻게 고쳤니? (*고치다, 수리하다 arreglar, reparar)

26. 너는 휴가를 어디에서 보낼 생각이니?

27. 후식으로 무엇을 들고 싶니? (*후식으로 de postre)

28. 한 달에 몇 번 극장에 가십니까? 한 달에 한 번 갑니다.

(*한 달에 한 번 una vez al mes)

29. 월드컵은 얼마에 한 번씩 개최되나요?

(*얼마마다 cada cuánto tiempo, *월드컵 Copa Mundial)

30. 어항에 물을 얼마마다 갈아주나요? (*어항 pecera)

31. 세비야(Sevilla)행 기차가 얼마 간격으로 출발하나요? 2시간마다 출발합니다.

32. 혹시 내가 갈 수 있을지도 모르니 파티가 몇 시인지 말해라.

(*혹시 …할 지도 모르니 por si (acaso)+ V)

33. 오늘 밤 TV에서 무슨 영화를 틀어주는지 알고 있니? (*상영하다, 틀다 poner)

34. 김 교수는 학생들이 자기 수업에 대해 어떻게 생각하는지 알고 싶어한다.

35. 등록기간이 언제 끝나는지 알고 싶습니다. (*등록기간 plazo de matrícula)

36. 한 친구가 내게 떼낄라 한 병을 선물했는데 너는 떼낄라의 알콜 도수가 얼마
    인지 아니? (*도수 grado)

37. 나는 네가 어제 어디에 있었고 무엇을 했는지 궁금하다.

38. 나는 네가 나를 얼마나 사랑하는지 알고 싶다.

39. 당신의 키와 몸무게가 얼마나 되는지 말해줄 수 있나요?

40. 그 문제를 어떻게 해결하였는지 제게 설명해 주시겠습니까?

41. 나는 나쁜 짓을 전혀 하지 않았다. 친구들이 왜 나를 미워하는지 이해를 못
    하겠다. (*미워하다 odiar)

42. 열쇠를 어디다 두었는지 기억이 안 난다. 문을 어떻게 열어야할지 모르겠다.

43. 그가 파티에 올지 안 올지 모르겠다.

44. 그 고양이가 아직 살아있는지 알고 싶다.

45. 우리는 뻬드로가 왜 수업에 빠졌는지 모릅니다. (*결석하다 faltar a clase)

연습문제 B

1. 의문사 qué, quién, dónde, por qué, cuándo, cuánto, cómo, si를 이용하여 직접
   의문문, 간접 의문문을 만들어 보시오(si의 경우는 간접 의문문만).

2. 아래의 글을 참조로 하여 시간이 날 때 하는 일을 5~6줄 정도로 적어보시오.

Voy a hablarles de mis pasatiempos y de las actividades que hago en mi tiempo libre. Uno de mis pasatiempos favoritos es charlar con los amigos en algún café. Los temas son variados: la cultura coreana, la literatura, el deporte y la política. Pero también hablamos de cosas personales.

A veces monto en bicicleta; es un pasatiempo muy divertido. En mi tiempo libre, también escucho la música popular y la clásica. Cuando estoy triste, canto o bailo.

Qué와 Cuál의 차이

• *Dale un huevo al codicioso y te pedirá la gallina.*

대부분의 학생들은 '무엇'과 '어떻게'를 스페인어로 번역할 때 각각 qué와 cómo를 떠올리기가 쉽다. 그러나 '무엇'과 '어떻게'가 cuál로 번역되어져야 하는 경우도 많다. 스페인어에서 qué는 어떤 물건에 대해 전혀 모르고 있어서 그 물건이 무엇인지를 알고자 하거나(예: ¿Qué es esto?) 혹은 어떤 개념에 관한 정의(definición)를 내리고자 하는 경우(예: ¿Qué es la filología?)에 사용하는 반면에 cuál은 어떤 주어진 동일한 집단 내에서 하나를 고르는 선택적 개념으로 사용된다.

예를 들어 영어로 "그의 이름이 무엇입니까?", "당신의 전공은 무엇입니까?"는 각각 What is his name?, What is your major?이지만 스페인어는 qué가 아니라 cuál로 번역된다. 즉, ¿Cuál es su nombre?(혹은 ¿Cómo se llama?), ¿Cuál es {su carrera/especialización}?으로 번역된다. 그 이유는 모든 사람이 다 이름을 가지고 있다고 볼 때 너의 이름이 무엇이냐고 묻는 것은 그 많은 이름들 가운데 너의 이름은 어느 것이냐고 묻는 것과 같다.

마찬가지로 전공의 경우도 모든 학생이 다 각자의 전공을 가지고 있다고 볼 때 너의 전공이 뭐냐고 묻는 것은 그 많은 전공 중에서 어느 것인지를 묻는 것과 같다. 따라서 cuál이 사용되는 것은 바로 이 같은 이유이다. 선택적 개념으로 cuál 대신에 'qué + 명사(사물, 사람)'(=which/what + 명사)를 사용할 수 있는데 이때 영어의 Which book do you want?를 감안하여 'cuál + 명사'를 사용하는 일이 없도록 유의하기 바란다. 왜냐하면 'cuál + 명사'는 일부 지역을 제외하고는 거의 쓰이지 않기 때문이다.

⑴ 어느 것이 당신의 시계입니까?

¿Cuál es su reloj?

¿Qué reloj es suyo?

⑵ 당신이 선호하는 색은 무엇입니까?

¿Cuál es su color {preferido/favorito}?

¿Qué color prefiere?

⑶ 그 여자들 가운데 누가 한국인입니까?

¿Cuál de las chicas es coreana?

⑷ 이러한 유형의 식당에 관한 너의 의견은 뭐니?

¿Cuál es tu opinión sobre este tipo de restaurantes?

¿Qué opinión tienes sobre este tipo de restaurantes?

⑸ 그의 기분 상태가 어떠니?

¿Cuál es su estado de ánimo?

⑹ 복권 당첨 번호가 어떻게 되지?

¿Cuál es el número premiado en el sorteo?

¿Qué número es el premiado en el sorteo?

⑺ 현재의 미국 달러 환율이 어떻게 됩니까?

¿Cuál es la cotización actual del dólar americano?

⑻ 이번 주말에 어떤 영화를 보고 싶으십니까?

¿Qué película quieres ver este fin de semana?

¿Cuál es la película que quieres ver?

⑼ 이 버스의 운행 구간이 어떻게 되는지 알고 있니?

¿Sabes cuál es el trayecto de este autobús?

⑽ 넌 어떤 책에 대해 말하고 있는 거니?

¿De qué libro me hablas?

¿Cuál es el libro del que me hablas?

⑾ 서울과 부산 사이의 거리가 얼마나 됩니까?/어떻게 됩니까?

¿Qué distancia hay entre Seúl y Pusan?

¿Cuál es la distancia entre Seúl y Pusan?

cf. What's the distance between Seoul and Pusan?

⑿ 당신은 일상적으로 어떤 교통수단들을 이용하십니까?

¿Qué medios de transporte utiliza habitualmente?

⒀ 인생이란 무엇입니까?

¿Qué es la vida?

⒁ 인터넷이 뭡니까?

¿Qué es Internet?

⒂ 접속법이란 무엇입니까?

¿Qué es el modo subjuntivo?

한편, 종류가 다른 것 중에서 하나를 고르는 경우는 의문사 qué를 사용한다.

⒃ 커피와 차 중에서 뭘 원하니?

¿Qué quieres, café o té?

다음은 스페인의 낭만주의(romanticismo) 시인인 Gustavo Adolfo Bécquer (1836~ 1870)의 ≪¿Qué es poesía?≫라는 시이다. 어떤 개념에 대한 정의를 물을 때 qué가 사용되는 것을 보여주는 좋은 예이다.

--- ≪¿*Qué es poesía?* ≫ *dices mientras clavas*

en mi pupila tu pupila azul;

¿Qué es poesía? ¿Y me lo preguntas?

Poesía … ¡eres tú!

연습문제 A

1. 이 식당의 대표 음식은 무엇인가요? (*대표 음식 especialidad)

2. 그의 전공은 무엇입니까? 그의 전공은 서어서문학입니다.

   (*전공 carrera, 서어서문학 filología española)

3. 그녀는 수업에 자주 빠진다. 그녀의 문제가 뭔지 알고 있니?

4. 이 차의 최대 속도가 어떻게 됩니까? 시속 200km입니다.

   (*최대 속도 velocidad máxima, 시간당 por hora)

5. 나는 바쁘지 않을 때 보통 소설을 읽습니다. 요즘 안또니오 무뇨스 몰리나 (Antonio Muñoz Molina)의 작품을 읽고 있는 중인데 매우 재미있습니다. 당신이 좋아하는 소설은 무엇입니까? (*좋아하는 favorito, preferido)

6. 콜롬비아의 수도는 어디입니까? 콜롬비아의 수도는 보고타입니다.

7. 유로는 유럽 공동 연합체의 공용화폐입니다. 한국의 화폐는 무엇입니까?

   (*화폐 moneda)

8. 당신의 사이즈가 어떻게 되죠? (*사이즈, 치수 talla)

9. 어젯밤에 발생한 화재의 원인이 어떻게 됩니까? (*화재 incendio)

10. 실패의 원인이 무엇인지 너는 알고 있니? (*실패 m. fracaso)

11. 네 비밀번호가 어떻게 되지? (*비밀번호 contraseña)

12. 네 전화번호가 어떻게 되지?

13. 그 영화의 제목이 어떻게 되는지 너는 아니?

14. 네 이메일 주소가 어떻게 되는지 내게 말해줄 수 있니?

   (*전자 우편 주소 dirección de correo electrónico)

15. 선생님, 철학이 무엇입니까?

16. 이게 뭡니까? 번데기입니다. 단백질이 풍부하지요. (*번데기 gusano de seda)

17. 후안은 마리아가 결혼했다고 말하고 빠블로는 마리아가 결혼하지 않았다고 말하는데 어느 것이 진실입니까?

18. 선과 악의 차이는 무엇인지 내게 말해줄 수 있니? (*선 el bien, 악 el mal)

19. 그 아이들 가운데 누가 너의 자식이니?

20. 그들 중 누가 너를 더 사랑하니?

21. 너는 그들 중 누구를 더 사랑하니?

22. 너희들 가운데 누가 나와 여행을 가고 싶니?

23. 당신은 어떤 컴퓨터를 사고 싶나요? (*컴퓨터 m. ordenador)

24. 너는 우리에게 어느 것을 추천하겠니? (*추천하다 recomendar)

25. 나는 너와 동일한 과목을 수강하고 싶다. 네가 수강하고자 하는 과목들이 어떻게 되니? (*과목 asignatura)

26. 나는 주말에 보통 영화를 본다. 내가 좋아하는 여배우는 뻬넬로뻬 끄루스 (Penelope Cruz)인데 네가 좋아하는 여배우는 누구니?

27. 그의 출생일자가 어떻게 됩니까? (*출생일자 fecha de nacimiento)

28. 한국은 지난 2년 동안 어떤 변화를 겪었습니까? (*변화 cambio, 겪다 sufrir)

29. 정답이 무엇인지 알아맞혀봐! (*알아맞히다 adivinar)

30. 수혈을 하기 위해서는 기증자와 수혜자의 혈액형이 일치해야 합니다. 당신의 혈액형이 무엇인지 말씀해 주시겠어요?

(*수혈하다 hacer una transfusión (de sangre), transfundir, 기증자 donante, 수혜자 receptor, 혈액형 grupo sanguíneo, 일치하다 ser compatible, 헌혈 donación de sangre)

연습문제 B

다음의 글을 참조로 하여 자기가 사는 도시나 마을에 대해 글을 적어보시오. 단, 다음의 요소들을 글의 내용에 포함시키시오.

¿Es grande o pequeña su ciudad?, ¿Cómo se llama?, ¿En qué región del país está?, ¿Cómo es la gente de allí?.

Madrid, la capital de España, es una ciudad muy hermosa y una de las ciudades más visitadas del mundo. Está situada en el centro de la península. Es famosa por sus museos, sus plazas y sus parques. El museo más conocido es el

Museo del Prado y las plazas más visitadas son la Plaza Mayor y la Puerta del Sol.

Madrid es una ciudad muy animada y su vida nocturna es muy activa. Sus teatros, cines, discotecas y cafés al aire libre están llenos de gente por las noches. Pero lo que más impresiona a los turistas es la hospitalidad de los madrileños. Madrid es la ciudad de la amistad.

(*원문 출처: ¡Hola, amigos!)

뿌에르따 알깔라(Puerta de Alcalá)

8 전치사와 의문사

● *Ojos que no ven, corazón que no siente.*

영어의 경우는 의문문을 만들 때 Where are you from?, What are you talking about?의 경우처럼 전치사와 의문사가 분리되는 경우가 존재한다. 그러나 스페인어는 전치사의 목적어가 의문사로 바뀌어 앞으로 이동하는 경우 전치사가 항상 의문사를 따라가므로 이 점에 각별히 유의하기 바란다.

기본 예제

(1) 하비에르(Javier)는 스페인 출신입니다. 그의 아내는 어디 출신입니까?

　　Javier es de España. ¿De dónde es su esposa?

(2) 어디 갔다 오니? 전화 걸고 오는 길이야.

　　¿De dónde vienes? Vengo de llamar por teléfono.

(3) 나는 볼펜으로 글을 쓴다. 너는 무엇으로 글을 쓰니?

　　Escribo con bolígrafo. ¿Con qué escribes tú?

(4) 난 네가 무슨 얘기를 하고 있는지 이해를 못하겠다.

　　No entiendo de qué hablas.

(5) 그녀는 요즘 누구와 사귑니까?

　　¿Con quién sale estos días?

(6) 너는 누구를 주려고 이 선물을 샀니?

　　¿Para quién compraste este regalo?

(7) 이것은 뭐 하는데 쓰이는 것인가요?

　　¿Para qué sirve esto?

⑻ 한국에서는 몇 살에 초등학교에 들어갑니까?

¿A qué edad ingresan en la escuela primaria en Corea?

⑼ 이 모니터는 몇 인치입니까?

¿De cuántas pulgadas es este monitor?

¿Cuántas pulgadas tiene este monitor?

⑽ 부모님을 얼마나 자주 방문하십니까?

¿Con qué frecuencia visitas a tus padres?

연습문제 A

1. 이 혁대는 무엇으로 만든 것인가요? 악어가죽으로 만들었습니다.

(*혁대 cinturón, 악어가죽 cuero de cocodrilo)

2. 이 숟가락은 무엇으로 만든 것입니까? 금으로 만들었습니다.

3. 오늘은 누구의 생일입니까?

4. 이 가방들은 다 누구의 것입니까? 누구 것인지 모르겠습니다.

5. 이 편지는 누구한테 온 것입니까? 너한테 온 것이다.

6. 저 엔지니어는 어느 회사에 근무합니까?

7. 방학은 몇 월에 시작해서 몇 월에 끝납니까?

8. 너는 몇 시에 출근해서 몇 시에 퇴근하니?

9. 오늘 해가 몇 시에 떠서 몇 시에 졌나요? (*(해가) 뜨다 salir, 지다 ponerse)

10. 한국의 가장 중요한 명절 중의 하나인 추석은 몇 월입니까?

(*명절 fiesta nacional, *caer en + 달)

11. 당신의 할아버지는 몇 년도에 돌아가셨습니까? (*사망하다 morir, fallecer)

12. 너의 할아버지께서는 몇 살에 돌아가셨니? 85세에 돌아가셨다.

13. 김 교수의 자동차는 무슨 색입니까?

14. 나는 스페인어 교수님이 외국인이라고 들었다. 그의 머리색은 무슨 색이니?

15. 모레노 교수님의 눈은 무슨 색입니까?

16. 어떤 색깔의 넥타이를 원하십니까?

17. 몇 인치 모니터를 원하십니까? (*인치 pulgada)

18. 너는 무엇에 관해 나와 이야기 하고 싶니? 저의 장래에 관해 당신과 이야기하고 싶습니다.

19. 무슨 일로 저와 얘기하길 원하시나요?

20. 당신은 이번 주말에 누구와 데이트하고 싶습니까? (*…와 데이트하다 salir con)

21. 너의 무엇으로 바닥을 쓸었니? (*쓸다 barrer 바닥 suelo)

22. 당신은 집으로 돌아가기 위해 몇 시에 도서관에서 나왔습니까?

23. 후안은 어느 동네에 삽니까? 같은 동네에 삽니다. (*동네 barrio)

24. 당신은 무엇을 타고 출퇴근하나요? 보통은 지하철로 갑니다만 가끔씩 자전거로 가기도 합니다. (*출퇴근하다 ir y venir del trabajo)

25. 외국 여행을 얼마나 자주 하십니까? 일 년에 두 번 합니다.

26. 너는 천안은 서울에서 어느 정도 거리에 있는지 알고 있니?

27. 자동차가 무엇에 부딪쳤습니까? 나무에 부딪쳤습니다.

연습문제 B

1. 전치사 a, con, de, en, por, para를 이용하여 의문문을 하나씩 만들어 보시오.

2. 다음 글을 읽고 질문에 스페인어로 답하시오.

El español es el idioma oficial de veinte países del mundo. En total, hay aproximadamente 266 millones de personas de habla española. Este número incluye unos 31 millones en los Estados Unidos (más del 11% de la población total de este país); por eso la población hispana es un mercado consumidor doméstico muy importante para los Estados Unidos. Las grandes compañías comprenden la importancia económica de este grupo y usan los medios de comunicación tanto en inglés como en español para venderle una variedad de productos.

(*원문 출처:Claro que sí, p. 73)

① ¿En cuántas naciones es el español la lengua oficial?

② ¿Cuántas personas hablan español en el mundo?

3. 다음에 제시된 글을 참조로 하여 자기 가족의 일상 생활(actividades habituales)을 스페인어로 적어보시오.

Nosotros vivimos en Madrid, en la calle Alcalá 437. Mi padre trabaja en un banco. Todas las mañanas va al banco en coche. Mamá trabaja de dependienta en una tienda. Sale de casa muy temprano. Yo voy a la universidad. Generalmente voy en metro hasta la universidad. A las dos de la tarde mis padres comen juntos en casa pero yo no vuelvo a casa para almorzar; como en el comedor del campus con mis compañeros. Después de comer, mis padres vuelven al trabajo. Ellos vuelven a casa a las seis. Mientras mamá prepara la cena, papá ordena las habitaciones. Yo vuelvo a las nueve de la noche. Después de cenar, vemos juntos la televisión y nos acostamos a las once. A veces paso toda la noche hablando por teléfono o chateando con mis amigos.

9 날씨에 관한 표현

> • *Al mal tiempo, buena cara.*

1. 느낄 수 있는 기상 현상(좋은 날씨, 더위, 추위, 바람 등)에 관해 언급하는 경우는 비인칭 동사 'hacer + 명사' 형태를 사용한다. 이때 hacer는 항상 3인칭 단수 형태를 취한다. hacer 동사 뒤에는 tiempo, sol, viento, frío, calor와 같이 명사가 출현하기 때문에 이들 명사를 강조하여 '매우 …하다'라고 표현하고자 하는 경우에는 muy가 아닌 mucho/a를 사용한다는 점을 잘 기억하기 바란다. 특히, 영어의 경우는 It's very hot/cold에서 보듯이 '매우'에 상응하는 것이 very이므로 영어와 혼동하지 않도록 유의해야 한다.

기본 예제

(1) 오늘 날씨가 어떻습니까? 춥습니다.

¿Qué tiempo hace hoy? Hace frío.

(cf. What's the weather like today? It's cold)

(2) 내일은 날씨가 어떨까?

¿Qué tiempo hará mañana?

(3) 어제는 날씨가 어땠나요?

¿Qué tiempo hizo ayer?

(4) 날씨가 춥다/덥다/서늘하다.

Hace frío/calor/fresco.

(5) 바람이 많이 분다.

Hace mucho viento/El viento sopla muy fuerte.

⑹ 해가 났다.

Hace sol.

⑺ 날씨가 좋다/나쁘다.

Hace buen/mal tiempo.

⑻ 오늘 날씨가 쌀쌀해서 재킷을 입어야겠다.

Hoy hace fresco, así que me pondré una chaqueta.

⑼ 하늘이 흐려지고 있어서 비가 올 것 같다.

El cielo está {nuboso / nublado}. Parece que va a llover.

ㅇ 유의사항

"날씨가 어떻습니까?"를 스페인어로 옮길 때 cómo tiempo가 아닌 qué tiempo로 번역해야 한다는 것을 명심하기 바란다. 그 이유는 날씨를 나타내는 단어 tiempo가 명사이므로 의문 부사인 cómo를 사용할 수 없고 의문 형용사인 qué를 사용해야 한다. 즉, "어떻게"를 무조건 cómo로 번역하지 않도록 주의하기 바란다. 단, 의문사 cómo를 사용하여 같은 의미를 전달하고자 하는 경우에는 '¿Cómo es {el tiempo/el clima} en Corea?'라고 하면 된다.

---

2. 눈으로 볼 수 있는 기상 현상(안개, 구름)인 경우는 보통 비인칭 동사 'haber + 명사형'을 사용하지만 다른 형태로도 표현이 가능하다.

기본 예제

⑴ 해안에는 옅은 안개가 끼었다.

Hay neblina por la costa. (cf. It's foggy)

⑵ 오늘 구름이 끼었다.

Hay nubes hoy. (cf. It's cloudy)

El cielo está nuboso.

⑶ 오늘은 안개가 끼었다.

Hay nieblas hoy.

⑷ 안개가 걷히었다.

La niebla se fue.

⑸ 오늘 아침은 옅은 안개가 끼었었지만 곧 날이 개었다.

Esta mañana había neblina, pero luego el día se ha despejado.

⑹ 안개가 너무 짙어서 이 미터 앞의 것도 보이지가 않는 상황이었고 그래서 나
는 조심해서 운전을 해야만 하는 상황이었다.

La niebla era tan espesa que no se veían las cosas a dos metros de distancia y
por eso yo tenía que conducir con cuidado.

3. '비가 오다'와 '눈이 오다'는 동사 llover, nevar를 사용한다.

기본 예제

⑴ 이번 달에는 비가 많이 내렸다.

Ha llovido mucho este mes.

⑵ 눈이 많이 내리면 나는 걸어서 출근한다.

Cuando nieva mucho, voy a pie al trabajo.

⑶ 나는 눈이 내리면 아이스링크에서 스케이트를 타고 날씨가 좋으면 야외에
서 자전거를 탄다.

Cuando nieva, patino en la pista de hielo y cuando hace buen tiempo, monto
en bicicleta al aire libre.

4. 기타의 기상 현상과 관련된 어휘 및 표현은 아래와 같다.

기본 예제

⑴ 오늘 몇 도지요? ‐ 오늘 영하 2도 입니다.

¿A cuántos grados estamos hoy? ‐ Estamos a dos grados bajo cero.

⑵ 밤에 기온이 내려가면 창에 서리가 내릴 수 있다/성에가 낄 수 있다.

Si por la noche baja la temperatura, puede aparecer escarcha en las ventanas.

⑶ 번개가 친 다음에는 항상 천둥이 온다.

Después de los relámpagos, siempre vienen los truenos.

⑷ 열대 지역은 습도가 높아서 에어컨 없이는 지낼 수가 없다.

En las zonas tropicales no se puede vivir sin aire acondicionado porque {hay/hace} mucha humedad.

⑸ 나는 습도가 높지 않는 곳에서 이번 여름을 보내고 싶다.

Quiero pasar este verano donde no haya mucha humedad.

바르셀로나의 사그라다 파밀리아(Sagrada Familia) 성당

연습문제 A

1. 습한 지역에서는 안개가 자주 낀다.　　(*습한 húmedo, 습기 humedad, 건조한 seco)

2. 오늘 아침 교통사고로 인해 많은 사람들이 다쳤다. 짙은 안개가 사고의 원인
   이었다. 안개가 끼었을 때 사고를 방지하기 위해서는 천천히 운전해야 한다.

   (*다치다 resultar herido, 짙은 안개 espesa niebla)

3. 한국은 여름에 매우 덥고 습하다. 그래서 나는 여름에 더위에 고생하지 않으
   려고 에어컨 딸린 차를 한 대 샀다.　　(*더위에 고생하다 pasar calor)

4. 이 도시의 기후는 매우 쾌적하다. 일 년 내내 덥지도 춥지도 않다. 그래서 많
   은 사람들이 휴가를 보내러 온다.

5. 이 도시는 바닷가 옆에 있는 관계로 기후가 온화하다. 9월에도 수영을 할
   수 있다.　　(*온화한 templado)

6. 이 도시는 해안에서 멀리 떨어져 있어 기후가 매우 건조하다.　　(*건조한 seco)

7. 우리나라는 세 개의 바다로 둘러 싸여 있어서 기후는 온화하다.

   (*온화한 templado, *둘러쌓여 있는 rodeado por tres mares)

8. 날씨가 너무 추우니 옷을 따뜻하게 입도록 해라.

   (*옷을 따뜻하게 입다 abrigarse bien)

9. 지금 비가 몹시 내리고 번개가 치고 있어서 우리는 출발을 연기해야 한다.

   (*비가 억수같이 오다 llover a cántaros, 번개가 치다 relampaguear, 연기하다 aplazar/retrasar)

10. 다행히도 날씨가 매우 좋아서 아이들을 데리고 소풍을 가려고 한다.

    (*다행히도 afortunadamente, 소풍가다 ir de excursión)

11. 날씨가 좋으면 나는 일광욕을 하러 해변에 가거나 야외에서 자전거를 탄다.

    (*일광욕하다 tomar el sol)

12. 겨울에는 기온이 자주 영하로 내려간다.

13. 봄에는 날씨가 좋기 때문에 난 아이들을 공원에 자주 데려갑니다. 그곳에서
    아이들이 노는 동안 난 신문을 읽습니다.

14. 날씨가 선선하기 때문에 저는 가을을 좋아합니다. 당신은 일 년 중 어떤 계절
    을 선호하십니까?　　(*계절 estación)

15. 영국에는 비가 자주 내리기 때문에 사람들은 우산을 가지고 출근합니다.

16. 비가 그치자마자 해가 났다.   (*…하자마자 en cuanto + 시제 동사, nada más + inf.)

17. 눈이 그치면 곧바로 여길 떠나도록 하겠다.   (*눈이 그치다 dejar de nevar)

18. 날이 개이지 않으면 소풍을 갈 수가 없을 것이다.   (*날이 개다 despejarse el día)

19. 스페인은 관광국이다. 해마다 많은 관광객들이 이 나라를 방문한다. 높은 산과 아름다운 해변이 많이 있다. 기온은 지역에 따라 다른데 어떤 지역은 매우 덥고 또 어떤 지역은 매우 춥다. 북쪽은 비가 자주 내리지만 남쪽은 거의 비가 오지 않는다.   (*관광국 país turístico)

연습문제 B

1. 다음에 주어진 표현을 이용하여 문장을 완성해 보시오.

① Cuando nieva mucho, …

② … porque esta mañana ha llovido mucho.

③ Estos días hace mucho calor, …

④ A causa de la fuerte nevada …

⑤ Hace mucho frío fuera y

⑥ Si tienes calor, …

⑦ Según el pronóstico meteorológico, …

⑧ Me gusta el invierno …

2. hacer calor, hacer frío, llover, nevar를 이용하여 자유롭게 문장을 만들어 보시오.

3. 다음은 스페인의 기후에 관한 글이다. 글을 참조로 하여 한국의 기후에 대한
   글을 적어보시오.

> El clima de España cambia según las regiones. Se puede decir que cada región tiene su clima. En el centro de España, el clima es muy seco. En verano hace mucho calor y en invierno hace mucho frío. El cielo está siempre despejado, pero de vez en cuando nieva.
>
> En el norte de España llueve a menudo. Incluso en los meses de julio y agosto el cielo está nuboso. A veces hace viento y hay fuertes marejadas.
>
> En el este de la península el clima es templado por estar junto al mar Mediterráneo. En primavera y otoño hace calor. Muchas veces, en invierno hay nieblas o neblinas. Es un clima más suave, pero más húmedo.
>
> En el sur de España hace sol casi todo el año. Incluso en los meses de enero y febrero la temperatura no es inferior a los diez grados.

스페인의 민속춤 플라멩꼬(flamenco)

10 시간에 관한 표현 (1)

● *No sólo de pan vive el hombre.*

1. '세 시간째 …하고 있다', '세 시간 전부터 …하고 있다' 등과 같이 과거에 시작된 행위가 아직도 진행되고 있는 것을 표현하고자 하는 경우는 (i) hace + 시간 + que + {현재/현재 분사}, (ii) {현재/현재 분사} + desde hace, (iii) llevar + 시간 + {현재 분사/과거 분사}를 사용한다. 그러나 부정문의 경우에는 'hace + 시간 + que + 시제 동사' 구문에서 현재 혹은 현재완료/과거완료를 사용할 수 있다. 한편, '…한지 얼마나 되십니까?'와 같은 의문문을 만들고자 하는 경우는 ¿Cuánto tiempo hace que …?로 표현하면 된다.

기본 예제

⑴ 그는 칠 년 전부터 이곳에서 일하고 있다.

　그는 칠 년째 이곳에서 일하고 있다.

　그는 이곳에서 일한 지가 칠 년 되었다.

　　a. Hace siete años que trabaja aquí.

　　b. Trabaja aquí desde hace 7 años.

　　c. Lleva siete años trabajando aquí.

⑵ 나는 그와 같이 일을 안 한지가 3년이 되었다.

　3년 전부터 나는 그와 같이 일을 안 하고 있다.

　나는 3년째 그와 같이 일을 하고 있지 않다.

　　a. Hace tres años que no {trabajo/he trabajado} con él.

　　b. No trabajo con él desde hace 3 años.

c. Llevo 3 años sin trabajar con él.

⑶ 오래 전부터 일본과 북한은 외교 관계 수립을 위해 협상을 벌이고 있다.

　　Hace mucho tiempo que Japón y Corea del Norte negocian para establecer

　　las relaciones diplomáticas.

⑷ 스페인어를 배우신 지 얼마나 되었습니까? – 2년 되었습니다.

　　¿Cuánto tiempo hace que estudia español? Hace dos años que lo estudio.

⑸ 마리아와 사귄 지 얼마나 되었나요? – 그녀와 사귄 지 3년이 되었습니다.

　　¿Cuánto tiempo hace que sales con María? Hace tres años que salgo con ella.

○ 유의사항

　conocer, saber와 같은 동사는 'llevar + 현재 분사'를 쓸 수 없다(아래 예제 ⑴ 참조). 또한 llevar 동사의 경우는 무조건 현재 분사형을 사용해서는 안 된다(아래 예제 ⑵, ⑶ 참조). 결과적 상태를 표현하는 경우에는 과거 분사를 사용한다. 또 전치사구를 사용하는 경우도 있다.

기본 예제

⑴ 우리가 서로 알고 지낸 지 삼 년이 되었다.

　　Hace tres años que nos conocemos.

　　Nos conocemos desde hace tres años.

　　*Llevamos tres años conociéndonos.

⑵ 아버지는 2시간 전부터 침대에 누워 계신다.

　　a. Papá lleva dos horas tumbado en la cama.

　　b. Hace dos horas que papá está tumbado en la cama.

　　c. Papá está tumbado en la cama desde hace dos horas.

⑶ 그들은 1시간 전부터 부둥켜안은 채로 있다.

　　a. Llevan una hora abrazados.

　　b. Hace una hora que están abrazados.

　　c. Están abrazados desde hace una hora.

⑷ 교사로 근무한지 20년입니다.

　　Llevo 20 años de profesor.

⑸ 웨이터 생활을 한지 얼마나 되셨습니까?

　　¿Cuánto tiempo lleva de camarero?

한편, '일주일 전부터 병원이 폐쇄되어 있다'와 같이 이전부터 지금까지 지속되고 있는 상태(=행위의 결과로 인한 상태)를 표현할 때는 'hace + 시간 + que + 주어 + estar + 과거분사' / '주어 + llevar + 과거분사' 형식을 사용한다.

(6) 일주일 전부터 병원이 폐쇄되어 있다.

　　a. Hace una semana que el hospital está cerrado.

　　b. El hospital lleva una semana cerrado.

○ **영어와의 대조**

　영어에서 시간과 현재 완료 진행(have been -ing)이 결합되면 현재에도 진행되고 있는 행위나 사건을 의미한다. 따라서 이 구문을 스페인어로 옮길 때는 현재 혹은 현재 진행으로 옮겨야 한다.

기본 예제

⑴ I have been waiting for you for half an hour.

　　Hace media hora que {te espero/estoy esperándote}.

　　{Te Esepro/Estoy esperándote} desde hace media hora.

⑵ How long have you lived here? / How long have you been living here?

　　¿Cuánto tiempo hace que vives aquí?

⑶ I've lived here for five years (and I still live here) / I've been living here for five years.

　　Hace cinco años que vivo aquí. / Vivo aquí desde hace 5 años.

2. '1970년부터/1970년 이래로 …하고 있다'와 같이 '…부터/이래로' 앞에 연도를 붙여서 표현하고자 하는 경우에는 'desde + 연도'를 사용한다.

<blockquote>기본 예제</blockquote>

⑴ 나는 1970년부터 스페인에 살고 있다.

　　Vivo en España desde 1970.

⑵ 나는 어제부터 그를 기다리고 있다.

　　Le estoy esperando desde ayer.

3. '세 시간 전에 …을 했다'와 같이 이미 끝난 사건을 표현하고자 하는 경우에는 'hace + 시간 + que + 과거형' 혹은 '과거형 + hace + 시간'을 사용한다.

<blockquote>기본 예제</blockquote>

⑴ 나는 그녀를 한 달 전에 보았다.

　　Hace un mes que la vi.

　　La vi hace un mes.

⑵ 그는 며칠 전에 50세가 되었다.

　　Hace unos días que cumplió 50 años.

　　Cumplió 50 años hace unos días.

⑶ 조금 전에 어떤 나무에 부딪쳤다.

　　Hace un rato que he chocado {contra/con} un árbol.

　　He chocado {contra/con} un árbol hace un rato.

⑷ 그는 일 년 전에 담배를 끊었다.

　　Hace un año que dejó de fumar.

　　Dejó de fumar hace un año.

⑸ 컴퓨터 사용법을 배운지가 얼마나 되었습니까?

　　¿Cuánto tiempo hace que aprendió a usar el ordenador?

4. '그들은 결혼한 이래로/뒤부터'의 경우처럼 '···이래로/ ···뒤부터' 앞에 하나
의 시제절이 출현하는 경우에는 'desde que + ind./subj'로 번역한다.

기본 예제

⑴ 그들은 결혼한 뒤부터 이 동네에 살고 있다.

Viven en este barrio desde que se casaron.

⑵ 아기가 태어난 이래로 우리는 다시 밤에 외출을 하지 못했다.

Desde que nació el niño, no hemos vuelto a salir por la noche.

⑶ 태어나면서부터 인간은 죽음에 가까이 있다.

Desde que nace el hombre está próximo a la muerte.

⑷ 그녀의 남편이 죽은 뒤로 그녀는 우울하게 지내고 있다.

Está deprimida desde que su marido murió.

⑸ 미 국방성은 토요일 알카에다 군에 대한 공세가 시작된 이래 사망한 미군 병
사가 아홉 명이라고 말했다.

El departamento de Defensa de EEUU ha informado que son nueve los sol-
dados estadounidenses muertos desde que el sábado comenzara la ofensiva
contra las fuerzas de Al Qaeda.

⑹ 거스 히딩크(Guss Hiddink)가 팀을 맡은 이래로 한국은 11번의 승리와 11
번의 무승부, 10번의 패배를 기록하였다.

Desde que Guus Hiddink se hiciera con las riendas del equipo, Corea se ha
hecho con 11 victorias, 11 empates y 10 derrotas.

⑺ 스페인 왕가에서 펠리페(Felipe) 왕자와 신문기자 오르띠스(Ortiz)의 약혼
을 발표한 이래로 이에 대해 지지를 표명하는 것이 줄을 이었다.

Desde que la Casa Real anunciara el compromiso del Príncipe Felipe con la
periodista Letizia Ortiz las reacciones y muestras de apoyo se han sucedido.

5. '사람/기차/버스가 …하는데 몇 시간이 걸리다'와 같이 사람/사물이 주어인 경우에는 tardar를 사용하여 작문하고 '여행/강연회/영화/전쟁이 …동안 지속되다'와 같이 어떤 이벤트가 주어인 경우는 durar 동사를 사용하여 작문하는 것이 일반적이다. 단, 중남미 국가에서는 tardar와 durar를 혼용하여 쓰기도 한다.

기본 예제

⑴ 서울에서 마드리드까지 비행기로는 약 12시간이 걸린다.

De Seúl a Madrid un avión tarda unas doce horas.

⑵ 서울에서 마드리드까지 비행은 약 12시간이 걸린다.

El vuelo de Seúl a Madrid dura unas doce horas.

⑶ 나는 숙제를 마치는데 시간이 많이 걸렸다.

Tardé mucho en terminar la tarea.

⑷ 버스가 오는데 시간이 많이 걸린다.

El autobús tarda mucho en llegar.

⑸ 네가 돌아오는데 시간이 걸리면 난 너를 기다리지 않겠다.

Si tardas en regresar, no te esperaré.

⑹ 한국 전쟁은 3년 동안 지속되었다.

La guerra civil de Corea duró tres años.

⑺ 바르셀로나로의 여행은 대략 8시간이 걸렸다.

El viaje a Barcelona duró aproximadamente 8 horas.

연습문제 A

1. 나는 얼마 전에 스케이트 타는 법을 배웠지만 아직 잘 타지는 못한다.

(*스케이트 타다 patinar, …하는 법을 배우다 aprender a inf., …하는 법을 가르쳐주다 enseñar a inf.)

2. 당신은 한국에 사신지가 얼마나 되었습니까? 5년 되었습니다.

3. 피아노 연습을 안 한 지 얼마나 되었나요? 손가락 통증 때문에 3주 째 연습을 못하고 있습니다.

(*피아노 연습을 하다 practicar el piano; 손가락 통증 dolor de dedos, dolor en los dedos)

4. 저는 당신들이 언제부터 서로 알고 지내는지 알고 싶습니다.

5. 우리는 서로 알고 지낸 지가 20년이 넘었다.　　　(*(사람, 지명을) 알게 되다 conocer)

6. 후안과 뻬드로는 어릴 적부터 아는 사이다. 5년 전 어느 날 심하게 다투고는 그 날 이후로 서로 말을 않는다.　　　(*말다툼을 벌이다 discutir)

7. 우리는 결혼한 지 30년이 넘었는데 여태껏 말다툼 한 번 한 적이 없다.

8. 난 오래 전부터 그녀를 무척 그리워하고 있다. 지금 어디에서 무얼 하는지 궁금하다.　　　(*그리워하다 echar de menos, añorar, extrañar)

9. 내 동생은 열흘 전부터 입원 중인데 언제 퇴원할 지 모르겠다.

(*입원 중이다 estar hospitalizado, 퇴원시키다 dar de alta, 퇴원하다 ser dado de alta)

10. 나는 극장에 가지 않은 지가 얼마나 되었는지 기억이 나지 않는다. 시험이 끝나면 친구들과 영화 한 편 보고 싶다.

11. 그는 2년 전부터 그녀와 사귀고 있지만 그녀와 결혼할 생각이 없다.

(*사귀다 salir (con))

12. 아내는 살을 빼기 위해 2주일 전부터 다이어트를 하고 있다.

(*살을 빼다 perder peso, adelgazar, 다이어트를 하다 estar a dieta, estar en régimen de dieta)

13. 나는 이틀째 잠을 못 자서 매우 피곤하고 많이 졸린다. 집에 도착하면 샤워를 하고 잠을 좀 자야겠다.

14. 1년 전부터 스페인어를 공부하고 있는데 나는 모레노 교수님을 뵐 때마다 스페인어로 말을 건다. 이번 여름에는 스페인어 실력을 향상시키기 위해 마드리드로 갈 예정이다.　　　(*…할 때마다 cada vez que …, 스페인어 실력을 향상시키다 mejorar mi español)

15. 마리아는 오래 전부터 후안에게 빠져있지만 그는 그녀를 거들떠보지도 않는다.

16. 후안은 3년째 실직상태여서 풀이 죽어있다.　　　(*풀이 죽은 desanimado, deprimido)

17. 이 차는 10년 전에 샀는데 여태껏 한 번도 고장이 없었다.　　　(*고장 avería)

18. 우리는 3년 전에 이 아파트를 전세 내었는데 내년에는 다른 곳으로 이사할 생각이다.　　　(*임차하다, 전세 내다 alquilar, 전셋집 piso alquilado, 이사하다 mudarse)

19. 군 복무를 마친지 얼마나 되었습니까? – 저는 12년 전에 군복무를 마쳤습
니다.　　　(*군복무를 마치다, 군에 갔다 오다, 제대하다 cumplir el servicio militar, licenciarse)

20. 콜롬부스가 아메리카를 발견한 지 얼마나 되었습니까? 발견한지 500년이 되
었습니다.　　　　　　　　　　　　　　　　　　　(*발견하다 descubrir)

21. 대학을 졸업한지 얼마나 되었습니까?

22. 나는 아침 열 시부터 서 있었더니 다리가 무척 아프다.　　(*서있다 estar de pie)

23. 그 사고를 당한 뒤로 비만 오면 허리와 목이 아프다.

24. 마리아는 남편이 세상을 떠난 뒤로 혼자 지내는데 재혼하고 싶어한다.

25. 나는 그녀와 다툰 이후로 다시는 그녀에게 전화하지 않았다.

26. 이 학교에 입학한 뒤로 나는 결석한 일이 결코 없다.　　(*입학하다 ingresar en)

27. 그녀가 앓아누운 지 벌써 2개월이 지났다.　　　(*병이 나다 ponerse enfermo)

28. 내가 스페인에 공부하러 온 지도 벌써 4년이 지났다. 내년에는 학업을 마치
고 싶다.

29. 나는 대학에 입학한 이후로 줄곧 스페인어를 공부하고 있지만 아직도 유창하
게 말하지 못한다. 좀 더 노력해야겠다.　　　　　　(*유창하게 con soltura)

30. 교통체증 때문에 우리가 그곳에 도착하는데 두 시간이 걸렸다.

(*교통체증 atasco)

31. 그의 강연은 두 시간 동안 지속되었었지만 전혀 지루하지 않았다.

32. 서울에서 도쿄까지 비행은 약 두 시간 걸린다.

33. 기차로 바르셀로나까지 가는데 시간이 얼마나 걸립니까?

34. 제가 당신의 차를 수리하는 데는 두 시간이 걸릴 것이니 오늘 오후에 찾으러
오세요.　　　　　　　　　　　　　　　　　　　　(*찾다 recoger)

35. 집안이 너무 어질러져 있어서 정리 정돈하고 청소하는데 나는 1시간이 걸
렸다.　　　　　　　　　　　　　　　　　　　　(*정리 정돈하다 ordenar)

36. 이 건전지는 비싸기는 하지만 오래간다.　　　　　　　　(*건전지 pila)

37. 학생들은 한 달 전부터 예술제에 대비하여 춤, 노래, 연극을 연습하고 있다.

(*(문화 행사를) 연습하다 ensayar, 예술제 festival de bellas artes)

38. 인터넷이 등장한 이래로 우리의 생활은 완전히 달라졌다. 우리는 인터넷을
통해 어떠한 종류의 정보도 얻을 수 있게 되었다. 또한 몇 년 전까지만 하더

라도 편지를 보내기 위해 우리는 우체국에 가야만 했지만 이제는 인터넷으로 몇 초 만에 세계 어느 곳으로든 편지나 메시지를 보낼 수 있다.

연습문제 B

1. 다음을 llevar 동사를 사용하여 바꾸어 쓰시오.

① Hace dos días que Manuel está hospitalizado.

② Hace 2 años que estudiamos español.

③ Hace seis meses que Ana trabaja de niñera.

2. (i) hace … que…, (ii) … desde hace, (iii) llevar 세 가지 방법을 이용하여 각각 세 문장씩 적어 보시오.

3. 주어진 모델에 따라 문장을 만들어 보시오.

> A: ¿Cuánto tiempo hace que votaste por primera vez?
> B: Hace dos años que voté por primera vez.

① conseguir la licencia de conducir

② conocer a tu novia

③ comenzar a estudiar español

④ comenzar a trabajar en esta empresa

⑤ dejar de fumar

⑥ mudarse al otro barrio

4. tardar, durar를 이용하여 문장을 만들어 보시오.

5. 자동차와 자전거의 장단점에 대해 스페인어로 적어 보시오.

시간에 관한 표현 (2)

● *Tiempo pasado siempre es deseado.*

현재 시점이 아닌 과거 시점에서의 지속적 상황(situación continua)을 표현하고자 하는 경우에는 hace … que/ desde hace …/ lleva …가 각각 hacía … que/ desde hacía …/ llevaba …로 바뀐다는 것을 유념할 필요가 있다. 한편, 현재 시점에서 완료된 상황을 표현할 때는 'hace + 시간'을 사용하지만 과거 시점에서의 완료된 상황(situación terminada)을 표현하고자 하는 경우에는 'hacía + 시간'을 사용한다(cf. 기본 예제 (6b) 참조).

기본 예제

⑴ a. 세 시간 전부터 그를 기다리고 있다.(현재 시점)

Hace tres horas que lo estoy esperando.

Lo estoy esperando desde hace tres horas.

Llevo tres horas esperándolo.

b. (그 당시) 세 시간 전부터 그를 기다리고 있는 중이었다.(과거 시점)

Hacía tres horas que lo esperaba.

Lo esperaba desde hacía tres horas.

Llevaba tres horas esperándolo.

⑵ a. 3년 전부터 어떤 가게에서 일하고 있다.

Hace tres años que trabaja en una tienda.

b. (그 당시) 3년 전부터 어떤 가게에서 일을 해오던 참에 다른 일을 찾아보기로 결심했다.

Hacía tres años que trabajaba en una tienda, y decidió buscar otro trabajo.

(3) a. 신부는 30분 전부터 설교 중이다.

El cura predica desde hace media hora.

b. 신부는 30분 전부터 설교를 하고 있던 중이었다.

El cura predicaba desde hacía media hora.

(4) a. 웨이터는 두 달 전부터 이 바에서 근무하고 있다.

El camarero lleva dos meses trabajando en este bar.

b. 웨이터가 복권에 당첨되었을 때는 이 바에서 근무한 지 두 달쯤 되었을 때였다.

El camarero llevaba dos meses en este bar cuando le tocó el premio gordo de la lotería nacional.

(5) a. 후안과 크리스티나는 5년 전부터 연인 사이다.

Juan y Cristina llevan cinco años de novios.

b. 후안과 크리스티나가 결혼을 했을 때는 5년 째 연인으로 지내던 참이었다.

Juan y Cristina llevaban cinco años de novios cuando se casaron.

(6) a. 두 달 전 나는 그녀와 헤어졌고 아직 마음이 우울하다.

Rompí con ella hace dos meses y todavía me siento deprimido.

b. 2002년 9월경이었다. 두 달 전 그녀와 헤어졌고 아직 마음도 우울한 상황이었다.

Era septiembre de 2002: yo había roto con ella hacía dos meses, y todavía me sentía deprimido.

○ 유의사항

학생들이 자주 혼동을 하는 것 중의 하나는 buscar와 encontrar의 구분이다. 둘 다 한국어로는 '찾다'로 번역될 수 있어서 혼동을 하는 경우가 많은데 '무엇을/사람을 찾아 나서다'의 의미인 경우는 buscar를 사용하고 '무엇을/사람을 찾아 나선 결과 찾아내다'의 의미인 경우는 encontrar를 사용한다. 영어로는 전자는 look for, 후자는 find에 해당한다.

기본 예제

⑴　A: 너 지금 무얼 찾고 있니?

　　　　¿Qué estás buscando?

　　B: 한 시간 전부터 내 시계를 찾고 있는 중인데 안 보이네(찾을 수가 없네).

　　　　Estoy buscando mi reloj desde hace una hora pero no lo encuentro.

　　A: 이게 네 시계니?

　　　　¿Es este tuyo?

　　B: 응, 어디서 그것을 찾았니?

　　　　Sí. ¿Dónde lo has encontrado?

　　A: 소파 밑에서 찾았어

　　　　Lo he encontrado debajo del sofá.

⑵ 많은 사람들이 실종된 아이들을 찾아보았지만 찾지 못했다.

　　Muchos buscaron a los niños desaparecidos pero no los encontraron.

⑶ 스페인 사람들은 엘도라도를 찾아보았지만 찾지 못했다. 왜냐하면 엘도라도는 존재하지 않았기 때문이다.

　　Los españoles buscaron El Dorado pero no lo encontraron porque no existía.

연습문제　A

1. 아이가 한 시간 전부터 울고 있다.

2. 아이는 한 시간 전부터 울고 있었다.

3. 그들은 십 년째 다리를 건설하고 있다.

4. 그들은 십 년째 다리를 건설하고 있는 중이었다.

5. 방금 시계가 두 시를 알렸다. 세 시간 전부터 비가 오고 있다.

6. 시계가 두 시를 알렸을 때 세 시간째 비가 내리고 있는 중이었다.

7. 그는 몇 년째 직장도 없이 지내고 있다.

8. 그의 어머니가 돌아가셨을 때는 그가 직장도 없이 몇 년을 보내던 때였다.

9. 그들이 집에 도착했을 때 나는 한 시간째 한 친구와 전화 통화 중이었다.

10. 테러가 발생했을 당시 우리는 뉴욕에 일년 째 살고 있었다.   (*테러 atentado)

11. 사고를 목격했을 때 나는 카페에서 친구를 한 시간째 기다리고 있던 참이었다.   (*목격하다 presenciar)

12. 우리는 아주 오래 전부터 만나지 못한 상태였기 때문에 우리는 만나자마자 서로를 부둥켜 앉았다.

13. 한 달 전부터 그들을 만나지 못한 터였는데 어제 우연히 길에서 그들을 만났다.   (*우연히 만나다 encontrarse con ~)

연습문제 B

다음의 편지를 참조로 하여 여행지에서 친구나 가족에게 보내는 편지를 적어보시오. 단, 편지의 내용에 적어도 다음의 사항을 포함시키도록 하시오: ¿Dónde está usted?; ¿Cómo es el sitio?; ¿Cuándo llegó usted?; ¿Qué hizo ayer?; ¿Qué ha hecho hoy?; ¿Qué va a hacer mañana?; ¿Cuándo va a regresar?, etc.

12/03/2003

Querida Cristina:

Estoy en Málaga. Es una ciudad muy bonita. Me gusta mucho. Llegué aquí el viernes pasado. Ayer fui de compras y a pasear por el puerto. Hoy he estado en la playa. Ayer llovió un poco, pero hoy hace muy bueno. Mañana voy a Granada a ver el palacio Alhambra.

Un abrazo y hasta pronto.

Violeta

---

*격식을 차리지 않는 경우는 편지 서두에 Querido/a amigo/a, Querida María, Queridos padres, Queridísimo papá와 같은 표현을 사용하고 편지를 끝맺을 때는 Un abrazo (muy fuerte), Un beso (muy fuerte), Con mucho cariño, Muchos besos y abrazos de … 등과 같은 표현을 사용한다.

시간에 관한 표현 (3)

• *Antes que resuelvas nada, consúltalo con la almohada.*

1. …하기 전에, …한 후에 등과 같은 시간의 앞, 뒤를 표현하기 위해서는 antes de + 동사 원형, {después de/tras} + 동사 원형을 사용한다. 주의해야할 것은 이 때 주절의 주어와 종속절의 주어가 동일한 경우에 antes de + 동사 원형, después de + 동사 원형을 사용하고 단, 주어(행위자)가 다를 경우는 antes de que + 접속법, después de que + 접속법을 사용한다(*접속법 부분 참조).

기본 예제

⑴ 그들은 테니스를 치고 난 후에 바에 술 한잔하러 간다.
   Después de jugar al tenis, van a tomar una copa al bar.
⑵ 마리아는 외출하기 전에 불을 끄는 것을 절대 잊지 않는다.
   María nunca olvida apagar la luz antes de salir.
⑶ 그러한 것들을 말하기 전에 그것들을 생각해봐야 할 것이다.
   Antes de decir esas cosas, deberías pensarlas.
⑷ 한국을 떠나기 전에 나는 그녀가 죽었다는 것을 알게되었다.
   Supe que ella había muerto antes de dejar Corea.
⑸ 내 동생은 학업을 마친 후 기자가 되고 싶어한다.
   Mi hermano quiere ser periodista después de terminar los estudios.
⑹ 그녀와 헤어지기 전에 나는 그녀에게 일찍 돌아오겠다고 약속했다.
   Antes de despedirme de ella le prometí volver pronto.

⑺ 충치를 예방하기 위해서는 식후에 양치질을 하는 것이 매우 중요하다.

Es muy importante cepillarse los dientes después de comer para prevenir la caries.

2. '…한 지 {일 년/두 달/이틀} {뒤에/전에} …하였다'와 같은 문장에서 {일 년/ 두 달/이틀}과 같은 시간적 표현은 antes, después 앞에 적는다.

기본 예제

⑴ 그들은 만난 지 1년 뒤에 결혼하였다.

Se casaron un año después de conocerse.

⑵ 나는 한국으로 돌아오기 한 달 전에 스웨덴을 여행했다.

Viajé por Suecia un mes antes de volver a Corea.

3. 시계, 시간에 관한 표현

• 자명종 시계의 태엽을 감다	dar cuerda
• 시계가 빨리 간다	ir adelantado/adelantar/adelantarse
• 시계가 늦게 간다	ir atrasado/atrasar/atrasarse
• 시계가 잘 맞는다	estar a la hora
• 시계가 5분 빠르다	ir adelantado cinco minutos
• 시계가 하루에 5분 빨리 간다	ir adelantado cinco minutos al día
• 자명종 시계를 7시에 맞추다	poner el despertador a las siete
• 시계가 2시를 쳤다	dar las dos
• 10시가 조금 넘어서	poco después de las diez
• 10시가 조금 못되어	poco antes de las diez
• 10시가 지나서	pasadas las diez
• 아침/오후 이른 시간에	a primera hora de la mañana/la tarde
• 시간을 잘 지키는	ser puntual
• 시간을 가리키다	marcar

4. 누구가 …할 예정으로 있다: tener previsto inf.

기본 예제

⑴ 한일 월드컵에 참가하는 스페인 대표팀은 오늘 오후 7시 부산 공항에 도착할 예정이다.

La selección española, que participará en el Mundial de Corea del Sur y Japón, tiene previsto llegar al aeropuerto de Pusan a las 7 de esta tarde.

⑵ 대통령은 다음 달 미국을 방문할 예정으로 있다.

El presidente tiene previsto visitar EEUU.

연습문제 A

1. 사무실에서 나가기 전에 당신은 누구와 전화로 얘기했습니까?

2. 마르따(Marta)는 아이를 재우기 전에 항상 목욕을 시킨다.

3. 그 소설을 읽은 후 나는 감상문을 적었다.

(*감상문을 쓰다 escribir mi opinión/impresión/ pensamiento/juicio de la lectura)

4. 놀러 나가기 전에 너는 설거지를 해야만 한다. (*설거지를 하다 fregar los platos)

5. 외출하기 전에 불 끄는 것 잊지 마라. (*잊다 olvidar)

6. 잠자리에 들기 전에 문득 친구들과 채팅이 하고 싶어져서 다시 불을 켰다.

(*문득 …하고 싶다 se me antoja inf., 채팅하다 chatear)

7. 아버지는 비사교적이진 않지만 퇴근 후 동료들과 술자리를 거의 갖지 않으신다. 집에 돌아오시면 항상 가사 일을 도우신다. (*사교적인 sociable, 비사교적인 insociable, 퇴근 후 después del trabajo, (무슨 일을) 돕다 ayudar en …, 가사일 m. pl. quehaceres domésticos, faena de la casa, trabajo/tareas del hogar)

8. 피해 배상을 청구하기 전에 변호사와 상담을 하도록 해라.

(*피해배상 indemnización por los daños)

9. 스페인으로 여행을 떠나기 전에 비용에 대해 여행사에 문의해 보는 게 좋다.

(*여행을 따나다 ir de viaje, marcharse de viaje, 여행사 agencia de viajes)

10. 방과 후 나는 TV를 보는 대신에 동생을 돌본다.

(*…대신에 en lugar de inf, 돌보다 cuidar de/a)

11. 학업을 마친 후에 당신은 어느 회사에서 근무하고 싶습니까?

(*학업 estudios, carrera)

12. 일을 마친 후에 근처 한 카페에서 동료들과 한 잔 하면서 사업에 대해 이야기를 나누었다. (*사업 negocio)

13. 나는 자기 전에 책을 읽는 습관이 있다.

(*습관이 있다 tener la costumbre de inf, acostumbrar inf, estar acostumbrado a inf.)

14. 나는 잠이 잘 오지 않을 때면 자기 전에 따뜻한 우유 한 잔을 마시거나 미지근한 물로 목욕을 한다. (*잠을 이루다 conciliar el sueño, 미지근한 templado, tibio)

15. 그들은 결혼한 지 6개월 뒤에 이혼하기로 결정하였다. (*이혼하다 divorciarse)

16. 그는 대학을 졸업한지 1년 뒤에 자기 전공과 관련된 일을 얻었다.

(*…를 졸업하다 graduarse en …)

17. 그는 결혼 1주일 전에 교통사고를 당해 병원에 입원 중이다. 아마 다음 주면 퇴원할 수 있을 것이다.

(*교통사고를 당하다 tener un accidente de tráfico, 입원하다 hospitalizarse, ser ingresado, 퇴원하다 ser dado de alta)

18. 당신은 집에서 나가기 10분전에 누구와 전화통화를 했습니까?

19. 마리아는 결혼한 지 1년 뒤에 임신하였다. (*임신하다 quedarse embarazada)

20. 식사를 한 직후에 목욕하는 것은 건강에 좋지 못하다.

(*…한 직후에 inmediatamente después de …, 건강에 좋은 bueno para la salud, sano)

21. 구출된 그 병사들은 병원에 이송된 지 얼마 후에 숨졌다.

(*병사 soldado, 구출하다 rescatar)

22. 식사하고 30분 뒤에 이 약을 복용하십시오.

23. 내일 시험이 있지만 책상에 앉은 지 얼마 뒤 잠이 들고 말았다.

(*잠이 들다 quedarse dormido)

24. 지각하지 않기 위해 나는 자명종 시계를 5시에 맞추었다.

(*몇 시에 자명종을 맞추다 poner el despertador a~)

25. 방금 시계가 7시를 알렸다. 갑자기 맥주 한 잔 생각난다.

26. 대통령은 호텔에서 잠시 휴식을 취한 뒤 파티에 참가할 예정으로 있다.

27. 프랑스 대표팀은 오늘 오후 한국대표팀과 친선 경기를 벌일 예정으로 있다.

(*친선 경기 partido amistoso)

연습문제 B

1. 가능한 antes de, después de를 사용하여 주말에 한 일을 4~5줄 정도로 작문
하시오.

2. 다음 글을 참조하여 자신을 소개하는 글을 적어 보시오.

Me llamo Manuel Gil Parejo. Nací en Badajoz hace 23 años. Soy el último hijo de una familia de cuatro hermanos. Soy una persona con muy buen carácter. Ahora vivo en Madrid. Hace tres años que estudio derecho en la Universidad Autónoma de Madrid. También estudio inglés e informática. Aunque tener una profesión se está volviendo más y más difícil cada día, no me preocupo mucho porque soy muy joven y también estoy seguro de mí mismo. Cuando termine los estudios, quiero ser abogado o funcionario. Cuando tengo tiempo libre, suelo jugar al baloncesto con mis amigos.

13 의무의 표현

● *La salud no es conocida hasta que es perdida.*

스페인어에서 의무를 표현하기 위해 가장 널리 사용되는 것이 tener que + inf., deber + inf., hay que + inf. 등이다. tener que와 deber의 경우는 주어를 구체적으로 나타내는 경우에 사용되고 hay que는 비인칭인 경우에 사용한다. 이밖에 주어가 구체적으로 나타내어지는 경우에 {haber de, necesitar, tener necesidad de, verse obligado a} + inf. 등과 같은 표현도 사용하며 구체적 주어가 표시되지 않는 비인칭적 의무의 표현에 {es menester, es preciso, es necesario, hace falta, hay necesidad de} + inf. 등이 사용되기도 한다. tener que와 비교해서 deber는 충고의 개념이 좀 더 강하다.

기본 예제

⑴ 돈을 더 벌고 싶으면 너는 일을 더 해야 한다.

　Tienes que trabajar más si quieres ganar más dinero.

⑵ 가뭄이니 물과 에너지의 낭비를 막아야 한다.

　Hay sequía y por lo tanto hay que evitar el derroche de agua y energía.

⑶ 아이가 열이 있다. 지금 당장 의사를 불러야 한다.

　El niño tiene fiebre: Hay que llamar al médico ahora mismo.

⑷ 당신은 하루 종일 일을 했으니 쉬어야만 합니다.

　Usted ha trabajado todo el día y debe descansar.

⑸ 소방관들은 사고를 당한 사람들을 구출하기 위해 최선을 다해야만 한다.

Los bomberos tienen que hacer todo lo posible {por/para} rescatar a los accidentados.

연습문제 A

1. 흡연이 건강을 해친다는 것은 널리 알려진 사실이다. 따라서 나는 정부가 담배 판매를 금지시켜야 한다고 생각한다.

(*…임이 널리 알려진 es bien sabido que …, 해치다 perjudicar)

2. 거리에 교통이 복잡하기 때문에 다섯 시 기차를 놓치지 않으려면 우린 지금 당장 출발하지 않으면 안 된다.

3. 이 시간에는 차가 많이 막힌다. 네가 수업에 제 때 도착하고 싶다면 지하철로 가야만 한다.

(*제 시간에 도착하다 llegar a tiempo)

4. 6시에 터미널에 도착하기 위해서는 우리는 서둘러야한다.

(*터미널 f. terminal, estación de autobuses, 서두르다 darse prisa)

5. 오래 전부터 수많은 북한 주민이 기아에 허덕이고 있다고 한다. 그러니 우리는 그들을 돕기 위해 더 많은 노력을 해야 한다고 생각한다. 북한 역시 핵 개발을 포기하고 핵 위기에 대한 평화적 해결안을 모색해야만 할 것이다.

(*배고픔을 겪다 tener hambre/hambruna, pasar hambre/hambruna, 핵무기 개발 desarrollo de armas nucleares, 포기하다 renunciar a, abandonar)

6. 태풍으로 인해 많은 재산과 인명 피해가 발생하였다. 우리는 수재민들을 돕기 위해 최선을 다해야 할 것이다.

(*태풍 tifón, 수재민 damnificados, *최선을 다하다 hacer todo lo posible)

7. 한국 축구 대표팀이 16강에 진출하기 위해서는 최선을 다해야 한다.

(*16강에 진출하다 {clasificarse para /pasar a} los octavos de final)

8. 네가 박식한 사람이 되기 위해서는 독서를 많이 해야 한다. (*박식한 culto)

9. 공공장소에서는 핸드폰을 끄고 목소리를 낮추어서 얘기를 해야 한다.

10. 동료들과 약속이 있어서 그만 가봐야겠습니다. (*…와 약속이 있다 tener una cita con)

11. 너는 최대한 빨리 그에게 돈을 되돌려주어야 한다.

> (*되돌려주다 devolver, 최대한 빨리 cuanto antes, lo antes posible, lo más pronto posible)

12. 미국에는 히스패닉계 주민이 많이 살고 있다. 최근에는 히스패닉계가 미국에서 제 1 소수 인종이 되었다고 들었다. 네가 미국에서 직장을 얻고자 한다면 스페인어를 구사할 줄 알아야만 될 것이다.

> (*히스패닉계 hispanos, 제 1 소수 인종 primera/principal minoría)

13. 이번 주에 자동차 운전 면허증이 만료되기 때문에 시청에 가서 자동차 운전 면허증을 갱신해야한다. (*만료되다 caducar 갱신하다 renovar, 운전면허증 m. carné de conducir)

14. 시장은 물 낭비를 막기 위해서는 수도 요금을 인상해야 한다고 주장하지만 시민들은 이에 반대한다. (*낭비 derroche, 수도요금 tarifa de agua corriente, 인상하다 subir)

15. 교실을 깨끗하게 유지하기 위해서는 휴지를 바닥에 버려서는 안 된다.

> (*휴지, 종이 papeles, 버리다, 던지다 tirar)

16. 건강한 삶을 영위하기 위해서는 식사를 적게 하고 담배를 끊고 그리고 운동을 해야 한다. (*건강한 삶을 영위하다 llevar una vida sana, vivir con salud, estar en forma)

17. 당신은 벌금을 신용카드로 지불해야만 합니다.

> (*벌금 multa, 신용카드로 con la tarjeta de crédito)

18. 이틀 전부터 엘리베이터가 고장이 나있어서 우리는 걸어서 올라가야 한다. 고치는데 이틀 이 걸릴 것이라고 한다.

> (*엘리베이터 ascensor, 걸어서 올라가다 subir a pie, subir andando)

19. 넌 남의 약점을 이용해서는 안 된다.

> (*약점 defecto, lado débil, (부정적 의미의) 이용하다 aprovecharse de)

20. 이 불쌍한 맹인은 생존하기 위해서는 도움을 받을 필요가 있다.

> (*맹인 ciego, 생존하다 sobrevivir, 도움을 받다 ser ayudado, …을 필요로 한다 necesitar + inf.)

21. 서울시내 중심부의 도로는 폭이 좁아서 러시아워에는 교통 체증이 심한 편이다. 교통 체증을 해소하기 위해서는 내 생각에는 시 당국이 어떤 특단의 조치를 취해야 한다고 생각한다. 예를 들어 도심을 주행하기 위해서 운전자들이 돈을 지불해야만 한다면 교통 문제를 타개할 수 있을 거라고 생각한다.

> (*폭이 좁은 estrecho, 체증 atasco, congelación, embotellamiento, 러시아워에는 en las horas punta, 특단의 조치를 취하다 tomar una medida drástica)

연습문제 B

1. ¿Qué piensa Vd. que tienen que hacer los ciudadanos para aliviar el problema de tráfico en las grandes ciudades? Haga una composición de 150~200 palabras.

2. 다음 글을 읽고 환경 문제 해결을 우리가 어떻게 해야 할 지에 대해 글을 적어 보시오.

Alejandro el Sucio

Alejandro es un tipo europeo de un año de edad. En su primer año, Alejandro ha producido más de 200 kg de basura. Pero esto es sólo el principio. Durante su vida Alejandro producirá unos 650.000 kg., ¡él solo!, y todos los europeos harán lo mismo. ¿No podemos parar eso? Sí: usa metal, cristal, papel y otras materias reciclables, y no plástico; cambia tu coche por otro que funcione con gasolina sin plomo; no laves la ropa con cualquier jabón ···

¿Servirá para algo? ¡Claro que sí! Produciremos mucha menos basura, 150,000 kg. menos cada persona. Vivirás mejor y Alejandro no será ya Alejandro el Sucio.

(*원문 출처: El viaje al español)

14 원인, 이유의 표현

● *Llama al pan, pan y al vino, vino.*

1. 원인이나 이유를 표현하는 방법은 여러 가지인데 como나 porque 등을 사용하여 이유나 원인을 표현하는 것이 가장 대표적 방법이다. 한편, 전치사 por도 원인, 이유를 표현하는데 많이 사용된다. 그런데 como, porque, por 모두 원인, 이유를 표현하는 단어이기 때문에 학생들은 이 세 단어의 용법을 제대로 이해하지 못하고 잘못 사용하는 경우가 많으므로 이들 각각의 용법을 잘 알아둘 필요가 있다.

como와 porque는 둘 다 원인이나 이유를 나타내는 접속사라는 점에서는 공통점이 있지만 como는 시제절 맨 앞에, porque는 시제절 중간에 사용된다. 단, 대화체인 경우에 문장 앞에 porque가 올 수도 있다(기본 예제 (5) 참조). 한편, 전치사 por는 시제절 앞에 사용될 수 없고 뒤에 명사 혹은 동사 원형 앞에만 출현해야 한다(기본 예제 (1)~(4) 참조). por 뿐만 아니라 다른 전치사의 경우도 마찬가지다. 즉, 전치사 뒤에 동사가 오는 경우 시제 동사가 바로 오는 경우는 없다.

기본 예제

(1) 나는 해야 할 일이 너무 많아서 휴가를 떠날 수가 없어.

Como tengo mucho que hacer, no puedo ir de vacaciones.

No puedo ir de vacaciones, porque tengo mucho que hacer.

No puedo ir de vacaciones por tener mucho que hacer.

⑵ 그의 아들은 수영을 할 줄 몰라서 못에 빠져 죽었다.

Su hijo se ahogó en el pantano, porque no sabía nadar.

Como no sabía nadar, su hijo se ahogó en el pantano.

Su hijo se ahogó en el pantano por no saber nadar.

⑶ 그는 외아들이어서 그의 부모님들은 그를 애지중지 키우신다.

Como es hijo único, sus padres lo crían entre algodones.

Sus padres lo crían entre algodones, porque es hijo único.

Sus padres lo crían entre algodones por ser hijo único.

⑷ 늦게 도착했기 때문에 그는 기차를 놓쳤다.

Como ha llegado con retraso, ha perdido el tren.

Ha perdido el tren porque ha llegado con retraso.

Ha perdido el tren por llegar con retraso.

⑸ A: 어제 왜 안 왔니?

A: ¿Por qué no viniste ayer?

B: 바빠서요.

B: Porque estuve ocupado.

⑹ 승진을 축하드립니다.

Te felicito por tu ascenso.

⑺ 도와주셔서 감사합니다.

Te doy las gracias por la ayuda/Te agradezco la ayuda.

⑻ 그는 암으로 사망하였다.

Murió de cáncer.

⑼ 그는 개만 보면 무서워 떤다.

Cuando ve un perro tiembla de miedo.

⑽ 적어도 20만 명의 북한주민들이 최근 몇 년 새 기아로 사망하였다.

Por lo menos 200.000 norcoreanos han muerto de hambre en los últimos años.

⑾ 부러워 죽겠다.

Me muero de envidia.

⑿ 좋은 학점을 받고서 기뻐서 펄쩍 뛰었다.

　Al recibir buenas notas brincó de alegría.

⒀ 당신을 알게 되어 매우 기쁩니다.

　Me alegro de conocerle. (cf. encantado de conocerte)

⒁ 그는 부주의했기 때문에 벌을 받았다.

　Le castigaron por {su descuido/ser imprudente}.

⒂ 충돌로 인해 트럭이 뒤집혔다.

　A causa del choque, el camión se volcó.

⒃ 하도 고함을 질러대었더니 목이 쉬었다.

　Me he quedado ronco de tanto gritar.

⒄ 그는 면허증도 없이 운전한 죄로 벌을 받았다.

　Le castigaron por conducir sin carné de conducir.

⒅ 정부 기금을 횡령한 혐의로 그를 고발하였다.

　Lo acusaron de malversar fondos del gobierno.

⒆ 영업부장은 공금횡령으로 인해 직책에서 해임 당했다.

　El director de ventas fue destituido por malversación de fondos.

⒇ 미국 내에서 히스패닉 인구의 폭발적 증가는 높은 출산율과 이민에 기인한다.

　El explosivo crecimiento de la población hispana en EEUU se debe a sus

　mayores tasas de natalidad y a la inmigración.

○ 유의사항

　전치사 por의 경우와 달리 de가 원인/이유를 나타내기 위해 항상 쓰일 수 있는 것은 아니다. 스페인어에 대한 직관이 없는 우리의 입장에서는 다소 어려운 문제이나 한 가지 해결 방안은 de를 por로 대체시켰을 때 이상하게 들리지 않으면 de가 원인/이유의 의미로 쓰일 수 있다고 보면 무난하다.

2. gracias a …와 같은 표현도 원인을 나타낼 때 사용하지만 주로 긍정적인 의미를 전달하고자 하는 경우에 사용한다. 따라서 아래와 같은 예문에서는 gracias a보다는 a causa de와 같은 표현이 더 적절하다.

기본 예제

⑴ 그는 심장마비로 사망하였다.

Murió {*gracias a/a causa de} un infarto.

⑵ 마을은 폭우로 인해 홍수가 났다.

El pueblo se inundó {*gracias a/a causa de} las fuertes lluvias.

3. 동사 자체가 '…을 야기 시키다', '…을 불러일으키다'와 같이 원인의 의미를 지니는 경우가 있다: causar, ocasionar, originar, provocar.

기본 예제

⑴ 우박은 수확물에 엄청난 피해를 안겨주었다.

El granizo causó incalculables daños a la cosecha.

⑵ 경제 위기는 아시아 모든 국가의 주가 하락을 초래하였다.

La crisis económica ha provocado la bajada de la bolsa de todos los países asiáticos.

⑶ 비 때문에 도로에 심한 병목 현상이 빚어졌다.

La lluvia originó un gran embotellamiento.

A causa de la lluvia se produjo un gran embotellamiento.

연습문제 A

1. 나는 매일 버스로 출근하지만 오늘 아침에는 늦게 일어나는 바람에 지각하지 않기 위해 택시를 타야만 했다. (*출근하다 ir al trabajo)

2. 오늘 아침 나는 차에 문제가 생겨서 출근을 하지 못했다. 다시는 중고차를 사지 않겠다. (*중고차 coche usado)

3. 나는 몸도 피곤하고 내일 해야 할 일도 많아서 오늘 밤 외출하지 않기로 결정했다.

4. 사무실이 집에서 그리 멀지 않아서 아버지는 걸어서 출근하신다. (*걸어가다 ir a pie)

5. 친구들 중 한 명이 늦게 와서 기차를 놓치는 바람에 소풍을 뒤로 미루는 수밖에 없었다. (*연기하다, 미루다 aplazar)

6. 나는 버스를 놓치는 바람에 학교에 지각했다. (*버스를 놓치다 perder el autobús, 지각하다 llegar tarde)

7. 버스를 잘못 타는 바람에 수업에 늦었다. (*버스를 잘못 타다 subirse a/ montarse en un autobús equivocado, coger un autobús equivocado)

8. 더위 때문에 상추와 파가 다 시들어 버려서 버려야만 했다. (*상추 lechuga, 파 cebolleta, 시들다 morir)

9. 공장과 자동차의 매연은 환경오염의 주된 원인이다. (*매연 humo, 공장 fábrica, 환경오염 contaminación del medio ambiente, contaminación ambiental)

10. 미겔은 성적이 좋지가 못해서 그의 부모님은 좋은 가정교사를 구하고 있는 중이다. (*가정교사 tutor)

11. 축구 경기 보느라고 어젯밤에 늦게 잤더니만 너무 졸린다. (*졸리다 tener sueño)

12. 그는 돈을 함부로 쓰기 때문에 돈이 남아 있지 않다. (*함부로 사용하다=낭비하다 derrochar, malgastar)

13. 우리는 그의 승리를 축하해주었고 그는 우리에게 자신을 지지해 준 것에 대해 감사표시를 하였다. (*승리 victoria, 지지하다 apoyar)

14. 내 친구의 아버지는 도박 때문에 파산했다. (*도박 juego, 파산하다 arruinarse, quebrar)

15. 사장은 그가 회사에서 일을 한지가 6개월 밖에 되지 않았지만 너무 게으르고 오만불손해서 그를 해고하려 한다.

(*사장 m. jefe, 해고하다 despedir, 오만불손한 arrogante)

16. 날씨가 나빠서 집에서 아이들과 놀면서 주말을 보냈다.

17. 나는 어제부터 감기가 들어서 외출할 수가 없다.

18. 해마다 많은 북한 사람들이 배고픔과 추위로 사망한다.

(*북한 사람 norcoreano, 배고픔 hambre)

19. 우리 팀이 이겼다는 소식을 들으니 매우 기쁘다.　　　(*기쁘다 alegrarse de …)

20. 나는 버스 기다리는데 지쳤다. 지각하지 않으려면 택시를 타는 수밖에 없겠다.

(*…하는데 지친 estar cansado de)

21. 너무 떠들었더니만 목이 많이 아프다.　　　(*목구멍 garganta, 목 m. cuello)

22. 그는 너무 일을 많이 하는 바람에 병이 났으므로 몸을 회복하기 위해서는 휴식을 취할 필요가 있다.　　　(*병이 나다 ponerse enfermo, *회복하다 recuperarse)

23. 그는 원인불명으로 죽었다.　　　(*원인불명 causa desconocida)

24. 그는 무슨 병으로 사망하였습니까? 간암으로 사망하였습니다.

(*간암 cáncer de hígado)

25. 학교가 집에서 멀리 떨어져 있어서 나는 종종 지각한다. 다음 학기에는 학교 근처에 집을 얻을 생각이다.　　　(*지각하다 llegar tarde)

26. 경찰은 그를 음주운전 혐의로 체포했다.

(*음주운전 하다 conducir bebido, conducir bajo la influencia de alcohol, conducir estando bajo los efectos de alcohol, conducir borracho)

27. 빨간 신호일 때 지나가는 바람에 나는 딱지를 떼었다.

(*빨간 신호등을 지나치다 saltarse el semáforo en rojo, 딱지를 떼다, 벌금을 부과하다 multar a alguien)

28. 나는 제한 속도 이상으로 운전을 하다가 딱지를 떼었다.

(*제한 속도 이상으로, 제한 속도를 초과하여 a más velocidad de la permitida, pasar el límite de velocidad)

29. 나는 안전벨트를 매지 않고 운전을 하는 바람에 딱지를 떼었다.

(*안전벨트를 매다 {ponerse / abrocharse} el cinturón de seguridad)

30. 당신의 도움 덕분에 시험을 통과할 수 있었습니다.

(* …덕분에 gracias a, 통과하다 aprobar)

31. 이곳은 우리가 할 일이 하나도 없으므로 떠나겠습니다.

(* …할 것이 없는 no tener nada que inf.)

32. 비행기는 폭풍 때문에 한 시간도 넘게 연착했다.

(*연착하다 llegar con más de una hora de retraso, 폭풍 tormenta)

33. 담배꽁초로 가득 차 있어서 재떨이를 비워야만 한다.

(*비우다 vaciar, …로 가득찬 lleno de, 꽁초 colilla)

34. 오늘 아버지께서 편찮으시므로 우리들 중 누구는 집에 남아서 아버지를 돌보아야 한다. (* …들 중의 누군가는 alguno de …, …에 남다, 머무르다 quedarse en)

35. 매일 수많은 사람들이 교통사고로 인해 사망하거나 중상을 입는다.

(*중상을 입다 resultar gravemente herido, 목숨을 잃다 perder la vida, (특정 부위를) 다치다 hacerse daño en …, 다치게 하다 hacer daño a alguien)

36. 30분이 넘도록 버스를 기다리고 있는데 이 시간에는 차가 많이 붐비기 때문에 종종 버스가 늦게 도착한다. (*붐비다, 혼잡하다 hay mucho tráfico, hay un atasco)

37. 시내에 갈 일이 있으면 나는 대중교통을 이용하는 편이다. 왜냐하면 시간과 돈을 절약할 수 있기 때문이다. (*대중교통 transporte público)

38. 여름에는 음식물들이 더위 때문에 빨리 부패하므로 냉장고에 보관해야 한다.

(*부패하다 pudrirse, corromperse).

39. 그는 못된 행동 때문에 학교에서 퇴학당했다. (*퇴학시키다 expulsar)

40. 버스 정류장에서 추위에 많이 떨었더니 감기에 걸렸다.

(*추위에 많이 떨다 pasar mucho frío, 감기에 걸리다 coger un resfriado, constiparse, acatarrarse, resfriarse)

41. 가스 누출로 인해 3층에서 화재가 발생하였다. 다행히도 소방관들이 10분만에 진압하였다. (*가스누출 escape de gas, 화재 incendio, 화재를 진압하다 extinguir)

42. 그가 넥타이를 매고 있지 않아서 입장을 허용하지 않았다.

43. 일본은 북한이 자국 영토 위로 실험 미사일을 발사했다는 이유로 북한에 대한 인도주의적 원조를 중단하기로 결정했다.

(*실험미사일 misil experimental, 발사하다 disparar, 인도주의적 원조 ayuda humanitaria)

연습문제 B

1. 다음의 문장을 완성해 보시오.

① El profesor le regañó porque ⋯

② No pude abrir la puerta porque⋯

③ Gracias a ⋯

④ Pedro está de mal humor porque ⋯

⑤ Debido a ⋯

⑥ Mamá apagó la televisión porque ⋯

⑦ Tengo que ⋯ porque ⋯

⑧ Generalmente no estudio en casa porque ⋯

⑨ A Juan no le queda dinero porque ⋯

⑩ Como ⋯ , hemos decidido ⋯

⑪ No tengo tiempo para ⋯ porque ⋯

⑫ Prefiero vivir en el campo porque ⋯

⑬ Prefiero vivir en la ciudad porque ⋯

⑭ A causa de ⋯

⑮ Mis padres se alegraron mucho ⋯

2. 스페인어를 공부하는 이유를 스페인어로 몇 가지 적어보시오.

15 심리동사를 이용한 작문

• Más vale prevenir que curar.

1. '좋아하다'의 의미를 지닌 gustar는 영어의 to like와 달리 의미적 목적어가 문법적으로는 주어로 사용된다. 따라서 gustar 동사는 의미적으로는 목적어이면서 문법적으로서는 주어인 요소에 일치를 해야 한다. 가령, 아래 예문에서 보듯이 '수박', '여자들'은 의미적으로는 목적어어이지만 문법적으로는 주어이고 '나'는 의미적으로는 주어(혹은 경험자)이지만 문법적으로는 (간접) 목적어이다. 따라서 동사는 '수박', '여자들'의 수(número)에 일치해야 한다. 그리고 의미적 주어이면서 문법적으로는 (간접) 목적어인 '나'는 여격(dativo)으로 표시된다. 어순은 '여격 대명사 + gustar + 명사' 순으로 쓰는 것이 일반적이지만 문법적 주어(의미적 목적어)가 여격 대명사 앞에 출현 할 수도 있다. (cf. 예문 ⑶~⑸ 참조)

   여격 대명사는 'a + 고유 명사/대명사/보통명사'와 함께 사용될 수 있으며 이때 'a + 고유 명사/대명사/보통명사'는 여격 대명사 앞에 혹은 문장 뒤에 출현할 수 있다. 유의해야할 사항은 이 경우에도 여격 대명사의 출현은 필수적이라는 사실이다. (cf. 예문 ⑹ 참조)

기본 예제

⑴ 너는 수박을 좋아하니? 예, 저는 수박을 좋아합니다.

   ¿Te gusta la sandía? Sí, me gusta la sandía.

⑵ 나는 긴 머리를 지닌 여자들이 좋다.

   Me gustan las mujeres de pelo largo.

⑶ 이게 맘에 들어.

Esto me gusta.

⑷ 오늘 밤 텔레비전 프로가 맘에 들지 않아 일찍 잠자리에 들려고 한다.

Esta noche los programas de la televisión no me gustan, por lo tanto voy a

acostarme pronto.

⑸ 난 신문 스포츠 면에는 전혀 관심이 없다.

Las páginas deportivas no me interesan nada.

⑹ 마리아는 오렌지를 좋아합니다.

a. Le gusta la naranja a María.

b. A María *(le) gusta la naranja.

2. 동사 원형이 문법적 주어로 사용되는 경우에 동사는 항상 3인칭 단수형을 취한다. 단, 행위를 하는 사람과 그 행위를 좋아하는 사람이 서로 다른 경우는 동사 원형 대신에 que + subj.를 사용한다.(자세한 내용은 44장 접속법 부분 참조)

기본 예제

⑴ 나는 밤마다 발코니에서 별을 쳐다보는 것을 좋아합니다.

Por las noches me gusta contemplar las estrellas en el balcón.

⑵ 나는 해피엔딩 소설을 읽는 것을 좋아한다.

Me gusta leer novelas con final feliz.

⑶ 그들은 스페인어로 얘기 나누는 것을 좋아합니다.

Les gusta hablar en español.

⑷ 후안의 아내는 항상 옷을 최신 유행 스타일로 입고 다니는 것을 좋아한다.

A la mujer de Juan le gusta ir vestida siempre a la última moda.

3. 사람이 마음에 들고 아니 들고의 경우 gustar 동사 외에도 caer bien/mal를 흔히 사용한다. 동사 일치 문제는 gustar와 같다.

> **기본 예제**

⑴ 딸 남자 친구가 마음에 든다.

El novio de mi hija me cae bien.

⑵ 나는 새 종업원이 마음에 안 들어.

El nuevo empleado me cae mal.

4. gustar와 같은 패턴으로 이루어지는 동사는 convenir, doler, encantar, faltar, hacer falta, importar, interesar, preocupar, sobrar, sorprender 등이다.

> **기본 예제**

⑴ 나는 테니스를 너무 많이 쳐서 팔꿈치가 아프다.

Me duele el codo de tanto jugar al tenis.

⑵ 감기에 걸렸을 때 어디가 아프니?

¿Qué te duele cuando estás resfriado?

⑶ 내 아들은 예술에 관심이 많아서 스페인에 공부하러 가고 싶어한다.

A mi hijo le interesa mucho el arte y quiere ir a estudiar a España.

⑷ 가난한 자들은 음식이 모자라고 부자들은 음식이 남아돈다.

A los pobres les faltan comidas y a los ricos les sobran comidas.

⑸ 뻬드로는 아버지의 건강의 염려되어 매일 전화를 드린다.

A Pedro le preocupa la salud de su padre y le llama por teléfono todos los días.

⑹ 나는 해변에서 휴가를 보내는 것을 정말 좋아한다.

Me encanta pasar las vacaciones en la playa.

⑺ 나는 그 고객의 항의가 마음에 걸린다.

Me preocupa la queja del cliente.

⑻ 우리는 고객들의 만족을 중요하게 생각합니다.

Nos importa la satisfacción de los clientes.

⑼ 나는 일을 마칠 시간이 모자란다.

　　Me falta tiempo para terminar el trabajo.

○ 유의사항 1

　‘어디가 아프니?’와 같은 문장에서 어디를 qué로 번역하는 이유는 평서문(Me duele la cabeza)에서 신체의 일부(la cabeza)는 문법적 주어이기 때문이다. 따라서 아픈 부분(la cabeza)를 의문화 하면 qué를 사용해야 된다. 만약 dónde라고 하게 되면 문장에 문법적 주어가 없는 결과가 초래되게 된다.

○ 유의사항 2

　동사 encantar의 경우는 ‘정말 마음에 든다’의 의미로서 gustar보다 더 강한 표현이다. 따라서 그 의미 자체에 mucho의 의미가 포함되어 있으므로 encantar의 경우는 mucho를 사용하지 않는다.

---

5. gustar 동사의 가능법(condicional) 형태는 ‘…했으면 좋겠어요’와 같이 바람을 소극적으로 표현하고자 하는 경우에 사용되기도 한다.

기본 예제

⑴ 방학 때 어떤 계획을 가지고 있니? 글쎄, 잘 모르겠어. 스페인에 갔으면 해요.

　　¿Qué planes tienes para las vacaciones? Pues… no sé… Me gustaría ir a España.

⑵ 널 기쁘게 해주고 싶지만 난 네가 원하는 것을 할 수는 없어.

　　Me gustaría complacerte, pero no puedo hacer lo que deseas.

⑶ 내가 가장 해보고 싶은 것은 가족들과 주말을 해변에서 보내는 것이다.

　　Lo que más me gustaría hacer es pasar el fin de semana con mi familia en la playa.

⑷ 당신은 파티에서 무슨 노래를 부르고 싶으신가요?

　　¿Qué canción le gustaría cantar en la fiesta?

연습문제 A

1. 빠블로는 시간이 나면 야외에서 자전거 타는 것을 좋아합니다.

   (*야외에서 al aire libre, 자전거 타다 montar en bicicleta)

2. 당신은 여가 시간에 무엇을 하기를 좋아합니까? 해변에서 친구들과 노는 것을 좋아합니다.

3. 젊은이들은 햄버거를 좋아하지만 의사들은 햄버거를 너무 많이 먹는 것은 건강에 이롭지 못하다고 경고한다.

4. 나는 수업을 마치면 근처 바에서 핫도그와 맥주 마시면서 친구들과 얘기하는 것을 좋아한다.

   (*핫도그 perrita, perrito (caliente))

5. 컴퓨터로 작업을 한 뒤에 항상 머리가 아프다. 의사들은 앉아서 시간을 많이 보내는 것은 좋지 못하다고 경고한다.

   (*경고하다 advertir)

6. 내 아내는 고급 레스토랑에서 저녁 식사를 하는 것을 좋아하지만 나는 좋아하지 않는다.

   (*고급 레스토랑 restaurante de lujo)

7. 나는 마리아가 참 좋다. 나는 그녀와 사귀고 싶은데 그녀가 나와 사귀려할 지 모르겠다. 그녀의 친구인 크리스티나는 그녀가 어떤 사람인지 잘 알고 있으므로 나는 그녀에게 그녀가 주말에 무엇을 하는 것을 좋아하는지 물어봐야겠다.

8. 눈이 내리면, 우리는 얼음 위에서 스케이트 타는 것을 좋아합니다.

   (*얼음 위에서 스케이트 타다 patinar sobre el hielo)

9. 아이들은 모래사장에서 맨발로 돌아다니는 것을 좋아합니다.

   (*맨발로 다니다 andar descalzo)

10. 내 딸은 스페인 문화에 관심이 무척 많아서 4개월 전부터 학원에서 스페인어를 배우고 있다.

    (*관심이 있다 interesar a alguien, 학원 academia)

11. 나는 너무 말을 많이 해서 목이 아프다.

    (*목 cuello, 목구멍 garganta)

12. 나는 심한 감기에 걸려 있다. 어제 밤 내내 기침을 해서 지금 목이 많이 아프고 열도 난다. (*감기에 걸려 있는 tener un resfriado/un catarro, 열 fiebre, 기침하다 toser, 기침 tos)

13. 내일 중요한 시험이 있어서 도서관에서 공부를 하고 있는 중이다. 그런데 한 시간 전부터 머리가 많이 아파서 일찍 집에 돌아가야겠다.

14. 담배 연기가 많이 거슬리니 밖에서 담배를 피우겠니?

(*연기 humo, …에게 거슬리다 molestar a alguien, ser molesto)

15. 그 어느 누구도 주말에 TV나 보면서 집에 혼자 있는 것을 좋아하지 않는다.

16. 외국인들은 어떤 한국 음식을 좋아하나요? 한국 음식 중에 외국인들은 불고 기와 잡채를 가장 좋아합니다.

17. 우리 한국 사람들은 바닥에 앉아서 식사하는 것을 좋아하지만 서양인들은 보 통 식탁에 앉아서 식사를 한다. (*서양인들 los occidentales, 앉아서 sentado)

18. 아들은 공부하는 것을 싫어한다. 그래서 나는 아들의 장래가 걱정된다.

19. 출근하는데 시간이 많이 걸리기 때문에 아내는 시 외곽에 사는 것을 좋아하 지 않는다. 그래서 내년에 도심으로 이사를 가고 싶어한다.

(*시 외각, 교외 las afueras de la ciudad, …하는데 시간이 걸리다 tardar)

20. 많은 시민들이 테러로 인해 목숨을 잃어서 나는 마음이 몹시 아프다.

(*목숨을 잃다 perder la vida)

21. 팔이 아파서 오른 팔을 구부리기가 힘들다.

(*…하는 것이 힘들다 costar inf. a alguien, 구부리다 doblar)

23. 나는 달리기를 좋아한다. 매일 5~6킬로 정도를 달린다. 가끔 무릎이 아프긴 하지만 단 하루도 달리는 것을 거르지 않는다.

24. 내 동생은 글쓰기를 무척 좋아한다. 매일, 학교에서 돌아오면 하루 동안 일어 난 일을 노트에 쓴다.

25. 정원이 딸려 있는 집을 세를 내고 싶어요. (*세를 내다 alquilar)

26. 바다가 보이는 방에서 가족과 함께 며칠을 보냈으면 좋겠어요.

(*바다가 보이는 con vista al mar)

27. 나는 시끄러운 것을 싫어한다. 퇴직하게되면 저는 도시 외곽에 살았으면 좋 겠어요. (*퇴직하다 jubilarse, 외곽, 근교 f. pl. afueras)

28. 두 달 전부터 나는 어떤 항공사에서 근무하고 있다. 아직 컴퓨터를 다룰 줄 모 르기 때문에 나의 업무는 동료들을 도와주는 것이다. 가까운 장래에 컴퓨터 사용하는 법을 배웠으면 한다. (*항공사 aerolínea, compañía aérea, 가까운 장래에 futuro cercano)

29. 나는 후안이 너무 이기적이어서 싫다. (*이기적인 egoísta)

연습문제 B

1. 주어진 표현을 이용하여 문장을 완성하시오.

    ① No me gusta ⋯ porque ⋯

    ② Me gusta mucho ⋯ y ⋯

    ③ Cuando ⋯ , nos gusta ⋯

    ④ A mi madre no le gusta ⋯

    ⑤ Me duele ⋯ porque ⋯

    ⑥ Me gustaría ⋯ pero ⋯ porque ⋯

    ⑦ Me molesta ⋯

2. 아래에 제시된 글을 참조로 하여 gustar 동사를 이용하여 4~5줄 정도 글을 적어보시오.

    Cuando tengo tiempo libre, me gusta practicar muchos deportes, como el tenis, la natación, el ciclismo y el baloncesto. Pero cuando llueve, veo videos o miro la tele en casa. También paso mucho tiempo con mi amigo Pedro. Pedro tiene 20 años y es un chico muy simpático. Nos gusta salir por la noche los fines de semana e ir a las discotecas que están en el centro. Nos gusta bailar y caminar por la ciudad.

---

3. 다음은 뻬드로가 부모님께 보내는 편지이다. 스페인어로 번역해 보시오.

사랑하는 부모님께

잘 지내시는지요? 저는 잘 지내고 있습니다. 대학이 무척 마음에 들고 친구도 많습니다. 이번 주에는 시험이 많아서 도서관에서 공부를 많이 하고 있습니다. 내일은 영어 시험이 있고 목요일에는 스페인어 시험을 쳐야 합니다. 시험이 끝나면 이번 주말에는 친구들과 놀이공원(parque de atracciones)에 가려고 합니다. 제 친구들은 멕시코와 미국 출신인데 모두들 친절하고 저를 많이 도와줍니다. 멕시코 친구들은 정치에 대해 얘기하는 것을 좋아하고 미국 친구들은 스포츠에 대해 얘기하는 것을 좋아하지요.

내일 아침 일찍 일어나야 하기에 편지를 마쳐야 할 것 같군요. 어머니 아버지 많이 보고 싶습니다. 안녕히 계십시오. 뻬드로 드림.

16 결과의 표현

• *Perro que ladra, no muerde.*

'너무…해서…하다'와 같은 결과적인 표현을 하고자 하는 경우에는 (i) tan + 형용사/부사 + que …, (ii) 동사 + tanto + que …, (iii) tanto/a/os/as + 명사 + que 등을 주로 사용한다. 물론 '너무…해서 …하다'와 같은 표현을 así que / por (lo) tanto, (y) por ello/eso 등을 이용하여 번역할 수도 있다.

기본 예제

⑴ 후안은 너무 순진한 청년이어서 모두들 그를 놀린다.

Juan es un muchacho tan inocente que todos se ríen de él.

Juan es un chico muy inocente, así que todos le toman el pelo.

Juan es un chico muy inocente y, por lo tanto, todos le toman el pelo.

⑵ 그 소녀는 너무 겁에 질려 고함을 지르기 시작했다.

La chica se asustó tanto que se echó a gritar.

⑶ 사람이 너무 많아서 우리가 들어갈 수가 없겠다.

Hay tanta gente que no vamos a entrar.

⑷ 너무 늦어서 난 더 이상 못 기다리겠다.

Es tan tarde que no puedo esperar más.

⑸ 너무 더워서 나는 아무 것도 하고 싶은 의욕이 없다.

Hace tanto calor que no tengo ganas de hacer nada.

⑹ 내 여동생은 너무 많이 변해서 나조차도 알아보지 못할 지경이었다.

　　Mi hermana había cambiado tanto que ni siquiera yo la reconocía.

⑺ 나는 밤에 너무 늦게 돌아오기 때문에 자식들조차도 만날 수가 없다.

　　Por la noche, vuelvo tan tarde que ni siquiera veo a mis hijos.

⑻ 마리아는 아주 농땡이여서 하루 종일 아무 것도 하지 않는다.

　　María es tan holgazana que se pasa el día sin hacer nada.

⑼ 스테이크가 너무 설익어서 웨이터에게 가져가라고 요구하도록 하겠다.

　　El filete está tan crudo que le pediré al camarero que se lo lleve.

⑽ 내 아내는 너무 추위를 잘 타서 심지어 7월에도 이불을 덮고 잔다.

　　Mi mujer es tan friolera que {incluso/hasta} en julio duerme con manta.

○ 유의사항

　학생들 중에는 결과 구문을 작문할 때 tan과 tanto를 혼동하는 경우가 많다. 이와 같은 실수를 방지하기 위해서는 다음과 같은 방법을 사용하면 효과적이다. muy bueno, muy bien처럼 muy로 바꿀 수 있는 경우는 tan adj./adv. que 형태를 사용하면 된다(tan bueno que/tan bien que). 그리고 habla mucho처럼 mucho로 바꿀 수 있는 경우는 tanto que 형태를 사용하면 된다(habla tanto que no quiero verlo).

　한편, 학생들은 estudiar mucho의 mucho와 tener mucho dinero의 mucho를 종종 혼동하기도 하는데 전자의 경우는 형태 변화가 전혀 없는 부사이고 후자의 경우는 뒤의 명사를 수식하는 형용사라는 점에서 분명한 차이가 존재한다. 따라서 후자는 뒤의 명사가 무엇이냐에 따라 mucho/a/os/as로 바뀐다(mucho dinero/mucha agua/muchos coches/muchas casas). 그리고 이들을 결과 구문으로 바꾸는 경우 전자는 항상 '동사 + tanto que'의 고정된 형태를 사용하고 후자는 'tanto/a/os/as + 명사 + que'처럼 명사에 따라 tanto의 형태가 바뀐다는 것을 명심하기 바란다(tanto dinero/tanta agua/tantos coches/tantas casas).

연습문제 A

1. 이 꽃이 너무 아름다워서 애인에게 사주고 싶다.

2. 마리아는 너무 수줍어서 남자 친구가 없다. (*수줍은 tímido)

3. 이 핸드폰은 내 맘에 무척 들지만 너무 비싸서 살 엄두를 내지 못하겠다.

(*핸드폰 teléfono móvil, teléfono celular, …할 엄두를 내다 atreverse a)

4. 내 동료 아르만도(Armando)는 하도 말을 빨리 해서 나는 그의 말을 하나도 알아듣지 못한다.

5. 바르셀로나는 너무 멋진 도시인 것 같아 그곳에서 한번 살아봤으면 좋겠습니다. (*멋진 precioso)

6. 어젯밤에 비가 너무 내려서 오늘 우리는 소풍을 갈 수 없다. (*소풍 excursión).

7. 크리스티나는 너무 매력적이어서 마을의 모든 청년들이 그녀와 데이트하고 싶어한다. (*매력적인 atractivo, …와 데이트하다 salir con, …에게 반한, 넋이 나간 estar loco por)

8. 그녀는 도둑을 보고 너무 겁에 질려 기절해버렸다. (*기절하다 desmayarse)

9. 딸은 선물을 받고 너무 기쁜 나머지 깡충깡충 뛰었다. (*깡충깡충 뛰다 brincar)

10. 이 옷은 너무 헐렁해서 잠옷 같다. (*(여성)옷 vestido, 헐렁한 holgado, 꽉 조이는 ceñido, apretado, 잠옷, 슈미즈 camisón, …인 것 같다 parecer)

11. 거리에 쓰레기가 너무 많아서 악취가 진동한다. 일주일 전부터 청소부들이 파업 중인데 언제 파업을 끝낼지는 모르겠다.

(*청소부 barrendero, 파업중인 estar de huelga)

12. 머리가 너무 아파서 눈을 뜰 수가 없다.

13. 다리가 너무 아파서 더 걷지를 못하겠다.

14. 어금니가 너무 아파서 아무 것도 씹지를 못하겠다. 내일 치과에 가봐야 할 것 같다. (*어금니 muela, 씹다 masticar)

15. 어제부터 목이 너무 아파서 아무 것도 삼키지를 못하겠다. 배는 많이 고픈데 어떻게 해야 할지 모르겠다. (*삼키다 tragar)

16. 밥을 너무 많이 먹어서 배가 많이 아프다. 병원에 가봐야겠다.

17. 그는 축구를 너무 좋아해서 축구를 하지 않고 주말을 보내는 법이 없다.

18. 그녀는 영화 보는 것을 너무 좋아해서 하루라도 영화를 보지 않고 지나가는

적이 없다.

19. 세르반테스의 작품 돈키호테가 너무 재미있어서 나는 작품을 읽으면서 온 밤을 지새웠다. 주인공 돈키호테는 모험 소설책을 너무 많이 읽은 나머지 돌 아버렸다.

(*작품 obra, 온 밤을 지새우다 pasar la noche entera, pasar toda la noche en vela, 주인공 protagonista, 모험 소설 novela de aventuras 돌다, 미치다 volverse loco).

20. 그는 너무 부자여서 아무거나 다 살 수 있다.

(*아무거나 cualquier cosa, cualquiera)

21. 그는 매우 정직한 사람이어서 누구나 그를 신뢰한다. 그러나 그의 동생은 너무 거짓말을 잘 해서 아무도 그를 좋아하지 않는다.

(*누구를 신뢰하다 confiar en, 거짓말을 잘 하는 mentiroso)

22. 뻬드로는 너무 구두쇠여서 아무도 그를 좋아하지 않는다. 내가 그를 알고 지 낸 지 10년이 넘었지만 지금까지 내게 밥 한번 산 적이 없다. (*구두쇠 tacaño)

23. 바람이 너무 세게 부는 바람에 정원의 나무들을 쓰러뜨려 버렸다.

(*쓰러뜨리다 derribar, hacer caer)

24. 그 상자는 너무 무거워 아무도 들 수가 없었다.

(*상자, 박스 caja, 무게가 많이 나가다 pesar mucho)

25. 그는 돈을 너무 쓴 나머지 파산했다. (*파산하다 arruinarse, quebrar)

26. 수프가 너무 뜨거워서 혀를 데었는데 너무 아프다.

(*데이다, 화상을 입다 quemarse, escaldarse)

연습문제 B

1. 주어진 표현을 이용하여 문장을 완성해 보시오.

① ··· tan nervioso que ···

② ··· tan rápido que ···

③ ··· tanto que ···

④ ··· tantos coches que ···

⑤ ··· tantas dificultades que ···

⑥ ··· tan cansadas que ···

2. tan + adj. + que, tan + adv. + que, {tanto/a/os/as} + N + que, V + tanto + que를 이용하여 각각 하나의 문장을 자유롭게 만들어 보시오.

3. 졸업 후에 원하는 직장을 구하기 위해서는 지금 무엇을 해야 할지에 대해 글을 4~5줄 정도 적어 보시오.

4. Lea el siguiente texto y escriba su opinión en 100~150 palabras.

> A mí me parece que las fiestas universitarias son todas iguales. Los alumnos beben, bailan, cantan y charlan hasta muy tarde. Después, todo el mundo está borracho. Al día siguiente no pueden hacer nada por la resaca y el cansancio. ¿De verdad os parece que es algo bueno? A mí, no. Creo que es una pérdida de tiempo.

17 목적의 표현

• *A buen hambre no hay pan duro.*

　목적을 표현하고자 할 때 para + inf., para que subj., con vistas a inf., con el ob-jeto de que subj., a fin/con el fin de inf., a fin/con el fin de que subj. 등의 쓰인다. 이 중 가장 널리 사용되는 것은 전치사 para를 이용한 구문이다. 유의할 점은 주절과 종속절의 주어가 일치하는 경우에는 para + inf.를 사용하고 다른 경우에는 para que subj.를 사용한다(cf. para que는 45장 접속법 부분 참조).

기본 예제

⑴ 어머니는 쇼핑하러 3시에 집을 나섰다.

　Mamá salió de casa {para/con el fin de} hacer compras a las tres.

⑵ 급우들에게 독감을 옮기지 않기 위해 나는 오늘 학교에 가지 않았다.

　Hoy no he ido a la escuela para no contagiar la gripe a mis compañeros.

⑶ 갑자기 머리가 어지러워 나는 넘어지지 않기 위해 벽에 기대야만 했다.

　De repente tuve vértigo y tuve que apoyarme en la pared para no caerme.

⑷ 나는 아이에게 입혀줄 만한 깨끗한 옷이 없다.

　No tengo ropa limpia para ponerle al niño.

⑸ 많은 젊은 여성들이 날씬함을 유지하기 위해 담배를 피우지만 담배가 살 빼는 데는 도움이 되지 않는다.

　Muchas jóvenes fuman para mantenerse delgadas pero el tabaco no ayuda a adelgazar.

⑹ 자기가 원하는 것을 얻기 위해서는 자기 자신에 대한 신뢰감을 잃어서는 안
된다.

Para conseguir lo que desea no hay que perder la confianza en sí mismo.

한편, 동사 salir, venir, ir를 사용하여 목적을 표현하고자 하는 경우에는 주로
전치사 a가 자주 사용된다. ir, salir + de + N 역시 '…하러 가다'는 의미로 사용된
다(기본 예제 ⑸ 참조).

기본 예제

⑴ 당신과 얘기하러 왔습니다.

He venido a hablar con usted.

⑵ 나랑 같이 산책하러 갈래?

Quieres venir a pasear conmigo?

⑶ 그는 외국에 유학 갔습니다.

Fue a estudiar al extranjero.

⑷ 그는 수학시험 공부를 하러 도서관에 갔다.

Ha ido a la biblioteca a estudiar para el examen de matemáticas.

⑸ 술 마시러 가다/소풍 가다/휴가 가다/쇼핑가다.

{Salir/ir} de {copas/cañas/excursión/vacaciones/compras}

* 다음은 니카라구아(Nicaragua) 출신의 모더니즘 대표 시인 루벤 다리오(Ruben
Darío, 1867~1916)의 시이다. 감상도 해보고 전치사 para의 용법에 대해서도
토론해보자.

> *Juventud, divino tesoro*
> *Ya te vas para no volver,*
> *Cuando quiero llorar, no lloro*
> *y a veces lloro sin querer*

연습문제 A

1. 건강하게 지내기 위해 나는 매일 아침 공원에 달리기를 하러 간다.

    (*건강을 유지하다, 건강하게 지내다 mantenerse en forma, estar en forma, vivir {sano/ con salud})

2. 건강하게 지내기 위해서는 술과 담배를 끊고 운동을 시작해야 한다. 진작 그렇게 하지 않은 것이 후회가 된다.

    (*끊다 = 하는 것을 그만 두다 dejar de inf., 후회하다 arrepentirse de)

3. 살을 빼기 위해서는 적게 먹고 매일 운동을 해야 하지만 그렇게 하기가 쉽지는 않다.   (*살을 빼다 perder peso, adelgazar, 운동하다 hacer ejercicio)

4. 환절기에 감기에 걸리지 않으려면 집에 돌아온 후 손발을 깨끗이 씻는 것이 필요하다.   (*환절기에 en los cambios de las estaciones, 감기에 걸리다 coger un resfriado)

5. 해마다 많은 사람들이 교통사고로 목숨을 잃거나 다친다. 교통사고를 줄이기 위해서는 교통법규를 준수해야 한다.

    (*교통법규를 준수하다 observar las normas de tráfico)

6. 작년에 아버지께서 돌아가셔서 나는 생활비를 벌기 위해 슈퍼마켓에서 아르바이트를 한다.

    (*생활비를 벌다 ganarse la vida, 아르바이트를 하다 trabajar {por horas / a tiempo parcial})

7. 나중에 가서 후회하지 않기 위해서는 지금 최선을 다해라.

    (*최선을 다하다 hacer todo lo posible, 후회하다 arrepentirse de)

8. 좋은 학점을 따기 위해서는 우리는 공부를 열심히 해야만 한다.

    (*학점을 따다 sacar notas, A 학점을 따다 sacar una A)

9. 그는 실패의 원인이 노력부족이라 생각하고 실패를 되풀이하지 않기 위하여 더욱 열심히 일하기로 결심했다.   (*실패 fracaso)

10. 나는 첫 기차를 놓치지 않기 위해 아침 식사도 거른 채 일찍 나섰지만 교통 체증 때문에 역에 늦게 도착했다.

    (*놓치다 perder, 이른 아침 a primera hora de la mañana, 체증 atasco)

11. 바이러스를 타인에게 전염시키지 않으려면 어떻게 해야 하나요?

    (*전염시키다 contagiar A a B)

12. 지난주에 나는 외국에서 공부하기 위해 장학금을 신청하였다.

(*신청하다 solicitar)

13. 아내에게 방해가 되지 않도록 않기 위해 라디오를 매우 약하게 틀고 뉴스를 들었다.　(*방해하다, 방해가 되다 molestar, 라디오를 약하게/낮게 틀다 poner la radio baja)

14. 친구를 깨우지 않기 위해 라디오를 끄고 발끝을 들고 방에서 나갔다.

(*발끝을 들고 de puntillas, con los talones levantados)

15. 그는 늦게 도착해서 눈에 띄지 않으려고 구석에 앉았다.

16. 그녀는 약속에 늦지 않기 위해 자기 전에 자명종 시계를 6시에 맞추었다.

17. 스페인어 학습의 목표 중의 하나는 스페인의 문화를 이해하는 것이다.

(*목표 objetivo)

18. 내일 시험이 연기되었다고 알려주기 위해 너에게 전화했다.

(*연기하다 aplazar, 통보하다, 알리다 avisar)

19. 우리는 스페인어 과정을 밟기 위해 왔습니다. 목표를 달성하기 위해서 우리는 학업에 전념할 생각입니다.

(*스페인어 과정을 밟다 hacer un curso de español, …에 전념하다 dedicarse a)

20. 그는 부자가 되기 위해 주식에 많은 돈을 투자했지만 실패했다. 그래서 그는 지금 절망에 빠져있다.

(*투자하다 invertir (en), 주식 bolsa, 실패하다 fracasar, 절망한, 낙담한 desesperado)

21. 스페인 정부는 외국 관광객을 유치하기 위해 여러 가지 조치를 취하였다.

(*유치하다 atraer, 조치를 취하다 tomar unas medidas)

22. 그는 분노를 억누르기 위해 이를 꽉 악물었다.

(*분노 rabia, 억누르다 contener, 악물다 apretar algo con fuerza)

23. 수영을 하기 위해서는 너는 먼저 물에 뜨는 것부터 배워야 한다. 네가 원한다면 내가 가르쳐 주겠다.　(*뜨다 flotar)

24. 마이크로소프트사는 빚을 갚기 위해 자회사들 중 일부를 매각했다.

(*자회사 empresa filial, 빚을 갚다 pagar sus deudas)

25. 야당은 정부가 부정부패를 근절하기 위한 노력을 전혀 하지 않는다고 비난하고 나섰다. (*근절하다, 뿌리뽑다 erradicar, 비난하다 acusar a alguien de inf. 부정부패 corrupción)

26. 통일을 앞당기기 위해 한국 정부는 북한과 언제든 대화할 용의가 있다.

(*통일 reunificación, 앞당기다 adelantar, …할 용의가 있다 estar dispuesto a)

연습문제 B

1. ¿Qué tiene que hacer para hablar mejor español?

2. 아래의 글을 참조로 하여 건강을 유지하기 위해 자신은 어떤 노력을 하고 있는
   지 4~5줄 정도 적어 보시오.

ALGUNOS CONSEJOS PARA LLEVAR UNA VIDA SANA

• Primero: Hacer unas actividades físicas y mentales continuadas.

• Segundo: No beber ni fumar.

• Tercero: Hacerse revisiones médicas periódicas.

• Cuarto: Comer un poco de todo, mucho de nada.

• Quinto: No obsesionarse con la salud.

• Sexto: Disfrutar lo mejor de la vida.

Trato de mantenerme en forma. Es muy importante para vivir y sentirse bien. Hago ejercicio casi todos los días y a menudo trato de caminar en vez de usar mi coche. También como mucha verdura y menos carne. Se dice que evitar el estrés también es muy importante para mantenerse saludable, pero evitarlo es muy difícil cuando se vive en una ciudad grande. Para combatir el estrés, junto con hacer ejercicio, hablo mucho con mis amigos y duermo lo suficiente.

18 비교의 표현

● *Más vale un ≪hoy≫ que diez mañana.*

1. 규칙: 형용사, 부사의 비교급 규칙 형태는 más, menos를 사용하여 작문하는 것이 원칙이다.

기본 예제

⑴ 날씨가 더울 때 찬물 한 잔 마시는 것보다 더 상쾌한 것은 없다.

Cuando hace calor, no hay nada más refrescante que tomar un vaso de agua fría.

Cuando hace calor, nada es más refrescante que tomar un vaso de agua.

⑵ 포도는 자두 보다 덜 시다.

Las uvas son menos agrias que las ciruelas.

⑶ 너는 나 보다 더 천천히 걷는구나.

Andas más despacio que yo.

⑷ 브라질은 한국보다 40배나 크다.

Brasil es 40 veces más grande que Corea.

⑸ 예방은 치료보다 낫다.

La prevención es mejor que la cura.

Prevenir es mejor que curar.

⑹ 나는 밤에 외출하는 것보다 집에 있는 것을 더 좋아한다.

Por la noche, me gusta más quedarme en casa que salir.

⑺ 한국 여자들은 남자들보다 3배 더 많은 시간을 가사 일에 쓴다.

Las coreanas dedican tres veces más tiempo que los coreanos a las tareas domésticas.

⑻ 그녀는 단식 농성을 시작하기 전에 평소 때보다 저녁 식사를 두 배나 했다.

Ella cenó el doble que de costumbre antes de iniciar la huelga de hambre.

⑼ 우리 대학 도서관이 너희 대학 도서관 보다 더 크다.

La biblioteca de mi universidad es más grande que la de tu universidad.

'훨씬 더', '훨씬 덜'과 같이 비교를 더 강조하는 경우에는 mucho más/menos를
사용한다. 단, 명사를 수식하는 경우에는 mucho가 명사의 성, 수에 일치를 한다.

기본 예제

⑴ 그녀는 너보다 훨씬 더 똑똑하다.

Ella es mucho más inteligente que tú.

⑵ 나는 훨씬 더 많이 일을 하지만 돈은 훨씬 덜 번다.

Trabajo mucho más pero gano mucho menos.

⑶ 내가 너보다 책은 덜 읽지만 잡지는 훨씬 더 많이 읽는다.

Leo menos libros que tú, pero muchas más revistas que tú.

⑷ 네가 보다 높은 직책을 맡기 위해서는 그들보다 훨씬 더 많은 능력을 입증해
보여야 한다.

Debes demostrar mucha más capacidad que ellos para desempeñar cargos
superiores.

2. 불규칙

- bueno, bien (good, well) → mejor (better)
- malo, mal (bad, badly) → peor (worse)
- pequeño (small) → menor, más pequeño (smaller)
- grande (big) → mayor, más grande (bigger, greater)
- poco (little) → menos (less)
- mucho (much) → más (more)

3. 형용사의 최상급

가. 정관사 + N + más/menos + 형용사, 정관사 + mejor/peor + N

> **기본 예제**

⑴ 가장 복잡한 문제.

El problema más complicado.

⑵ 시대 최고 인기 작가.

El escritor más popular de su tiempo.

⑶ 네게 일어날 수 있는 {최고/최악}의 일.

Lo mejor/peor que te puede suceder.

⑷ 평화로 가는 최고의 지름길은 대화다.

El mejor camino hacia la paz es el diálogo.

⑸ 그는 학급에서 가장 마른 사람이다.

Es el más delgado de la clase.

⑹ 역사상 가장 관객이 많이 든 영화는 무엇입니까?

¿Cuál es la película más taquillera de la historia?

⑺ 기생충은 올해 관객을 가장 많이 동원한 영화입니다.

"Parásitos" es la película más taquillera del año.

⑻ 인도는 세계에서 두 번째로 인구가 많은 나라이다.

India es el segundo país más poblado del mundo.

⑼ 반에서 가장 공부를 잘 하는 라몬(Ramón)은 모든 급우들이 좋아한다.

Ramón, el más sobresaliente de la clase, es querido por todos sus compañeros.

나. 정관사가 사용되지 않는 최상급: 소유사가 más/menos에 선행하거나 estar 동
   사 뒤

기본 예제

⑴ 나의 가장 충실한 친구

   Mi más leal amigo / Mi amigo más leal

⑵ 이 말이 가장 피곤한 상태다.

   Este caballo está más cansado. (비교급도 의미할 수 있음)

   (=Este caballo es el más cansado)

○ **유의사항**

'한국에서 가장 좋은 대학'을 번역할 때 '-에서'에 해당하는 전치사는 de를 쓰는 것이
원칙이다. 단, 신문이나 책에서 en을 사용하는 경우도 종종 발견된다.

기본 예제

⑴ 이 학교가 한국 최고의 대학입니다.

   Esta es la mejor universidad de Corea.

⑵ 오늘의 내 생애 최고의 날이다.

   Hoy es el mejor día de mi vida.

⑶ 페루에서 가장 오래된 유적이 무엇인가요?

   ¿Cuál es el monumento más antiguo del Perú?

4. 부사의 최상급: 부사의 최상급은 정관사를 사용하지 않는다. 많은 학생들이 문
   장을 작성할 때 '가장, 최고'와 같은 최상급을 의미하는 표현이 나오면 무조건
   정관사를 적는 경향이 있는데 부사의 경우는 그렇지 않다는 점을 명심할 필요
   가 있다. 따라서 실수를 예방하기 위해서는 최상급 하면 무조건 정관사부터
   적고 보는 습관을 버리고 문맥을 따져서 최상급의 대상이 형용사인지, 부사인

지를 잘 따져 보아야 한다.

기본 예제

⑴ 마리아는 노래를 가장 잘 한다.

María canta mejor.

⑵ 그는 일을 가장 안 한다.

El trabaja menos.

⑶ 여름에 비가 가장 많이 온다.

En verano llueve más.

⑷ 후안은 우리들 가운데 말을 가장 잘 한다.

Juan habla mejor de nosotros.

⑸ 영화를 본 후 뻬드로가 가장 많이 울었다.

Después de ver la película, Pedro lloró más.

5. Más de, Menos de + {수/양}

기본 예제

⑴ 할아버지는 연세가 80이 넘으셨다.

Mi abuelo tiene más de 80 años.

⑵ 3분도 채 못 되어 도둑은 금고를 열었다.

En menos de tres minutos el ladrón abrió el cofre.

⑶ 나는 하루에 100 유로화 이상은 쓰지 않는다.

No gasto más de 100 euros al día.

○ 유의사항

no ⋯ más que는 sólo의 의미를 지니고 있다.

기본 예제

⑴ 나는 100 달러 밖에 없다.

No tengo más que cien dólares.

⑵ 버튼을 돌리기만 하면 된다.

No hay más que girar este botón.

⑶ 졸업 때까지 세 달 밖에 남지 않았다.

No me quedan más que tres meses para graduarme.

6. Mayor, Menor

가. 물리적 대상의 비교와 관련해서는 주로 más grande, más pequeño를 사용하지만 사람의 나이를 비교하는 경우에는 주로 mayor, menor를 사용한다.

기본 예제

⑴ 이 강의실은 다른 강의실 보다 더 크다.

Esta aula es {más grande/mayor} que la otra.

⑵ 마요르카는 발레아레스 제도 가운데 가장 크다.

Mallorca es {la más grande/la mayor} de las Baleares.

⑶ 우리 어머니는 네 어머니보다 더 연세가 많으시다.

Mi madre es mayor que la tuya.

⑷ 형은 교수고 동생은 의사입니다.

Mi hermano mayor es profesor y mi hermano menor es médico.

⑸ 후안은 20살 밖에 안되었지만 더 나이 들어 보인다.

Juan no tiene más que 20 años pero parece mayor.

나. 명사 앞에 사용되어 '최대, 최고(greater), 가장 …한'의 뜻으로 사용된다.

기본 예제

⑴ 그의 최대의 성공.

　Su mayor éxito.

⑵ 그의 최대의 고민.

　Su mayor preocupación.

⑶ 증권시장은 오늘 최대의 주가 하락을 겪었다.

　El mercado bursátil ha sufrido hoy la mayor caída de la bolsa.

⑷ 조금만 자극해도 그는 폭발한다.

　La menor provocación le hace explotar.

⑸ 경찰은 이번 주말에 마약과의 전쟁에서 {최고/최대}의 성과를 거두었다.

　La policía ha logrado este fin de semana el mayor éxito en la lucha contra el narcotráfico.

⑹ 불법이민은 스페인 사회의 최대 골칫거리 중의 하나이다.

　La inmigración ilegal es uno de los mayores problemas de la sociedad española.

⑺ 부모들의 가장 큰 걱정거리 중의 하나는 자녀 교육이다.

　Una de las mayores preocupaciones de los padres es la educación de sus hijos.

⑻ 상당수의 경우에 있어서 원인을 알 수 없다.

　En mayor número de casos no se sabe la causa.

⑼ 최고의 출생률 / 최고의 사망률

　El mayor índice de natalidad. / El mayor índice de mortalidad.

⑽ 홍콩은 세계에서 인구 밀도가 가장 높은 도시 가운데 하나이다.

　Hong Kong es una de las ciudades con mayor densidad de población del mundo.

다. 성년 mayor de edad, 미성년 menor de edad, 어른이 되다 hacerse mayor, ser mayor

기본 예제

⑴ 18세 미만은 이 영화를 봐서는 안 된다.

　　Los menores de los 18 años no deben ver esta película.

⑵ 내가 어른이 되면 절대 술 담배를 하지 않겠다.

　　Cuando yo sea mayor, nunca beberé ni fumaré.

7. 최대한 …하게: lo más … que ind./subj.

기본 예제

⑴ 최대한 크게 소리를 질러라

　　Grita lo más fuerte que puedas.

⑵ 그녀는 최대한 소리를 크게 질렀다.

　　Gritó lo más fuerte que pudo.

⑶ 최대한 빨리 마셔라.

　　Bebe lo más rápido que puedas.

8. 동등 비교(comparación de igualdad): 형용사나 부사에 대한 동등 비교는 'tan + adj/adv + como + 명사' 형태를 이용하여 작문하면 된다. 명사에 대한 동등 비교는 tanto가 명사 앞에 위치하고 그 명사의 성과 수에 일치(tanto/tanta/tantos/tantas)를 한다(cf. 기본 예제 ⑶~⑷ 참조). 동사에 대한 동등 비교일 경우는 동사 뒤에 tanto가 위치하고 형태가 바뀌지 않는다(cf. 기본 예제 ⑸~⑹ 참조). 한편, '…와 똑같은, …와 동일한 옷/자동차/색깔'과 같은 표현을 옮길 때는 'el mismo + 명사/la misma + 명사' 형태를 사용하면 된다(cf. 기본 예제 ⑺~⑻ 참조).

기본 예제

⑴ 그 어떤 산도 에베레스트만큼은 높지 않다.

    Ninguna montaña es tan alta como el Everest.

⑵ 마리아는 너만큼 그것을 잘 한다.

    María lo hace tan bien como tú.

⑶ 난 너만큼 책을 가지고 있다.

    Tengo tantos libros como tú.

⑷ 난 너만큼 돈이 있다.

    Tengo tanto dinero como tú.

⑸ 그는 사장님만큼 일을 하지만 돈을 훨씬 덜 번다.

    Trabaja tanto como el jefe, pero gana mucho menos.

⑹ 스페인 사람들은 미국사람들만큼은 먹지 않는다.

    Los españoles no comen tanto como los norteamericanos.

⑺ 그녀는 나와 똑같은 블라우스를 입고 다닌다.

    Ella lleva la misma blusa que yo.

⑻ 나는 그와 같은 날 태어났습니다.

    Nací el mismo día que él.

○ 유의사항

'…만큼 …하다'와 같은 표현을 스페인어로 번역할 때 tan adj./adv.와 tanto 중 어느 것을 사용해야할 지 몰라 틀리는 경우가 많다. 그러나 다음의 사항을 알아두면 이와 같은 혼동은 더 이상 겪지 않아도 된다. 즉, muy adj./adv.로 바꿀 수 있는 경우는 tan adj./adv.이고 mucho로 바꿀 수 있는 경우는 tanto를 사용하면 된다. 예를 들어보자. '그녀는 크리스티나만큼 이나 예쁘다(Ella es tan guapa como Cristina)'와 같은 문장을 번역할 경우 '그녀는 매우 예쁘다'가 어떻게 번역되는가를 알면 답은 금방 보인다. '그녀는 매우 예쁘다'가 Ella es muy guapa로 번역되므로 위에서 제시한 기준에 따라 tan guapa로 번역된다. 한편, '그녀는 크리스티나만큼 공부한다(Ella estudia tanto como Cristina)'와 같은 예문의 경우 '그녀는 공부를 많이 한다'가 어떻게 번역되는 가를 알면 답은 금방 보인다. '그녀는 공부를 많이 한 다'는 Ella trabaja mucho로 번역되므로 위의 기준에 따라 tanto를 사용하면 된다.

연습문제 A

1. 스페인어과 학생들은 영문과 학생들보다 훨씬 더 똑똑하고 성적도 더 좋다.

2. 스페인어는 모음이 5개뿐이어서 발음이 영어의 발음보다 훨씬 쉽다. 따라서 스페인어는 배우기가 쉬운 언어이다. (*모음 vocal, 발음 pronunciación)

3. 한국의 대기는 중국보다 오염이 덜 되어있다. (*대기 m. aire, 오염된 contaminado)

4. 우리는 성공보다 실패에서 더 많은 것을 배운다. 그러므로 용기를 잃지 마라. (*용기를 잃다 desanimarse)

5. 스페인의 공식 언어인 스페인어는 영어, 중국어 다음으로 세계에서 세 번째로 많이 사용되는 언어로서 아메리카 대륙 대부분의 국가에서 사용된다.

6. 멕시코의 수도인 멕시코시티는 브라질의 상파울로 다음으로 가장 인구가 많은 도시이다. (*인구가 많은 poblado)

7. 이베리아 반도는 한반도 보다 다섯 배가 더 크다.

8. 수소는 공기보다 14배나 더 가볍다. (*수소 hidrógeno)

9. 중국은 세계에서 가장 인구가 많은 나라이며 한국보다 30배가 크다.

10. 세계에서 가장 인구가 많은 나라는 중국입니다. 따라서 미국은 오래 전부터 중국과의 교역 관계를 정상화시키고 싶어한다. (*교역의, 무역의 comercial)

11. 그녀가 스페인어를 못한다고 생각하지 마라. 내가 보기엔 그녀도 너만큼 스페인어를 잘 한다.

12. 세계에서 두 번째로 높은 산은 무엇인지 아십니까?

13. 칠레는 세계에서 가장 길고 폭이 좁은 나라이다. 주요 수출 품목은 농산품이며 최근 한국과 자유무역협정을 체결하였다.
    (*주요 수출품목 los principales productos de exportación, 체결하다 firmar el Tratado de Libre Comercio)

14. 너는 20세기 최고의 발명품이 뭐라고 생각하니? (*발명품 invento, 세기 siglo)

15. 한국은 지금 금세기 최악의 가뭄을 겪고 있으므로 우리는 물을 아껴야 한다. (*가뭄 sequía)

16. 그들은 우리보다 훨씬 더 잘 산다. 왜냐하면 우리보다 일을 더 많이 하기 때문이다.

17. 나는 그 보다 훨씬 더 일을 하지만 그 보다 훨씬 덜 번다.

18. 어제 뉴욕에서 금세기 최악의 테러가 발생하여 수천 명의 시민이 죽거나
다쳤다.   (*테러 atentado, *수 천의 miles de ~)

19. 오늘은 내 생애 최악의 날이다.

20. 난 네 남편 보다 훨씬 더 잘 생긴 사람과 결혼할거야.

21. 넌 나에게 이 가게에서 가장 비싼 보석을 사줄 수 있니?

22. 동수는 나 보다 네 살이나 어리지만 나 보다 더 나이가 들어 보인다.

23. 요즘 젊은이들은 과거보다 어른들을 덜 공경한다.

24. 추석은 한국의 가장 중요한 명절 가운데 하나이다. 스페인에서 가장 중요한
명절은 무엇입니까?

25. 너희들 중에서 누가 춤을 가장 잘 추니?

26. 너희들 중 누가 이 문제 푸는데 시간이 가장 많이 걸렸니?

27. 너는 어떤 장소가 가장 인상 깊었니?   (*인상을 남기다 impresionar)

28. 내 일이 너의 일보다 덜 힘들다고 생각지 마라. 매일 컴퓨터로 작업을 하면서
10시간 이상 보내야만 하는 것도 무척 힘든 일이다.   (*힘든 duro)

29. 아르헨티나에서 가장 좋은 식당에서 당신과 식사 한 번 해봤으면 좋겠어요.

30. 정주영은 가장 널리 알려진 한국 기업가 중의 한 사람이다.

(*기업가, 사업가 empresario)

31. 스페인에서 가장 널리 알려진 시인 중의 한 사람인 가르시아 로르까(García
Lorca)는 스페인 내전 도중 암살되었다.   (*시인 poeta, 내전 Guerra Civil)

32. 한국은 아시아에서 가장 산업화된 국가 중의 하나로 여겨진다.

(*…로 여겨지다, 간주되다 considerarse)

33. 커피를 언급하지 않고 콜롬비아를 말할 수 없다. 커피는 콜롬비아의 가장 중
요한 수출품 가운데 하나이며 일상생활의 한 부분을 차지한다.

(*수출품 productos de exportación, 일상생활 vida cotidiana, vida diaria)

34. 탱고는 아르헨티나의 가장 대표적인 문화 상품 중의 하나이다. 탱고를 말하
지 않고 아르헨티나에 대해 말을 하기란 어렵다. 탱고를 잘 추기 위해서는 기
본적인 규칙을 알아야만 한다.

(*대표적인 representativo, 문화 상품 producto cultural, 규칙 regla)

35. 스페인의 가장 유명한 건축가인 안또니오 가우디(Antonio Gaudí)는 1926년 전차에 치여 사흘 뒤 그의 가장 중요한 작품인 사그라다 파밀리아(Sagrada Familia)를 완성하지 못한 채 사망하였다. (*…에 치이다 ser atropellado por, 전차 m. tranvía)

36. 지하실이 그 집에서 가장 안전한 장소이니 그를 지하실에 숨겨라.
(*숨기다 esconder, 지하실 sótano, 안전한 seguro)

37. 벌써 한 갑 이상을 피웠기 때문에 나는 더 이상 담배를 피고 싶지 않다. 흡연이 몸에 해롭다는 것을 잘 알고는 있지만 끊기가 쉽지 않다.
(*담배 갑 paquete, ~을 그만두다, ~을 끊다 dejar de inf.)

38. 나는 너만큼 배가 고프다.

39. 스페인에는 영국만큼 비가 오지는 않는다. 특히 남쪽 지역은 가뭄을 자주 겪는다.

40. 이 동네에는 슈퍼가 하나밖에 없습니다. 따라서 그곳에서 장을 보는 도리밖에 없다. (*장을 보다 hacer la compra, …하는 도리밖에 없다 no tener más remedio que inf.)

41. 살을 빼는 가장 효과적인 방법은 적게 먹고 많이 걷는 것이다.
(*살을 빼다 perder peso, adelgazar, 방법 manera (de), 효과적인 eficaz)

42. 오늘 나는 평소보다 더 일찍 잠자리에 들려고 한다. (*평소 de costumbre)

43. 나의 가장 큰 소망은 그녀와 결혼하는 것이다.

44. 외국어를 마스터하는 최고의 방법은 반복과 암기를 하는 것이다.
(*암기하다 aprender de memoria, memorizar)

45. 이 시험 보다 더 쉬운 시험은 없다.

46. 야외에서 운동을 하고 난 뒤에 샤워를 하는 것처럼 상쾌한 것은 없다.
(*상쾌한, 시원한 refrescante)

47. 그와 대화를 하는 것보다 더 즐거운 일은 없다.

48. 이 고추만큼 매운 것은 없다. (*고추 guindilla, chile, 매운 picante)

49. 스페인어를 공부하는 것만큼 재미있는 것은 없다.

50. 에베레스트 산은 높이가 8848미터로서 세상에서 가장 높다. 세상에 이 산보다 더 높은 산은 없다. (*높이 altura)

51. 세르반테스는 만큼이나 유명한 스페인 작가는 없다. 그의 가장 대표적 작품인 돈키호테는 세계에서 가장 유명한 작품 중의 하나이며 전 세계 모든 언어로 번역되었다.

52. 물은 갈증을 달래기에 가장 좋은 음료이다.

(*{갈증을, 배고픔을} 달래다, 없애다 matar/calmar la sed/el hambre)

53. 나는 한반도에 평화를 달성하는 최고의 방법은 대화라고 생각한다.

54. 한국은 세계에서 인구 밀도가 가장 높은 나라 중의 하나이다.

(*인구 밀도 densidad de población)

55. 나는 모든 사람에게 아이스크림을 사줄 만큼 돈이 충분하지는 않다. 난 천 원밖에 없다.

56. 커피 한잔을 마시는 것은 하루를 시작하는 최고의 방법이다. 내 생각에 요즘 우리 한국 사람들도 콜롬비아 사람들만큼이나 커피를 많이 마시는 것 같다.

57. 의사들은 치료보다는 예방이 더 중요하며 감기 예방에는 비타민 C가 좋다고 충고한다. 따라서 비타민 C가 풍부한 식품들을 자주 섭취하는 것이 필요하다. (*예방하다 prevenir, 감기 resfriado)

58. 비만인 사람은 마른 사람보다 대체로 혈압이 높다.

(*비만인 obeso,a 비만 obesidad, 혈압 tensión arterial, presión arterial, 고혈압 hipertensión arterial)

59. 가장 중요한 것은 경기에 이기는 것이 아니라 최선을 다하는 것이다.

60. 가장 중요한 것은 돈을 많이 버는 것이 아니라 건강하게 사는 것이다.

61. 기름은 물 보다 더 낮은 온도에서 끓는다. (*기름 aceite, 끓다 hervir)

62. 사고를 모면하기 위해 나는 최대한 빨리 뛰었다.

63. 최대한 일찍 일어나라!

64. 마드리드에는 중요한 미술관이 두 개가 있다. 세계 최고의 미술 박물관 중의 하나인 쁘라도 미술관(Museo del Prado)에서는 3,000점이 넘는 그림과 400여 점의 조각품을 구경할 수 있다. 레이나 소피아 미술관(Museo de Arte Reina Sofía)에서는 피카소의 가장 유명한 작품인 게르니카(El Guernica)를 감상할 수 있다. 스페인을 방문하게 되면 이 두 미술관을 한 번 찾아가 보고 싶다.

(*미술관 museo de arte, 조각, 조각품 escultura)

연습문제 B

1. 주어진 표현을 이용하여 문장을 자유롭게 만들어 보시오.

① más … que

② menos … que

③ tan … como / tanto como

④ mayor que

⑤ menor que

⑥ estudiar más

⑦ trabajar menos

⑧ el más …

⑨ el mejor …

⑩ la más …

⑪ los mejores …

⑫ mejor que

⑬ peor que

⑭ no hay nadie más … que

⑮ no hay nada más … que

2. 다음 글을 읽고 teléfono móvil의 또 다른 이점이나 혹은 단점을 적어 보시오.

Hoy día, es muy común en muchos países tener teléfono móvil. Resulta bastante económico porque el usuario del móvil no paga cuando recibe llamadas. También, resulta muy cómodo, porque para usar un teléfono público, generalmente se necesita comprar una tarjeta telefónica prepagada o hacer cola.

19 조건에 관한 표현

• *Quien busca, halla.*

1. 조건을 표현하는데 가장 널리 사용되는 것은 si로서 영어의 if에 해당한다. 실현될 가능성이 있는 사건을 언급하는 경우 si 뒤에 직설법 현재형을 사용하고 주절에는 직설법 현재 또는 미래형을 사용한다. 학생들은 종종 si 뒤에 접속법 현재형 혹은 직설법 미래형을 쓰는 오류를 범하는데 둘 다 사용할 수 없다는 점을 꼭 알아두기 바란다. 즉, 미래 사건을 가리키더라도 si 뒤에는 접속법 현재형이나 직설법 미래형을 사용할 수 없고 반드시 직설법 현재형을 사용해야 한다(cf. 기본 예제 ⑴ 참조). 한편, 'si + 시제 동사' 대신에 'de + 동사 원형'을 사용해서 조건을 표현하기도 하는데 이 경우는 si 절과 주절의 동사가 동일한 사람을 가리키는 경우에만 가능하다. '비가 오면 집에 있겠다'와 같은 문장의 경우는 de llover, me quedo로 작문해서는 안 된다(cf. 기본 예제 ⑶ 참조).

기본 예제

⑴ 그녀가 제 시간에 맞춰 도착하면 그녀를 파티에 데려가겠다.

Si llega a tiempo, la llevaré a la fiesta.

*Si llegue a tiempo, la llevaré a la fiesta.

*Si llegará a tiempo, la llevaré a la fiesta.

⑵ 오늘 오후 비가 온다고 한다. 비가 오면 집에 머물겠다.

Dicen que esta tarde va a llover. Si llueve, me quedaré en casa.

⑶ 네가 계속 열심히 공부하면 시험에 붙을 수 있을 거야.

De seguir estudiando duro, aprobarás el examen.

(Si sigues estudiando duro)

⑷ 네가 건강을 잘 돌보면 오래 살고 또 인생을 즐길 수 있을 것이다.

Si te cuidas bien, vivirás mucho tiempo y gozarás de la vida.

2. 현재 사실에 대한 반대나 미래에 실현 가능성이 거의 없는 사건을 가리키는 경우, si 절에는 접속법 과거형을 사용하고 주절에는 가능법(condicional)을 사용하는데 접속법 과거형과 가능법은 각각 영어의 If I had money, I would buy a car과 같은 문장의 had와 would에 상응한다.

기본 예제

⑴ 크리스티나 아길레라는 내가 가장 좋아하는 가수다. 시간만 있다면 그녀의 콘서트에 갈텐데.

Cristina Aguilera es mi cantante más favorita. Si tuviera tiempo, iría a su concierto.

⑵ 돈이 더 있으면 퇴직할텐데.

Si tuviera más dinero, me jubilaría

⑶ 바쁘지만 않으면 휴가를 갈텐데.

Si no estuviera ocupado, iría de vacaciones.

⑷ 1억 원이 당첨된다면 사업을 해보겠다.

Si me tocaran cien millones de wones, montaría un negocio.

⑸ 좀 더 젊다면 세계일주를 할텐데.

Si fuera más joven, daría la vuelta al mundo.

⑹ 내가 너라면 다시 한 번 더 그것을 시도해보겠다.

Si yo fuera tú, volvería a intentarlo.

Si yo estuviera en tu lugar, volvería a intentarlo.

Yo {en tu lugar/en tu situación}, volvería a intentarlo.

3. '…했었더라면 … 했을텐데'와 같이 과거 사실에 대한 반대 상황을 표현하고
자 할 때는 si hubiera p.p, {hubiera/habría} p.p를 사용한다. 영어의 If …had
p.p, …would have p.p와 유사하다. 한편, si hubiera p.p 대신에 전치사 de를 사
용하는 경우는 de haber p.p를 사용하면 된다. 단, 과거에 이루지 못한 행위와
현재의 상황을 언급하는 경우는 주절에 가능법을 사용한다(cf. 기본 예제 ⑹,
⑺ 참조).

기본 예제

⑴ 돈이 조금만 더 있었더라도 우리는 그 별장을 샀을 텐데.

　　Si hubiéramos tenido más dinero, habríamos comprado el chalé.

⑵ 위경련만 아니었더라도 그녀를 마중하러 공항에 나갔을 텐데.

　　Si no hubiera sido por las contracciones del estómago, habría ido a recibirla

　　al aeropuerto.

⑶ 클레오파트라의 코가 좀 더 낮았더라면 세계 역사는 달라졌을 것이다.

　　Si la nariz de Cleopatra hubiera sido más baja, la historia del mundo habría

　　sido diferente.

⑷ 내가 너를 알게 되지 못했더라면 난 어떻게 되었을까?

　　Si no te hubiera conocido, ¿qué {habría/hubiera} sido de mí?

⑸ 그 일이 일어날 것이란 것을 알았더라면 난 오지 않았을 텐데.

　　Si hubiera sabido que eso iba a ocurrir, no habría venido.

⑹ 그녀와 결혼을 했더라면 지금 더 행복할 텐데.

　　Si me hubiera casado con ella, ahora sería más feliz.

⑺ 학창 시절에 열심히 공부했더라면 이렇게 후회하지는 않을텐데.

　　Si hubiera estudiado duro cuando era estudiante, no me arrepentiría tanto.

⑻ 내가 라디오 방송 국장에 임명되지 않았더라면 마드리드 주재 한국 대사직
을 수행했을지도 모른다.

　　De no haber sido nombrado director general de Radio, habría desempeñado

　　el cargo de embajador de Corea en Madrid.

(9) 내가 너였더라면 그곳에 가지 않았을 것이다.

Si yo hubiera sido tú, no habría ido allí.

Si yo hubiera estado en tu lugar, no habría ido allí.

Yo {en tu lugar/en su lugar}, no habría ido allí.

4. '비가 올지도 모르니 우산을 가져가라'와 같은 문장처럼 '…일지도 모르니'와 같은 표현은 por si를 이용하여 표현한다.

기본 예제

(1) a. 그곳에 비가 올지도 모르니 우산을 가져가라.

Llévate el paraguas por si llueve.

b. 그곳에 비가 왔을지도 모르니 장화를 가져가라.

Llévate las botas por si ha llovido por allí.

c. 그곳에 비가 왔을지도 몰라서 장화를 가져갔다.

Me llevé las botas por si había llovido por allí.

(2) a. 너의 부모님께서 일찍 도착하실 지도 모르니 서둘러라.

{Apresúrate/Date prisa} por si tus padres llegan antes.

b. 너의 부모님께서 벌써 도착하셨을 지도 모르니 서둘러라.

{Apresúrate/Date prisa} por si han llegado ya tus padres.

c. 부모님께서 벌써 도착하셨을 지도 몰라서 나는 서둘렀다.

Me di prisa por si habían llegado ya mis padres.

(3) a. 교수님이 너에게 질문하실 지 모르니 배운 것을 복습해라.

Repasa la lección por si el profesor te pregunta.

b. 교수님께서 나에게 질문하실 지도 몰라서 배운 것을 복습했다.

Repasé la lección por si el profesor me preguntaba.

(4) a. 네가 아무 것도 모를까봐 너에게 그것을 말해준다.

Te lo digo por si no sabes nada.

b. 그가 아무 것도 모르고 있을까봐 나는 그에게 그것을 말해주었다.

Se lo dije por si no sabía nada.

⑸ 그들이 그의 도움을 필요로 할지도 몰라 그는 병원으로 향했다.

Ha salido para el hospital por si necesitaban su ayuda.

⑹ {혹시나 해서/혹시 몰라서} 우리는 맥주를 좀 더 샀다.

Compramos más cerveza por si acaso.

⑺ 이것도 모자라 그들은 내 차도 훔쳐갔다.

Por si esto fuera poco, también me han robado el coche.

연습문제 A

1. 취직을 하면 아들에게 컴퓨터와 프린터를 사주겠다.

(*일자리를 얻다, 취직하다 encontrar/conseguir trabajo, 프린터 impresora)

2. 그녀를 만나면 그녀에게 사과하겠다.　　　(*사과하다, 용서를 구하다 pedir perdón)

3. 스페인어를 공부하면 일자리를 쉽게 구할 수 있을 것이다.

4. 나는 네가 치과에 가기 싫어하는 것을 이해는 한다. 그러나 치과에 가지 않으면 어금니가 더 아플 것이다.　　　(*어금니 muela, 치과 clínica dental, 치과 의사 dentista)

5. 식사 후에 졸리면 잠을 좀 자도록 해라. 운전 도중에 졸면 매우 위험하다.

(*졸다 dormitar)

6. 다른 도시에 사는 친구나 형제가 그립다면 너는 어떻게 하겠니?

7. 좀 더 예쁘게 보이고 싶으면 화장을 해라.　　　(*예쁘게 보이다 verse guapa)

8. 네 자식들 교육을 잘 시키고 싶다면 나는 너의 자식들이 뭔가를 잘못할 때 네가 야단을 쳐야만 한다고 생각한다.　　　(*무언가를 잘못하다 hacer algo mal)

9. 네가 그 영화를 보고 싶으면 이틀 전에 미리 표를 끊어야 한다.

(*표를 끊다 sacar la entrada, 미리 con antelación, con anticipación, 이틀 전에 미리 con dos días de antelación, 훨씬 이전에 con mucho tiempo de antelación)

10. 지하철로 가면 당신은 시내에 30분도 채 안되어 도착할 것입니다. 지하철은 가장 안전하고 빠른 교통수단입니다.

(*지하철 metro, 30분만에 en media hora, 30분도 안되어 en menos de media hora, 교통수단 medio de transporte)

11. 연습이 명장을 만든다는 말도 있듯이 네가 지금 보다 좀 더 노력하고 연습한다면 글을 더 잘 쓸 수 있을 것이다. (*명인, 명장 maestro)

12. 너의 스페인어 실력을 향상시키고 싶다면 유용한 표현들을 암기해라.

(*향상시키다 mejorar, 암기하다 memorizar, aprender de memoria, 유용한 útil)

13. 차를 이곳에 주차시키면 너에게 벌금을 부과할 것이다/ 딱지를 떼일 것이다.

(*벌금을 부과하다 multar, imponer una multa)

14. 매일 운동을 한다면 건강을 유지할 수 있을 것이고 허리도 아프지 않을 것이다.

(*운동하다 hacer ejercicio/gimnasia, 건강을 유지하다 estar en forma, mantenerse en forma, 허리 espalda)

15. 다시 거짓말을 하거나 나를 속이면 너를 혼내주겠다.

(*거짓말을 하다 mentir, 혼내주다, 벌주다 escarmentar, castigar)

16. 그녀의 부모님은 병들어 있어서 그녀가 공장에서 일하지 않으면 부모님을 부양할 수 없다.

17. 이번에 시험에 통과하지 못하면 친구들이 날 비웃을 것이다.

(*누구를 비웃다 burlarse de alguien)

18. 내가 만약 누가 그것을 가져갔는지 안다면 네게 말해 주겠지만 난 모른다.

19. 만약 내가 너라면 그에게 누가 그의 시계를 훔쳤는지 말해주겠다.

(*내가 너라면 si yo fuera tú, si yo estuviera en tu lugar, yo en tu lugar)

20. 네가 너라면 그녀와 헤어지겠다. (*헤어지다, 관계를 청산하다 romper con alguien)

21. 네가 나와 같은 상황에 처했었더라면 나와 똑같이 했을 것이다.

22. 그녀가 내 곁에 있다면 난 이 세상에서 가장 행복한 사람이 될 텐데.

(* …의 곁에 al lado de, 행복한 feliz)

23. 후안이 골을 넣었더라면 우리가 우승할 수 있었을 텐데.

(*우승하다 ganar el campeonato)

24. 모짜르트는 가장 훌륭한 작곡가 중의 한 사람으로 여겨진다. 그가 만약 요절하지만 않았더라면 좀 더 많은 작품을 남겼을 것이다.

(*작곡가 compositor, 요절하다 morir joven)

25. 창문을 열어 놓고 자지만 않았더라도 감기에 걸리지 않았을 텐데.

(*창문을 열어둔 채 con las ventanas abiertas)

26. 팔짱을 낀 채 걷지만 않았어도 빙판 위에 미끄러지지 않았을 텐데.

(*팔짱을 낀 채 con los brazos cruzados, 빙판 calle helada, tierra helada, hielo de una calle)

27. 문을 닫고 잤더라면 모기에게 물리지 않았을 텐데.　　(*모기가 물다 picar)

28. 짙은 안개만 아니었다면 충돌은 모면할 수 있었을 것이다.

29. 내 친구는 교통사고로 목숨을 잃었다. 만약 그가 안전벨트를 착용했더라면 목숨을 구할 수도 있었을 것이다.

(*안전벨트를 착용하다 abrocharse el cinturón de seguridad, 목숨을 구하다 salvarse la vida)

30. 내 말만 들었더라도 그는 사고를 당하지 않았을 텐데.

31. 교통사고만 당하지 않았더라도 까를로스는 올림픽에 출전할 수 있었을 것이다.　　(*올림픽 juegos olímpicos)

32. 그가 그 기회를 이용했었더라면 상황은 달라졌을 텐데.　　(*이용하다 aprovechar)

33. 내가 멕시코에서 태어났더라면 너 보다 스페인어를 잘 할 텐데.

34. 마드리드에 도착하면 추울지도 모르니 외투를 가져가라.

35. 마드리드에 도착하면 추울지 몰라서 나는 외투를 가져갔다.

36. 할아버지께서 전화하실 지도 모르기 때문에 집에 있겠다.

37. 뻬드로가 전화할 지도 몰라서 나는 오후 내내 집에 있었다.

38. 수업시간에 교수님께서 질문하실 지도 모르니 수업 준비를 잘 해라.

39. 수업시간에 교수님께서 질문하실 지도 몰라서 수업 준비를 잘 했다.

40. 교수님께서 시험을 앞당길지도 모르니 이번 주말에 공부를 할 예정이다.

(*앞당기다 adelantar)

41. 아이가 서류를 만질 지도 모르니 열쇠로 서랍을 모두 잠그도록 해라.

(*잠그다 cerrar con llave)

42. 그가 집에 있을지도 모르니 전화해봐라.

43. 나는 네가 집에 없을까봐 네게 전화하지 않았다.

44. 아버지께서 늦게 오실 지도 모르니 문을 열어두어라.

45. 아버지께서 늦게 돌아오실 지도 몰라서 문을 열어두었다.

46. 국가 경제가 악화되면 실업과 범죄가 증가할 것이다. 따라서 경제 위기를 해결하기 위해 정부와 정당들이 함께 일을 해야만 할 것이다.　　(*악화되다 empeorar)

연습문제 B

1. 주어진 형태를 이용하여 자유롭게 작문해 보시오.

① Si + 직설법 현재, …

② Si + 접속법 과거, …

③ Si + 접속법 과거 완료, …

④ Si yo estuviera en su lugar, …

⑤ Si yo hubiera estado en su situación, …

⑥ Compra más bebidas por si …

⑦ Compré más bebidas por si …

⑧ No he traído el libro por si …

2. 다음 글을 참조로 하여 한국을 소개하는 글을 몇 줄 적어 보시오.

La Argentina tiene 36 millones de habitantes. Casi 8 millones residen en Buenos Aires, la capital, que está situada en la cuenca del río de la Plata. El Aconcagua es la montaña más alta de América del Sur. En las llanuras de las Pampas se cría ganado para exportar carne de buena calidad. Este país perdió las Islas Malvinas en la guerra contra Inglaterra pero las considera propias. El idioma oficial del país es el español, pero también se hablan el arauaco, el guaraní y el quechua.

La república de Chile tiene casi 15 millones de habitantes; 5 millones viven en su capital, Santiago. El país se encuentra entre el Océano Pacífico y los Andes, donde las montañas llegan a más de 6 mil metros de altura. Chile produce gran cantidad de pescado, frutas y vinos. También exporta mucha cantidad de cobre.

Uruguay es el segundo país más pequeño de América del Sur, después de Surinam. En este país viven más de 3 millones de personas y casi la mitad de ellas viven en Motevideo, la capital. No hay montañas altas. Su clima es templado. Este país produce textiles de alta ca- lidad, lanas y cueros.

20 양보의 표현

• *No por mucho comer, se vive más.*

'비록 …이지만', '…임에도 불구하고'와 같은 양보의 의미를 표현하기 위해서는 가장 대표적으로 aunque + ind./subj.를 사용한다. 그리고 이외에도 a pesar de que, pese a que + ind./subj.를 사용하기도 한다. a pesar de, pese a 뒤에는 명사 혹은 동사 원형도 올 수 있다. 이미 경험하였거나 알려진 사실이면 직설법을 사용하고 아직 확인해보지 않은 것을 지시하는 경우에는 접속법을 사용한다(cf. 기본예제 ⑴, ⑵, ⑶ 참조). aunque는 문장의 맨 앞에 올 수도 있고 문장 중간에 올 수도 있다.

기본 예제

⑴ a. 비록 그는 공부를 많이 하지만 성적이 좋지 못하다.

   Aunque estudia mucho, no saca buenas notas.

   b. 비록 공부를 많이 한다하더라도 좋은 학점을 따지는 못할 것이다.

   Aunque estudie mucho, no sacará buenas notas.

⑵ a. 그는 식사를 매우 많이 함에도 불구하고 살이 찌지 않는다.

   A pesar de que come muchísimo, no engorda.

   A pesar de comer muchísimo, no engorda.

   b. 그가 식사를 많이 한다하더라도 살은 찌지 않을 것이다.

   A pesar de que coma mucho, no engordará.

⑶ a. 나는 그녀에게 무릎 꿇고 빌었지만 그녀는 나를 용서하지 않았다.

　　Aunque le pedí perdón de rodillas, ella no me perdonó.

　b. 설령 그가 너에게 무릎 꿇고 그것을 요청한다 하더라도 그에게 속지 마라.

　　Aunque te lo pida de rodillas, no te dejes engañar {por/de} él.

⑷ 비록 그의 병이 고통스럽지만 그는 불평 한 번 하는 적이 없다.

　Aunque su enfermedad es dolorosa, nunca se queja.

⑸ 북한과의 정상회담 발표에도 불구하고 야당이 총선에서 승리하였다.

　La oposición ha triunfado en las elecciones generales pese al anuncio de la
　cumbre con Corea del Norte.

⑹ 네가 나에게 아부를 한다 하더라도 너에게 오토바이를 빌려주지 않겠다.

　Aunque me {hagas la pelota/adueles/halagues}, no te voy a dejar la moto.

⑺ 선생님은 학생들이 듣지도 않는데도 잔소리하는 것을 그만두시지 않는다.

　El profesor no deja de sermonear a los alumnos aunque no le hacen caso.

⑻ 설령 더 예쁜 여자를 만났었다 하더라도 마찬가지로 아내와 결혼했을 것이다.

　Aunque me hubiera encontrado con una mujer más guapa, me habría casado
　igualmente con mi mujer.

○ 유의사항

　　aunque를 이용하여 작문을 할 때 학생들은 aunque 뒤에 동사 원형을 그대로 적는 실수
를 종종 범한다. 가령, *Aunque ser guapa, no tiene novio와 같이 적는 경우이다. aunque
는 시제절을 이끄는 종속 접속사이므로 aunque 뒤에는 동사의 시제형(직설법 현재/과거/과
거 완료, 접속법 현재/과거/과거 완료)만이 올 수 있다는 사실을 명심하도록 하자.

연습문제 A

1. 이 선풍기가 마음에 무척 들지만 너무 비싸서 사지 않겠다.   (*선풍기 ventilador)

2. 그녀는 비록 여자 친구가 많긴 하지만 가끔씩 외롭다.   (*외롭다 sentirse solo)

3. 나는 실패를 되풀이하지 않기 위해 전에 보다 일을 더 많이 했지만 다시 실패하고 말았다.

4. 언니가 인형을 되돌려주었음에도 불구하고 동생은 울음을 그치지 않았다.

5. 재계약을 해줄 것으로 생각되지만 난 여전히 불안하다.

   (*재계약하다 renovar el contrato, 불안하다 no estar tranquilo)

6. 비록 그는 가난하지만 처신을 올바르기 때문에 동료들로부터 존경을 받을만한 자격이 있다. (*착하게 행동하다 comportarse bien, ⋯할 만하다, 할 만한 자격이 된다 merecer)

7. 그녀는 매우 피곤했지만 그 노인에게 자리를 양보했고 노인은 그녀에게 감사의 표시를 했다. 내가 보기에 노인을 공경하는 것은 좋은 풍속이다.

   (*양보하다 ceder, 자리 asiento)

8. 비록 노래 잘 하는 것은 인정하지만 난 그 가수가 맘에 들지 않는다.

9. 비록 별일 아닌 것 가지고 가끔씩 말다툼하기도 하지만 그들은 매우 좋은 친구지간이다.   (*별일 아닌 것 가지고, 사소한 일로 por cualquier tontería, 말다툼하다, 논쟁하다 discutir)

10. 나는 비록 10층에 살지만 엘리베이터를 타는 대신에 건강을 위해 항상 계단을 오른다.   (*건강하게 지내다 estar en forma, mantenerse en forma)

11. 연세가 많지만 그들은 계속 일할 권리가 있다.   (*⋯할 권리가 있는 tener derecho a)

12. 그는 현금을 가지고 있음에도 불구하고 신용카드로 지불하려 한다.

    (*현금 dinero en efectivo, 신용카드 tarjeta de crédito, 현금으로 지불하다 pagar en efectivo, pagar al contado, 신용카드로 지불하다 pagar con tarjeta)

13. 비록 매우 늦었지만 우리는 일을 마치기 전에는 집에 돌아갈 수 없어.

14. 그는 비록 낙제를 했지만 용기를 잃지 않았다.   (*용기를 잃다 desanimarse)

15. 핸들을 왼쪽으로 돌렸음에도 불구하고 나는 충돌을 피하지 못했다.

    (*돌리다 girar, 핸들 m. volante, 왼쪽으로 hacia la izquierda, 충돌 choque)

16. 난방을 틀었음에도 불구하고 난 여전히 춥다.(*여전히, 계속 ⋯하다 seguir + 현재 분사)

17. 우리가 매우 늦게 도착했음에도 불구하고 수위아저씨는 우리를 들여보내
    주었다.   (*들여보내 주다, 통과시켜주다 dejar pasar a alguien)

18. 우리 선생님은 매우 상냥하셔서 설령 우리가 지각을 한다 해도 화를 내지 않
    을 것이다.

19. 해가 나더라도 수영하지 마라. 아직 물이 차다.   (*해가 나다 salir el sol)

20. 해는 났지만 물은 아직 차가웠다.

21. 비록 그녀가 나를 험담하지만 나는 그녀에 대해 절대 험담을 하지 않는다.

22. 비록 그녀가 나를 험담한다 하더라도 나는 절대 그녀를 험담하지 않을 것
    이다.

23. 그들을 감옥에 집어넣는다 하더라도 그들은 누가 그것을 했는지 자백하지 않
    을 것이다.
    (*감옥에 보내다 mandar a alguien a la cárcel, meter a alguien en la cárcel, encarcelar a alguien)

24. 내일 안개가 끼인다 하더라도 우리는 시합을 취소하지 않을 것이다.
                                    (*취소하다 cancelar, 경기, 시합 partido)

25. 국민들이 매우 실망을 하고 있음에도 불구하고 정치인들은 계속 서로 싸우기
    만 한다. 나는 우리나라의 미래가 무척 걱정스럽다.   (*실망한 decepcionado)

26. 대통령 측근들의 비리에도 불구하고 대다수의 국민들은 계속 대통령에게 지
    지를 보낼 것이다.   (*…의 측근들 allegados de, personas cercanas a …)

27. 내일 눈이 온다하더라도 나는 자전거로 출근할 것이다.   (*출근하다 ir al trabajo)

연습문제 B

1. 다음에 주어진 표현을 이용하여 자유롭게 작문해 보시오.

　① Aunque + 직설법 현재, …

　② Aunque + 접속법 현재, …

　③ Aunque + 직설법 과거, …

　④ A pesar de + inf., …

　⑤ A pesar de + 명사, …

2. Usted va a salir de su oficina para tomar un café. Escriba una nota a su compa-ñero o compañera y dígale que espere porque usted va a volver enseguida.

스페인의 古都 똘레도(Toledo)

21 부정의 표현 및 부정 어휘 (palabras negativas)를 이용한 표현

● *A grandes males, grandes remedios.*

1. 스페인어의 부정은 동사 앞에 no만 놓으면 문장이 긍정문에서 부정문으로 바뀐다. 단, 전체가 아닌 부분 부정의 경우에는 부정하고자 하는 요소 바로 앞에 no를 놓는다(cf. 기본 예제 ⑵, ⑶ 참조).

기본 예제

⑴ 후안은 어제 오지 않았다
Juan no vino ayer.

⑵ 모든 사람이 다 운전할 줄 아는 것은 아니다.
No todos saben conducir.

⑶ 바르셀로나 팀이 유럽 최고의 팀임에는 의심의 여지가 없지만 그렇다고 항상 이기는 것은 아니다.
No cabe duda de que el Barcelona es el mejor equipo de Europa pero no siempre gana.

2. 부정의 의미를 지닌 어휘는 nada, nadie, ninguno, nunca, jamás, tampoco, en mi vida, apenas, ni 등이다. 부정어 사용에 있어 다음 두 가지를 유의할 필요가 있다. 첫째, nadie가 타동사의 목적어로 출현할 때는 전치사 a를 사용해야 한다. 그러나 haber 동사의 목적어일 때는 a를 사용하지 않는다(cf. 기본 예제 ⑴, ⑵ 참조). 둘째, nada가 동사의 주어나 목적어로 쓰이는 경우 외에도 부사로 사

용되어 '전혀/하나도 …하지 않다'(not at all)의 뜻을 전달한다(cf. 기본 예제 (3)~(8) 참조).

기본 예제

(1) 나는 아무도 보지 않았다.

No ha visto a nadie / A nadie he visto.

(2) 이곳에는 아무도 없다.

No hay nadie por aquí.

(3) 후안은 일을 전혀 안 한다.

Juan no trabaja nada.

(4) 나는 사흘 전부터 잠을 전혀 못 자고 있다.

No duermo nada desde hace tres días.

(5) 이 소파는 전혀 편하지가 않다.

Este sofá no es nada cómodo.

(6) 제가 전혀 사교적이지 못하다는 것을 잘 알고 계시잖아요.

Ya sabes que no soy nada sociable.

(7) 학점은 전혀 중요하지가 않다.

La nota no es nada importante.

(8) 그 장군은 인간미라고는 전혀 없는 사람이다.

El general es una persona nada humana.

3. ninguno는 '…중에/가운데 어느 누구도'라는 뜻으로 nadie와 달리 어떤 특정 집단 가운데서 어떤 구성원도 …을 하지 않는다는 뜻을 전달한다(valor partitivo). ninguno가 형용사의 기능을 수행하는 경우는 남성 명사 앞에서 -o가 탈락되고(ningún libro) 여성명사 앞에서는 -a(ninguna palabra)로 바뀐다.

기본 예제

⑴ 학생들 중 그 어느 누구도 일본어를 할 줄 모른다.

　Ninguno de los alumnos sabe hablar japonés.

　No sabe hablar japonés ninguno de los alumnos.

⑵ 나는 영국인 친구가 한 명도 없다.

　No tengo ningún amigo inglés.

⑶ 그는 청춘을 공부하면서 보냈기 때문에 인생 경험이 전혀 없다.

　Se ha pasado la juventud estudiando y no tiene ninguna experiencia de la vida.

4. ni (neither, nor)는 y의 반대 개념으로서 '…도 …도 …않다'와 같은 표현을 할 때 사용된다. 다른 부정어와 마찬가지로 동사 뒤에 출현하는 경우 동사 앞에 부정어 no가 와야 한다. 그리고 ni는 어떠한 유형의 요소(명사, 동사, 부사, 형용사, 문장 등)도 연결시킬 수 있다. '…조차도 …않다'와 같은 의미를 나타내고자 하는 경우 혹은 부정을 강조하는 경우에도 ni를 사용한다(cf. 기본 예제 ⑷, ⑸ 참조).

기본 예제

⑴ 너도 나도 그것을 모른다.

　Ni tú ni yo lo sabemos / No lo sabemos ni tú ni yo.

　(cf. Neither you nor I know it)

⑵ 마리아는 공부도 일도 하지 않는다. 이대로 가면 아무 것도 이루지 못할거야.

　María no estudia ni trabaja. Si sigue así, no logrará nada.

⑶ 그 불쌍한 사람은 듣지도 보지도 못한다.

　El pobre no oye ni ve.

⑷ 나는 돈이 한 푼도 안 남았다.

　No me queda ni un duro.

⑸ 전혀 모르겠다.

No tengo ni idea.

⑹ 그는 잠시도 조국을 잊어본 적이 없다.

Nunca ha olvidado ni un rato su patria.

5. '…하지 않고 (…하다)', '…함이 없이 (…하다)'와 같은 표현을 스페인어로 옮길 때는 주로 'sin + 동사 원형'을 이용해서 작문하면 된다. '…없이'의 경우는 'sin + 명사'를 이용해서 작문하면 된다.

기본 예제

⑴ 그는 악보를 쳐다보지 않고 피아노를 칠 줄 안다.

Sabe tocar el piano sin mirar la partitura.

⑵ 일을 많이 하지 않고 돈을 버는 것은 불가능하다.

Es imposible ganar dinero sin trabajar mucho.

⑶ 나는 너의 도움 없이는 일을 마칠 수가 없다.

No puedo terminar el trabajo sin tu ayuda.

⑷ 저 변호사는 아무 경험도 없는 철이 덜 든 사람이다.

Aquel abogado es un inmaduro, sin ninguna experiencia.

⑸ 내 친구들은 매일 술 마시러 가지 않고서는 못 배긴다.

Mis amigos no pueden vivir sin irse de copas cada día.

6. '…이 아니라 …이다'의 표현은 no … sino, no …sino que를 사용하면 된다. no … sino que의 경우는 두 번째 부분이 시제 동사로 표현된 경우에 사용한다.

기본 예제

⑴ 나는 위가 아픈 것이 아니라 배가 아프다.

No me duele el estómago sino el vientre.

⑵ 쁘라도 미술관은 바르셀로나가 아니라 마드리드에 있다.

El Museo del Prado no está en Barcelona sino en Madrid.

⑶ 이 분은 제 남편이 아니라 형부입니다.

Este señor no es mi marido sino mi cuñado.

⑷ 나는 지금 고기를 먹고 있는 것이 아니라 생선을 먹고 있습니다.

No estoy comiendo carne, sino pescado.

⑸ 후안은 파티에 가지 않고 집에 남아 텔레비전을 보았다.

Juan no fue a la fiesta sino que se quedó en casa viendo la televisión.

⑹ 결혼할거라는 것을 그가 직접 내게 말한 것이 아니라 우연히 내가 알게 되었다.

No me contó él mismo que se iba a casar, sino que me enteré por casualidad.

7. 부정 명령은 접속법을 사용한다.

기본 예제

⑴ 너무 건방지게 굴지 말고 다른 사람들을 좀 존중하도록 해라.

No seas tan arrogante y respeta un poco a los demás.

⑵ 아이가 잠들어 있으니 TV를 켜지 마라.

No {pongas/enciendas} la televisión porque el niño está dormido.

⑶ 더운물이 안나오니 너희들 지금 샤워하지 마라.

Como no hay agua caliente, no os duchéis ahora.

⑷ 그런 눈으로 절 쳐다보지 마세요.

No me mire así.

⑸ 그러지 마!

¡No te pongas así!

⑹ 돈에 현혹되지 마라.

¡No te deslumbres por el dinero!

⑺ 혹시 모르니 집에서 나가지 마라.

Por si acaso, no salgas de casa.

연습문제 A

1. 그의 눈을 뚫어지게 쳐다보지 마라. 계속 그렇게 쳐다보면 아마도 너에게 화를 낼지도 모른다.   (*눈을 뚫어지게 보다 mirarle fijamente a los ojos)

2. 난 외국 여행을 할 기회를 가져본 적이 전혀 없다.   (*…할 기회 oportunidad de inf)

3. 모든 친구들이 다 그를 위로하러 온 것은 아니다.   (*위로하다 consolar)

4. 그가 착한 사람이긴 하지만 항상 착한 행동을 하는 것은 아니다.

5. 누구도 후안만큼 책을 많이 읽지 않는다.

6. 배가 너무 고프지만 냉장고에는 아무 것도 없다. 어떻게 해야 할지 모르겠다.

7. 난 이 도시에서 아는 사람이 없어서 가끔 외롭다.

8. 불가능한 것은 없다. 그러니 최선을 다해라.

9. 아무도 동의하지 않는다는 것을 알고 있음에도 불구하고 난 내 생각을 피력하고 싶다.   (*동의하다 estar de acuerdo, 피력하다, 표현하다 expresar)

10. 여기서 내가 할 수 있는 일이 하나도 없으므로 난 떠나겠다.

11. 그를 만난 지가 오래 되어서 나는 그에 대해서는 아무 것도 모른다.

12. 나는 방금 미국에서 돌아왔기 때문에 이 사건에 대해선 아무 것도 모른다.   (*사건 m. incidente, 방금 …하다 acabar de inf.)

13. 이 책은 내게 아무짝에도 쓸모가 없다.   (*…에 도움이 되는 servir a alguien para…)

14. 나는 네가 왜 이 물건들을 보관하고 있는지 이해를 못하겠다. 아무짝에도 쓸모 없는 것들이야.

15. 그는 그 어떤 것도 포기할 용의가 없다.   (*…할 용의가 있는 estar dispuesto a, 포기하다 renunciar (a))

16. 이 외투는 전혀 비싸지가 않습니다. 그러니 값을 깎으려 들지 마십시오.   (*값을 깎다 regatear)

17. 그의 사고방식이 전혀 마음에 들지 않는다.   (*사고방식 modo de pensar)

18. 그 영화는 하나도 재미가 없어서 나는 매우 지겨웠다.

19. 누구도 치과에 가는 것을 좋아하지 않는다.   (*치과에 가다 ir al dentista)

20. 우리들 중 어느 누구도 너에게 불만이 없다.

21. 그녀는 스페인어를 너무 잘 구사하기 때문에 그들 중 어느 누구도 그녀가 외국인이라는 것을 알지 못한다.

22. 나는 돈도 권력도 빽도 없다. (*빽 enchufe)

23. 비록 할머니께서는 글을 읽을 줄도 쓸 줄도 모르시지만 많이 아신다.

24. 그녀는 오늘도 내일도 오지 않을 것이다.

25. 그들은 일주일 전부터 전기도 물도 없이 계속 고립되어 있다. (*고립된 aislado)

26. 아무도 그에게 신경을 써주지 않았기에 그는 인사도 없이 가버렸다.

(*가버리다 irse, marcharse)

27. 내 친구는 신호등을 쳐다보지 않고 길을 건너다가 사고를 당했다.

28. 나는 아무 것도 하지 않고 시간을 보내는 것을 좋아하지 않는다.

(*시간을 보내다 pasar(se) el tiempo)

29. 나는 한국 사람들과 스페인 사람들은 공통점이 많다고 생각한다. 예를 들자면, 교통 신호를 잘 지키지 않으며 지각하는 것에 대해서도 별로 개의치 않는다.

(*공통점이 많은 tener mucho en común, 교통 신호를 준수하다 respetar las señales de tráfico)

30. 누구도 물을 마시지 않고 살아갈 수는 없다.

31. 불을 켜 놓은 채 잠을 자는 바람에 나는 엄마에게 꾸지람을 들었다.

(*불을 켜둔 채로 con la luz encendida)

32. 나는 잠자지 않고 밤새워 공부해서 시험을 통과하였다.

33. 어젯밤 나는 너무 피곤했기 때문에 샤워를 하지 않고 취침했다.

34. 그들은 서로를 깊이 알지 못한 채 결혼했고 결혼한 지 2년 후에 이혼했다.

(*깊이 알다 conocerse en profundidad, conocerse a fondo)

35. 나는 종업원이 아니라 사장입니다. (*종업원 empleado,a)

36. 보도(步道)는 차들을 위한 것이 아니라 보행자들을 위한 것입니다.

(*보도 acera, 보행자 peatón)

37. 나는 열쇠를 집에 둔 것이 아니라 차에 두었다.

38. 그 의사는 집으로 곧장 가지 않고 병원으로 갔다. (*곧장 directamente)

39. 어머니께 말대꾸하지 말고 좀 착하게 굴어라. (*말대꾸하다 contestar)

40. 이 모든 것에 대해 단 한마디도 말하지 마라.

41. 더 이상 알려고 하지 마라.

42. 할머니께서 몹시 편찮으시니 혼자 두지 마라.

43. 정원에서 맨 발로 다니지 마라.

44. 김 선생은 운동을 매우 좋아해서 운동을 하지 않고 지나가는 날이 단 하루도 없다.

45. 뻬드로는 매우 이기적이다. 자기가 원하는 것을 갖지 않고서는 살 수 없다.

46. 그는 매우 이기적인 사람이어서 내 생각엔 그가 너의 사랑을 받을만한 자격이 못된다.

47. 크리스티나는 아르헨티나 여자이며 나이는 40세이다. 그녀의 직업은 교사이며 주말에는 부에노스 아이레스에서 관광 가이드로 일한다. 2년 전 이혼을 해서 지금은 남편 없이 아이 셋을 키우고 있다. 그녀의 자식들은 그녀의 유일한 희망이고 따라서 그녀는 자식들을 잘 가르치기 위해 하루 10시간 이상을 일한다. (*관광 가이드 m.f. guía de turismo, 키우다, 양육하다 criar)

연습문제 B

1. 주어진 어휘나 표현을 이용하여 문장을 만들어 보시오.

① nada

② nadie

③ ni

④ tampoco

⑤ sin

⑥ no siempre

⑦ siempre no

⑧ ningún

⑨ ninguno

⑩ no … sino

2. Usted ha ido a visitar a un amigo o una amiga, pero éste/a no estaba en casa. Déjele una nota y recuérdele también que han quedado para almorzar juntos mañana.

22 재귀 동사를 이용한 구문

• *No siempre es oro todo lo que reluce.*

재귀 동사는 대부분 타동사에다 재귀대명사(me, te, se, nos os, se)를 붙여서 만든다. 가령 타동사 despertar '누구를 깨우다'에 재귀대명사 se를 합치면 despertarse가 되고 뜻은 '깨어나다'라는 뜻이 된다. 다시 말하면 Juan se despierta는 Juan despierta a Juan으로 풀이할 수 있는데 주어 Juan이 실행한 행동 despertar의 대상인 목적어가 주어 Juan 자신에게로 다시 되돌아가는 것을 의미한다. 즉, Juan lo despierta와 Juan se despierta에서 lo와 se는 의미만 서로 다를 뿐 문장 내에서 수행하는 문법적 기능은 동일하다.

1. 재귀대명사의 위치

동사가 현재, 과거, 미래와 같이 명확한 시제 형태로 되어있는 경우에는 재귀대명사는 동사의 목적어임에도 불구하고 반드시 동사의 앞에 온다(cf. 기본 예제 ⑴, ⑵ 참조). 반대로 동사가 시제 변화를 겪지 않는 경우 즉, 동사 원형, 명령형, 현재 분사인 경우에는 동사 뒤에 바로 붙여 쓴다(cf. 기본 예제 ⑶~⑸ 참조). 아래 예문 ⑸에서 볼 수 있듯이 재귀대명사의 첨가로 인해 강세 위치의 변화가 초래되는 경우에는 이를 방지하기 위해 강세 표시를 동사의 원래 강세 위치에 표시한다는 것을 유의하기 바란다.

기본 예제

⑴ 그는 오전 여섯 시에 깨어났다.

Se despertó a las seis de la mañana.

⑵ 너무 피곤해서 매우 늦게 일어났다.

Estaba tan cansado que me levanté muy tarde.

⑶ 나는 내일 아주 일찍 일어나야만 한다.

Mañana tengo que levantarme muy temprano.

⑷ 후안은 식사를 하기 전에 손을 씻으려 하지 않는다.

Juan no quiere lavarse las manos antes de comer.

⑸ 머리 좀 빗어라.

Péinate.

2. 재귀 동사의 종류

가. 타동사에 재귀대명사를 붙이는 경우는 '…을 시키다'/'…하게 하다'에서 '…
을 한다'의 개념으로 전환된다.

기본 예제

⑴ a. 후안은 아이를 10시에 재운다.

Juan acuesta a su bebé a las diez.

b. 후안은 10시에 잠자리에 든다.

Juan se acuesta a las diez.

⑵ a. 그녀 부모님은 그녀의 아름다움이 시들어버리기 전에 그녀를 결혼시키
기로 하였다.

Sus padres decidieron casarla antes de que se le marchitara la belleza.

b. 마리아는 20살에 그와 결혼했다.

María se casó con él a los 20 años.

⑶ a. 그는 나를 의자에 앉혔다.

Me ha sentado en la silla.

b. 나는 의자에 앉았다.

Me he sentado en la silla.

* 그 외의 동사들: acercar, afeitar, alegrar, bañar, detener, enamorar, levantar, lavar, llamar, peinar, reunir,
vestir, divertir, etc.

나. 재귀대명사 외에 직접 목적어 출현을 요구하는 경우

재귀대명사의 출현만으로는 완전한 문장이 되기 어려운 경우를 말한다. 이와 같은 경우는 재귀대명사 외에 직접목적어의 출현을 필요로 한다. 따라서 앞의 '가'의 경우에는 재귀대명사가 직접목적어로 기능하는 반면에 이번에는 재귀대명사가 간접목적어의 역할을 한다는 것을 인식해야 한다.

기본 예제

(1) Juan se afeita. ↔ Juan se afeita el bigote.

(2) Juan se lava. ↔ Juan se lava las manos.

(3) María se pinta/se maquilla. ↔ María se pinta las uñas.

○ 유의사항

위의 예에서 보듯이 자기 신체의 일부(수염, 손, 손톱, 얼굴 등)나 입고 있는 옷을 지칭하는 명사 앞에는 소유사를 사용하지 않고 정관사를 사용하는 것이 일반적이다. 그 이유는 가령 Yo me lavo las manos의 경우 간접목적어 역할을 하는 재귀대명사 me가 las manos의 소유주가 1인칭 단수(yo)임을 보여주고 있기 때문이다. 단, 자기가 자기 신체에 직접 가하는 행위라 할지라도 자율신경에 의한 행위를 가리키는 경우에는 재귀사를 사용하지 않는다. 가령, 얼굴을 씻는 경우는 양손을 사용하는 것이므로 재귀사를 사용하지만 눈을 감고 뜨는 행위, 팔이나 다리를 들고 내리는 행위는 재귀사를 사용하지 않는다(cf. 기본 예제 (6)~(9) 참조).

기본 예제

(1) 나는 분수에 손을 적셨다.

Me mojé las manos en la fuente.

(2) 우리는 타월로 손을 닦았다.

Nos secamos las manos con la toalla.

(3) 리디아는 머리를 노랗게 염색했다.

Lydia se tiñó de rubio el pelo.

(4) 아이들이 자신들의 옷을 더럽혔다.

　　Los niños se ensucian la ropa.

(5) 그는 졸지 않기 위해 뺨을 꼬집었다.

　　Se pellizcó las mejillas para no dormitar.

(6) 나는 무서워 눈을 감았다.

　　Cerré los ojos por el miedo.

(7) 눈을 떠라.

　　Abre los ojos.

(8) 정답을 아는 사람은 손을 드세요.

　　Levante la mano el que sepa la respuesta correcta.

(9) 다리를 들지 마세요.

　　No levante la pierna.

○ **유의사항**

　vestirse와 ponerse는 둘 다 옷을 입다라는 뜻이 있지만 전자의 경우는 뒤에 옷을 가리키는 명사를 필요로 하지 않는다. 반면에 후자의 경우는 목적어를 필요로 한다. 단, 전자의 경우는 형용사, 전치사구 등이 올 수 있다.

기본 예제

(1) 그는 옷을 입었다.

　　Se vistió. /*Se vistió la chaqueta.

(2) 그는 재킷을 입었다.

　　*Se puso. /Se puso la chaqueta.

(3) 아침에 먼저 딸 아이 옷을 입혀주고 그 뒤에 내가 옷을 입는다.

　　Por las mañanas, primero visto a mi hija y después me visto.

(4) 그녀는 옷을 우아하게 입고 다닌다.

　　Va vestida elegante.

(5) 나는 긴 팔 셔츠, 바지, 부츠를 신었다.

　　Me vestí con camiseta de manga larga, pantalón y botas.

(6) 마리아는 흰 비단 블라우스와 몸에 착 달라붙는 청바지를 입고 나를 향해 왔다.

　　María vino hacia mí vestida con la blusa blanca de seda y los vaqueros ceñidos.

다. 항상 재귀형으로만 쓰이는 동사

　몇몇 동사들은 항상 재귀대명사의 출현을 요구한다. 이때 재귀사는 아무런 의미를 지니고 있지는 않다. 이런 재귀사를 선천적 재귀사(reflexivo inherente)라 부른다: acordarse (de,) arrepentirse (de), atreverse (a,) suicidarse, jactarse (de), quejarse (de), burlarse (de), reírse (de), (com)portarse …

기본 예제

(1) 까르멘은 그를 비웃었다.

　　Carmen se rió de él. / Carmen se burló de él.

(2) 난 그것을 그에게 함부로 말할 엄두가 나지 않는다.

　　No me atrevo a decírselo.

(3) 난 그의 이름이 생각나지 않는다.

　　No me acuerdo de tu nombre.

(4) 뻬드로는 사장에게 불만이 많다. 왜냐하면 지난 달 자신의 동료 중 몇 명을 해고했기 때문이다.

　　Pedro se queja mucho del jefe, porque despidió a algunos de sus compañeros el mes pasado.

라. ir, venir, llegar, beber, comer와 같은 동사는 재귀사와 같이 사용될 수 있는데 강조적인 의미로 사용된다. 따라서 이들 재귀사를 강조 재귀사(reflexivo enfático)라고 부른다. 재귀사가 출현하든 아니하든 문법적으로는 문제가 없으나 출현 유무에 따라 미묘한 의미적 혹은 뉘앙스 차이가 발생한다.

기본 예제

⑴ a. 후안은 미국에 갔다.

　　Juan fue a EEUU.

　b. 후안은 미국으로 가버렸다.

　　Juan se fue a EEUU.

⑵ a. 까르멘이 후식을 먹었다.

　　María comió el postre.

　b. 까르멘이 후식을 먹어버렸다/먹어치웠다.

　　Carmen se comió el postre.

연습문제　A

1. 너의 질병이 심한 것은 아니지만 몸조심해야 한다.

2. 자명종이 울리자 그는 잠을 깨기 위해 양 볼을 꼬집었다.

(*꼬집다 pellizcar, 볼, 뺨 mejilla)

3. 엄마는 나를 깨우기 위해 나의 양 볼을 꼬집었다.

4. 양치질 한 후에 미지근한 물로 입을 잘 헹구어라.

(*헹구다 enjuagarse la boca, 미지근한 물 agua tibia, 칫솔 cepillo dental, 치약 pasta dental)

5. 충치를 예방하기 위해서는 하루에 세 번 양치질하는 것이 필요하다.

(*충치 f. pl. caries)

6. 수프를 먹고 난 후 그녀는 냅킨으로 입술을 닦았다.　　　　(*냅킨 servilleta)

7. 이 손수건으로 코를 닦아라.　　　　　　　　　　　　　　(*콧물 moco)

8. 목욕 후에 나는 타월로 몸을 닦았다.　　　　　　(*닦다, 물기를 훔치다 secar)

9. 그녀는 그보다 키가 약간 컸기 때문에 그에게 키스할 때 몸을 약간 구부렸다.

(*몸을 구부리다 inclinarse)

10. 식사 후에 곧바로 눕지 마라.　　　　　　　　(*눕다 tumbarse, tenderse)

11. 피곤하면 소파에 잠시 기대거나 침대에 누워라.　　　　　(*몸을 기대다 recostarse)

12. 너는 티셔츠를 뒤집어 입었다.　　　　(*뒤집어, 거꾸로 입다 ponerse algo al revés)

13. 추우면 스웨터 위에 외투를 걸쳐 입어라.　　　　　(*스웨터 suéter, jersey)

14. 후안은 외투를 벗어서 자기 딸에게 입혀주었다.

15. 빠블로는 안전벨트를 맨 후 자기 딸에게도 안전벨트를 매어주었다.

　　　　　(*안전벨트를 매다 ponerse/abrocharse el cinturón de seguridad)

16. 사고 당하고 싶지 않으면 오토바이를 타고 갈 때는 헬멧 쓰는 것 잊지 마라.

　　　　　(*사고를 당하다 tener accidente, 헬멧 casco)

17. 때가 많이 묻어 있어서 바지를 입을 수가 없다. 옷 갈아입으러 가야겠다.

　　(*때, 먼지투성이의, 때가 많이 묻은 estar lleno de manchas, 옷 갈아입다 cambiarse (de ropa), 새 옷으로 갈아입다 cambiarse (de ropa nueva))

18. 무서운 광경을 보지 않기 위해 그녀는 손으로 눈을 가렸다.

　　　　　(*가리다 taparse, 광경 espectáculo)

19. 집에 도착하자마자 먼저 손 씻는 것을 잊지 말도록 해라.

20. 어머니는 빙판 길에서 넘어지시는 바람에 다리 하나가 부러졌다.

　　　　　(*빙판 calle helada, tierra helada, hielo de una calle)

21. 버스에 올라타다가 손가락이 문틈에 끼었다.　　(*…에 끼다 pillarse + 신체 일부 + con)

22. 조카가 끓는 물에 손을 데어서 나는 조카를 병원에 입원시켰다.

　　(*…에 데이다, 화상을 입다 quemarse con, 입원시키다 ingresar a alguien, 입원하다 ser ingresado, ingresar)

23. 그는 침대에서 일어나자마자 기지개를 켜고 나서 가운을 입었다.

　　　　　(*기지개를 켜다, 스트레칭을 하다 estirarse, 가운 bata)

24. 나는 넘어져서 무릎을 다쳤다.

25. 후안과 뻬드로는 이내 서로를 알아보고는 악수를 나누었다.

　　　　　(*악수하다 estrecharse/darse/pasarse la mano)

26. 그들은 서로에게 호감을 가지고 있음에도 불구하고 서로 말을 건네지 않는다.

　　　　　(*서로 호감을 가지다 sentirse atraídos)

27. 두 대통령 후보자는 TV 토론에서 서로를 신랄히 비난하였다.

　　　　　(*대통령 후보 candidato a la presidencia, 신랄히 con dureza, duramente, 비난하다 acusar)

28. 결혼한 지 30년이 넘었지만 우리는 서로를 아직 이해하지 못한다.

29. 그녀는 세수를 하기 전에 크림으로 화장을 지웠다. (*화장 maquillaje 지우다 quitar)

30. 부모님 승낙 없이는 당신과 결혼할 수 없어요. (*승낙, 허락 consentimiento, permiso)

31. 마리아의 결혼식이 오전 10시이므로 비행기를 놓치지 않으려면 아무리 늦어 도 우리는 여섯 시에는 일어나야 한다. (*아무리 늦어도 a más tardar)

32. 나는 너무 바빠서 그녀에게 전화하는 것을 잊었고 오늘 만났을 때 그녀는 내게 몹시 화를 내었다.

33. 결혼식이 끝나자 신랑 신부는 서로를 껴안고 키스를 나누었다.

34. 그들은 지금 사랑에 빠져있다. 만날 때마다 서로를 껴안고 어디에 있든지 간 에 서로 전화한다. (*어디에 있든지 간에 estén donde estén)

35. 오래 전부터 후안과 뻬드로는 사이가 좋지 않아서 마주칠 때마다 인사를 나 누지 않는다. (*…와 사이가 좋다 llevarse bien con, 마주치다 cruzarse)

36. 그들은 서로 경멸하기 때문에 오래 전부터 서로 말을 건네지 않고 있다.

(*경멸하다 despreciar)

37. 하비에르는 계단에서 넘어졌지만 다치지 않았다. (*다치다 hacerse daño)

38. 그는 사람들 앞에서 말할 때 얼굴이 붉어진다. (*얼굴이 붉어진다 ponerse rojo)

39. 내가 그 짓을 한 것에 대해 대단히 후회하고 있다.

40. 우리는 그 제안을 포기한 것을 절대 후회하지 않는다. (*…을 포기하다 renunciar a)

41. 비록 많은 한국 사람들이 스페인어의 중요성을 깨닫지 못하고 있지만 나는 스 페인어를 공부한 것을 절대 후회하지 않는다. 오히려 자랑스럽게 생각한다. 스 페인어에 대한 나의 지식이 취직하는데 도움이 되리라 확신한다.

(*이 언어에 대한 나의 지식 mis conocimientos de este idioma)

42. 아무도 잘못은 그에게 있다고 감히 말하지 못한다.

43. 매일 아침 나는 7시 반에 일어나 화장실로 세수하러 간다. 부모님들은 항상 나보다 더 일찍 일어나셔서 공원에 산책하러 나가신다. 공원은 집 근처에 있 는데 나도 가끔씩 그곳에 애인과 같이 간다. 부모님들은 매우 부지런하시고 나는 좀 게으른 편이다. 오후에 집에 돌아오면 먼저 부모님께 인사를 하고 샤 워를 한다. 저녁 식사 후에는 보통 부모님과 같이 TV를 본다. 부모님은 보통 11시 반쯤에 잠자리에 드시지만 나는 새벽 한 두 시까지 자지 않고 공부를 하 거나 친구와 전화 통화를 한다.

연습문제 B

1. 다음 동사들을 이용하여 자신의 하루 일과를 적어 보시오.

   acostarse, cepillarse, despertarse, levantarse, bañarse, ducharse, secarse, afeitarse, lavarse, peinarse, maquillarse, ponerse, quitarse.

2. Usted tiene que salir de su casa y no sabe cuándo va a volver. Déjele una nota a la persona con la que usted ha quedado.

Granada의 야경

23 SE를 이용한 작문 (1)

● *De fuera vendrá quien de casa te echará.*

SE를 이용한 구문 가운데는 SE 재귀 구문뿐만 아니라 SE 비인칭 구문, SE 수동 구문, SE 중간태 구문 등이 있다. 비인칭 구문이란 어떤 행위를 행하는 자의 신분을 구체적으로 드러내지 않는 구문을 가리킨다. 스페인어에는 여러 유형의 비인칭 구문이 있는데 3인칭 복수형을 사용하는 능동 구문, SER를 이용한 수동 구문, SE 비인칭 구문이 가장 대표적이다. 이밖에 uno를 사용하여 비인칭을 표현하기도 한다(예: Uno se arrepiente luego de haberlo hecho/ Hoy día uno lee menos).[4]

1. 3인칭 복수형

기본 예제

⑴ 이 다리는 1990년에 건설되었다.

Construyeron este puente en 1990.

⑵ 오늘 아침 누가 너에게 전화했더라.

Te han llamado esta mañana.

⑶ 전쟁이 있을 거라고 한다.

Dicen que va a haber guerra.

⑷ 누군가가 문을 두드린다.

Llaman a la puerta.

---

4) 생활회화에서는 tú도 경우에 따라서는 비인칭으로 사용될 수 있다.

i) Nunca sabes lo que te van a regalar. (Whitley 2000:272)

2. SER 수동태

> **기본 예제**

⑴ 이 다리는 1990년에 건설되었다.

Este puente fue construido en 1990.

⑵ 살인 용의자는 체포되었다.

El presunto asesino fue detenido.

⑶ 모임이 연기되었다.

La reunión fue aplazada.

3. SE 비인칭(SE en oraciones impersonales): 이 구문에서 SE는 항상 주어처럼 행동한다. 따라서 SE가 목적어로 사용되는 법은 없다.

가. 타동사 + 무생물 목적어

> **기본 예제**

⑴ 고철 삽니다.

Se compra hierro viejo. (Se lo compra)

⑵ 이곳에서 치즈를 판매합니다.

Aquí se vende queso. (Aquí se lo vende)

⑶ 서울에서 부산까지 4시간 걸린다.

Se tarda 4 horas desde Seúl hasta Pusan.

나. 타동사 + 사람/생물 목적어

> **기본 예제**

⑴ 사람들이 테러로 부상을 입은 자들을 도왔다.

Se auxilió a los heridos en el atentado. (Se los auxilió)

⑵ 지갑을 주우신 분을 찾습니다.

 Se busca a la persona que ha encontrado una cartera.

⑶ 비서 한 명이 필요합니다.

 Se necesita una secretaria.

○ 유의사항

 사람/생물 직접 목적어가 특정 대상을 지칭하고 따라서 전치사 a가 사용되면 동사는 복수로 사용될 수 없다. 따라서 Se auxiliaron los heridos en el accidente는 비록 문법적인 문장이지만 의미는 비인칭이 아니라 재귀적 의미(cada uno de los heridos se auxilió a sí mismo) 혹은 상호적 의미(se auxiliaron unos a otros)를 지닌다. 그리고 동사가 복수형이면서 전치사 a가 있는 경우는 비문법적인 문장이다(*Se auxiliaron a los heridos en el accidente).

다. 타동사 + 문장

기본 예제

⑴ 날씨가 좋아지기를 기대한다.

 Se espera que mejore el tiempo.

⑵ 사고가 줄어들기를 기대한다.

 Se espera reducir los accidentes.

⑶ 나무 몇 그루를 벌목하는 것이 보인다.

 Se ve talar unos árboles

라. 타동사가 자동사처럼 사용되는 경우

기본 예제

⑴ 한국에서는 독서를 별로 하지 않는다.

 Se lee poco en Corea.

⑵ 요즘에는 편지를 많이 쓴다.

 Se escribe en abundancia en estos tiempos.

마. 자동사의 사용

기본 예제

⑴ 이곳에서는 사람들이 열심히 일한다.

   Se trabaja mucho aquí.

⑵ 이 마을에서는 사람들이 행복하게 산다.

   Se vive feliz en este pueblo.

⑶ 이 도로는 일방통행이므로 지나갈 수 없다.

   Por esta calle no se puede pasar: es dirección única.

○ **유의사항**

  좀 더 쉽게 SE 비인칭 구문을 이해하고 구사하려면 SE는 그냥 la gente와 같다고 보면 된
다(La gente trabaja mucho aquí = Se trabaja mucho aquí).

4. SE 수동 구문(SE en oraciones pasivas)

현대 스페인어의 특징 중의 하나는 SER 수동 구문보다는 SE를 이용한 수동 구
문이 더 선호된다는 점이다. SE 수동 구문의 기본 구조는 'SE + verbo en forma
activa(3a persona) + sujeto de ≪cosa≫'이다. 단, 언론 기사나 텍스트 자료를 분
석해 본 결과에 따르면 두 가지 수동구문 중에서 사람이 어떤 행위의 대상(가령,
비판을 받다, 칭찬을 받다, 퇴장 당하다, 해고되다 등)이 되는 경우에는 주로 'ser
+ 과거분사' 형식이 사용된다.

기본 예제

⑴ 납치범들과의 협상이 중단되었다.

   Se han suspendido las negociaciones con los secuestradores.

⑵ 아파트를 임대합니다.

   Se alquilan pisos. / Los pisos se alquilan.

⑶ 그의 제안은 거부될 것이다.

　Se rechazará su propuesta.

⑷ 다리는 2000년에 건설되었다.

　Se construyó el puente en 2000. / El puente se construyó en 2000.

⑸ 수공예품은 길 건너편에서 팝니다.

　Las artesanías se venden al otro lado de la calle.

　Al otro lado de la calle se venden artesanías.

○ 유의사항

　SE 비인칭 구문과 SE 수동 구문은 스페인어를 공부하는 사람들에게 많은 혼란을 가져다 주고 있다. 왜냐하면 Aquí se vende pan과 같은 문장은 비인칭 구문으로도 수동 구문으로도 해석이 가능하기 때문이다. 따라서 일부 학자들은 SE 수동 구문은 없다라고 주장하기도 한다. 비록 문법학자들 사이에 많은 논쟁이 되고 있긴 하지만 일반적으로 두 구문을 구분하는 핵심적인 기준은 전치사 a의 출현 유무와 동사와 명사적 요소 사이의 일치 유무이다. 예를 들어 Se eligió al presidente의 경우는 비인칭 해석만 가능하다. 그리고 Se alquila habitaciones(=se las alquila)와 같이 동사가 명사구의 수에 일치를 하지 않으면 비인칭 구문이다. 즉, 비인칭 구문의 경우는 명사구가 복수라도 항상 3인칭 단수이다. 반면에 동사가 명사구의 수에 일치를 하는 경우에는(Se alquilan pisos) 수동 구문이다. 단, 명사구가 단수인 경우에는 비인칭 구문으로도 수동 구문으로도 해석이 가능하므로 둘 중 하나를 배제하는 것은 무의미하다. 아래에서 보는 예문들은 모두 두 가지 해석이 다 가능하다.

기본 예제

⑴ Se vende chatarra. (La chatara se vende)

⑵ Se abrió la puerta. (La puerta se abrió)

⑶ Aquí se habla portugués. (El portugués se habla aquí)

⑷ Se descubrió América en 1492. (Amércia se descubrió en 1492)

○ 유의사항

SE 수동 구문은 비록 의미적으로는 분명히 행위자가 존재하지만 SER 수동구문과 달리 행위자(por + nombre)를 명시적으로 표시할 수 없다.

예: *Se alaban las buenas acciones por los periodistas.

* 다음은 스페인의 낭만주의(romanticismo) 시인인 Gustavo Adolfo Bécquer(1836~ 1870)의 시이다. 감상하면서 se의 용법에 대해 말해보자.

> *Los suspiros son aire, y van al aire*
>
> *Las lágrimas son agua y van al mar*
>
> *Dime, mujer: cuando el amor se olvida,*
>
> *¿sabes tú a dónde va?*

5. SE 중간태 구문(SE en oraciones medias)

SE 수동 구문과 SE 중간태 구문의 차이는 첫째, 전자의 경우는 행위자가 명시적으로 나타날 수 없는 반면에 후자의 경우는 나타날 수도 있고 나타나지 않을 수도 있다. 둘째, SE 수동 구문의 경우는 명시적으로 드러나지 않는 행위자는 사람인 반면에 SE 중간태 구문의 행위자는 사람이 아니다.

기본 예제

(1) 독감은 이 약으로 치료된다.

La gripe se cura con estas pastillas.

(2) 독감은 저절로 낫는다.

La gripe se cura sola.

위의 예에서 보듯이 중간태 구문은 독감을 치료하는 행위자(estas pastillas)가 출현할 수도 있고 하지 않을 수도 있다. 그리고 그 행위자(estas pastillas)는 사람이 아닌 사물을 나타낸다. SE 중간태 구문의 경우 한글을 스페인어로 옮길 때 행위자가 거의 대부분의 경우 'con + 명사'로 표시된다.

기본 예제

⑴ 지우개는 열에 늘어난다.

La goma se estira con el calor.

⑵ 바람에 문이 닫혔다.

La puerta se cerró con el viento.

연습문제 A

I. (1~22) 다음의 문장을 SE 비인칭 구문으로 번역하시오.

1. 도서관에서는 음식물을 먹어서는 안 됩니다.

2. 이곳에서는 담배를 피워서는 안 됩니다.

3. 피아니스트가 연주를 하는 동안 얘기를 해서는 안 됩니다.

4. 마드리드에서는 물을 끓이지 않고 마셔도 된다. 반면에 서울에서는 물을 끓이지 않고는 마실 수가 없다.

5. 이곳에서는 미성년자에게 주류를 판매할 수 없습니다.　　(*주류 bebida alcohólica)

6. 시합이 끝났을 때 선수들에게 박수를 보냈다.　　(*박수를 보내다 aplaudir)

7. 유럽에서는 개를 무척 사랑합니다.

8. 한국에서는 스페인 보다 독서를 덜 한다.

9. 이 회사에서는 종업원들을 잘 대해줍니다.

10. 시골에서는 사람들이 도시 보다 훨씬 더 조용하게 산다.

(*조용하게, 차분하게 con tranquilidad)

11. 한국에서는 사람들이 미국에서 보다 더 잘 산다.

12. 야외에서 사람들은 잠을 더 잘 잔다. (*야외에서 al aire libre)

13. 중남미 20여개국에서 스페인어가 사용된다.

14. 그 중국 식당이 항상 사람들로 넘치는 것은 그곳에서는 싼 가격에 식사를 잘 할 수 있기 때문이다. (*{싸게/싼가격에} 식사를 잘하다 comer bien y barato)

15. 스페인에서는 한국만큼이나 마늘을 많이 먹습니다. 따라서 시장에서 쉽게 구할 수 있다.

16. 신용카드로 지불해도 됩니까? — 아니요. 현금으로 지불해야 합니다.

17. 사람들이 교통사고에 대해 경찰에 알렸다. (*…에 대해 알리다, 통보하다 avisar de …)

18. 여기에 주차해도 됩니까? — 아니요. 여기에 주차할 수 없습니다.

19. 오늘날은 과거보다 스승을 덜 존경하는 것 같다. 존경심을 좀 더 가지고 스승을 대해야 한다고 생각한다.

20. 현재 한국에서는 20년 전보다는 책을 더 많이 읽는다.

21. 이 작품의 작가가 누구인지 모른다. 사람들은 16세기의 어떤 한국인이라고 생각한다.

22. 사람들은 이 범죄는 사형을 받아 마땅하다고 생각한다.

(*…해도 마땅하다, …할 만하다 merecer, 사형 pena capital, pena de muerte)

II. (23~35) 다음의 문장을 SE 수동 구문으로 번역하시오.

23. 많은 문화유산들이 파괴되거나 불탔다. (*문화유산 patrimonio cultural)

24. 스페인식 또르띠야를 만들기 위해서는 감자, 양파, 계란이 필요합니다.

25. 최근 2년 사이에 많은 문제가 해결되었다. (*최근 2년 사이에 en los últimos dos años)

26. 어제 모임에서는 여러 문제들이 토의되었다.

27. 이 책들은 10 유로에 판매된다.

28. 모든 입장권이 한 시간도 채 못 되어 다 동이 나고 말았다. (*동이 나다 agotarse)

29. 노트 필기한 것이 몽땅 다 분실되었다. (*노트 필기 apunte)

30. 안경이 깨졌다.

31. 그의 첫 소설은 1992년도에 출판되었다.

32. 겨울철 화재를 막기 위한 다양한 조치들이 취해졌다.

33. 폭력적이고 선정적인 장면 때문에 그 영화의 상영이 금지되었다.

(*선정적인 장면 escena sensual)

34. 여름에는 채소를 더 많이 먹고 고기를 덜 먹는다.

35. 이 곳에서는 싼 가격에 중고차를 구입할 수 있습니다.

III. (36~42) 다음의 문장을 중간태 구문으로 번역하시오.

36. 바람에 창문이 가볍게 흔들렸다.   (*가볍게 흔들다 mecer)

37. 바람에 유리창에 금이 갔다.   (*금이 가다 agrietarse)

38. 눈과 얼음이 햇빛과 열에 녹았다.   (*녹다 deshacerse, derretirse, disolverse)

39. 방에 들어갔을 때 바람에 커튼이 마구 날리고 있었다. (*마구, 심하게 흔들다 agitar)

40. 이 주사로는 아무 것도 치료할 수가 없다.   (*주사 inyección)

41. 이 얼룩은 어떤 세제로도 지워지지 않는다.   (*얼룩 mancha, 세제 detergente)

42. 이 약으로 통증이 가라앉을 것이다.   (*통증을 가라앉히다, 완화시키다 aliviar)

세고비아(Segovia)의 水路(Acueducto Romano)

연습문제 B

1. 다음에 주어진 모델에 따라서 문장을 (a) SER 수동태, (b) SE 비인칭, (c) SE 수
   동태 (d) 목적어 전치(anteposición) 구문으로 바꾸어 보시오.

Cristóbal Colón descubrió América en 1492. →

a. América fue descubierta (por Cristóbal Colón) en 1492.

b. Se descubrió América en 1492.

c. Se descubrió América en 1492. /América se descubrió en 1492.

d. América la descubrió Cristóbal Colón.

---

① El arqueólogo norteamericano Hiram Bingham descubrió Machu Picchu en
   1911.

② Muchos criticaron esa novela.

③ Los bomberos encontraron a la niña desaparecida.

④ El presidente firmó los documentos.

SE를 이용한 작문 (2)

• *Más vale tarde que nunca.*

잊어버림, 잃어버림, 떨어뜨림, 고장 발생과 같이 어떤 사건의 발생으로 인해 사람이 영향을 받을 때 여격 대명사(me, te, le, nos, os, les)를 SE와 동사 사이에 넣어서 표현하는 경우가 많다(SE + LE + V). 이렇게 함으로써 '뜻하지 않게', '우연히', '책임성 회피', '자신도 모르게 그만'과 같은 뉘앙스를 전달하는 효과를 얻을 수 있다. 여격 대명사를 넣은 경우와 그렇지 않은 경우의 차이는 미묘한 뉘앙스의 차이기 때문에 한국어로 둘을 구분하기가 그리 쉽지는 않지만 굳이 둘의 차이를 한국어로 표현하고자 한다면 아래 예문에서 보듯이 '그만 …해버렸다'와 '…했다'와의 차이로 이해해도 좋을 듯하다.

기본 예제

⑴ 차가 고장이 났습니다. → 차가 그만 고장이 나버렸습니다.

　　Se descompuso el coche. → Se me descompuso el coche.

⑵ 접시가 떨어져서 깨졌다. → 접시가 그만 떨어져서 깨지고 말았다.

　　El plato se cayó y se rompió. → El plato se me cayó y se me rompió.

⑶ 입장권이 동이 났다. → 판매원은 그만 입장권이 동이 나고 말았다.

　　Las entradas se agotaron. → Las entradas se le agotaron al vendedor.

⑷ 선장님이 사망했다. → 선장님이 그만 돌아가시고 말았다.

　　El capitán se murió. → El capitán se nos murió.

⑸ 제가 돈을 그만 잃어버렸어요.

　　Se me ha perdido el dinero.

⑹ 우산을 가져오는 것을 제가 그만 깜빡했네요.

Se me ha olvidado traer el paraguas.

⑺ 머리카락이 빠져서 고민입니다.

Estoy preocupado porque se me cae el pelo.

⑻ 동생은 TV 끄는 것을 깜빡했다.

A mi hermano se le olvidó apagar le tele.

⑼ 나는 약속을 그만 깜박 잊어버렸다.

Se me olvidó la cita.

⑽ 문득 기발한 생각이 떠올랐다.

Se me ocurrió una buena idea.

⑾ 하도 많이 걸었더니만 발이 그만 퉁퉁 부었다.

Se me han hinchado los pies de tanto andar.

⑿ 시험을 끝마쳤을 때 나도 모르게 긴장이 풀렸다.

Cuando terminé el examen, la tensión se me aflojó.

⒀ 나는 너무 피곤해서 눈이 저절로 감긴다.

Estoy tan cansado que se me cierran los ojos.

⒁ 너무나 감동적인 순간이어서 나도 모르게 목이 메이고 말을 할 수가 없었다.

Fue un momento tan emocionante que se me hizo un nudo en la garganta y no pude articular palabra.

⒂ 새장을 여는 순간 새가 그만 도망가고 말았다.

Al abrir la jaula, se me escapó el pájaro.

⒃ 그와 다투다가 그만 나도 모르게 욕이 튀어나오고 말았다.

Mientras discutía con él, se me escapó una palabrota.

⒄ 나는 너무 추워서 닭살이 돋았다.

Tengo tanto frío que se me ha puesto la carne de gallina.

⒅ 빠에야를 생각하는 것만으로도 입안에 군침이 돈다.

Se me hace agua la boca con solo pensar en la paella.

연습문제 A

1. 나는 너무 바빠서 부모님께 전화 드리는 것을 그만 잊어버렸다.

2. 커피를 마시기 위해 물을 끓였는데 그만 불끄는 것을 깜빡 잊어버렸다.

    (*끓이다 hervir)

3. 눈물을 닦고 네 인형을 어디에서 그만 잃어버렸는지 말해봐라.

4. 자동차가 고장나는 바람에 나는 할 수 없이 견인차를 불렀다.　　(*견인차 grúa)

5. 길 한가운데에서 그만 차가 서버렸다.　　　(*길 한가운데 en medio de la carretera)

6. 타이어가 그만 펑크가 나서 약속 시간에 도착하지 못했다.

    (*타이어 neumático, 펑크나다 pincharse, 약속시간에 a la hora prometida)

7. 내 딸은 너무 많이 울어서 눈이 퉁퉁 부었다.

8. 후안, 지갑이 바닥에 떨어졌어!

9. 내가 화병을 닦다가 그만 떨어져서 깨지고 말았다.　　　　　(*화병 florero)

10. 셔츠 단추 하나가 그만 뚝 떨어져버렸다.

11. 네 신발 끈이 그만 풀렸구나. 묶어라.　　　　　(*신발 끈 cordón, 풀다 desatar)

12. 미겔은 춤추던 도중에 바지가 그만 터지고 말았다.

13. 나는 어머니에게 아버지께서 늦게 돌아오실거라는 말을 하는 것을 그만 깜박
    잊어버렸다.

14. 뻬드로는 지하철에서 신분증을 그만 분실하고 말았다. (*신분증 carné de identidad)

15. 아내가 열쇠를 그만 잃어버려서 우리는 집에 들어갈 수가 없다.

16. 내가 파일을 저장하려고 시도했을 때 컴퓨터가 그만 고장나버렸다.

    (*파일 archivo, 저장하다 guardar)

17. 새벽 세 시에 갑자기 케첩과 겨자를 바른 핫도그가 먹고 싶어졌다.

    (*갑자기 …하고 싶어지다 antojarse a alguien, 핫도그 m. perrito caliente)

18. 문득 스페인으로 휴가를 떠나고 싶어졌다.

19. 나는 그녀를 보는 순간 그만 눈시울이 붉어졌다.

    (*눈시울이 적셔지다, 눈시울이 붉어지다 humedecerse los ojos)

20. 내 딸이 "아빠 사랑해"라고 말했을 때 나도 모르게 그만 눈물이 주르륵 흘러
    내렸다.　　　　　　　　(*눈물이 나다 salir /caer/ saltar las lágrimas)

21. 와이셔츠가 구겨져 버려서 다려야겠다.

22. 그는 옷이 잉크로 얼룩지는 바람에 옷을 갈아입어야만 했다.

(*…로 얼룩이 지다 mancharse de, 옷 갈아입다 cambiarse)

23. 음식이 그만 몽땅 다 타버려 어찌해야 할 지 모르겠다.

연습문제 B

1. 주어진 모델을 참조로 하여 문장을 만들어 보시오.

> (acabar la paciencia)
>
> a. Se acabó la paciencia.
>
> b. Al profesor se le acabó la paciencia al vernos discutir.

① perder el teléfono celular

② romper los vasos

③ olvidar el nombre

④ caer las gafas

⑤ derramar el zumo

⑥ averiar el ordenador

⑦ ensuciar los pantalones

2. SE + LE + V를 이용하여 문장을 완성시켜 보시오.

① Esta mañana he llegado tarde a clase porque …

② La niña está llorando porque …

③ … y no tuvimos más remedio que volver a casa.

④ … pero el profesor no se enfadó conmigo.

⑤ Pablo … tanto que …

⑥ Se me olvidó decir que …

3. 다음 글을 읽고 가사일 분담(reparto de tareas domésticas)과 관련한 자신의 의
   견을 적으시오.

Casi el 70% de los hombres no colabora en las tareas domésticas

El 70% de los hombres no asume ninguna responsabilidad en las tareas do-
mésticas, y 'delega' dichas actividades en su pareja o en una tercera persona,
según revela la última encuesta de Calidad de Vida en el Trabajo realizada por
el Ministerio de Trabajo y Asuntos Sociales. Entre los hombres ocupados, el
6% asume en solitario las labores del hogar, mientras que el 19,2% las com-
parte con su pareja y el 5,6% con otra persona, según dicha encuesta. Sin em-
bargo, el 45,1% de los varones opta por que sea su pareja la que haga todos los
trabajos domésticos, mientras que el 23,5% deja la carga a otra persona.
Incluso en el caso de que la mujer trabaje y el hombre no, el 49,2% de las fé-
minas siguen cargando en solitario con las labores del hogar.

(*원문 출처: El Mundo)

---

25 소유와 피영향

• *Siento y pienso, luego existo.*

스페인어에서는 타인에게 어떤 영향(혜택, 피해)을 미치는 경우 여격 대명사를 이용하는 경우가 대부분이다. 가령, '나는 딸의 머리를 감겨주었다'와 '나는 딸의 뺨을 꼬집었다'와 같은 문장을 스페인어로 번역하는 경우 각각 Lavé el pelo de mi hija, Pellizqué las mejillas de mi hija라고 번역하기가 쉬운데 실제로 원어민들은 Le lavé el pelo a mi hija, Le pellizqué las mejillas a mi hija로 번역하는 것이 훨씬 더 자연스럽다고 한다.

이 문장에서 여격 대명사의 역할은 신체 일부(머리, 다리, 발, 얼굴, 팔 등)의 소유주가 누구인지를 밝혀줌과 동시에 동사가 표현하는 행위로 인해 소유주가 받게 되는 영향(혜택, 피해)의 뉘앙스까지도 표현해준다. 즉, 위의 두 문장에서 le는 pelo와 mejillas의 소유주가 내 딸이라는 것을 가리킴과 동시에 lavar el pelo, pellizcar las mejillas로 인해 내 딸이 입게 되는 혜택 혹은 피해의 뉘앙스까지 표현한다. 소유주가 누구인지를 여격 대명사를 통해 알 수 있으므로 신체의 일부를 가리키는 명사 앞에는 소유사를 쓸 필요가 없고 대신 정관사를 사용한다. 한편, 신체의 일부가 아니라 하더라도 타인 소유의 물건(가령, 옷, 지갑, 자동차 등)에 가하는 행위로 인해 타인이 받게 되는 영향(피해, 혜택)을 표현하는 경우에도 이와 같은 식으로 작문하면 된다. 가령, '소매치기는 그의 지갑을 훔쳤다'라는 문장을 번역할 때 El carterista robó su cartera라고 번역해도 되지만 이 보다는 El carterista le robó la cartera라고 하는 것이 피해의 뉘앙스까지 잘 전달해준다는 점에서 더 자연스럽다.

한편, 문맥을 통해 소유주가 누구인지 분명한 경우에는 여격 대명사 하나만 적

는 것만으로 충분하고 소유주가 구체적으로 누구인지를 상대방에게 밝히고자
하는 경우에는 여격 대명사와 함께 여격 대명사가 가리키는 사람이 누구인지를
한 번 더 적어주는 것이 필요하다(le … a mi hija).

기본 예제

(1) 엄마는 내 머리카락을 쓰다듬어 주셨다.

Mamá me acarició los cabellos.

(2) 말다툼을 하다가 마리아는 자기 남편의 얼굴을 할퀴었다.

Mientras discutían, María le arañó la cara a su marido.

(3) 마리아는 뻬드로의 바지를 세탁해주었다.

María le lavó los pantalones a Pedro.

(4) 그 젊은이는 그의 책을 훔쳤다.

El joven le robó el libro.

(5) 의사 선생님은 내게 상처를 소독하고 다섯 바늘을 꿰매어 주었다.

El médico me desinfectó la herida y me dio cinco puntos.

한편, 타인의 신체에 가해지는 행동을 표현할 때 '직접 목적격 대명사 + 동사 +
전치사 + 신체 일부'를 사용하는 방법도 있다. 아래 제시된 예문들은 여러 소설
책에서 발췌한 것이다.

기본 예제

(1) Besé a María en la mejilla. / La besé en la mejilla.

cf. Le besé la mejilla (a María).

(2) La tomó por la cintura.

(3) El patrón la besó en la boca.

(4) No se atrevió a mirarla a los ojos.

(5) Lo golpeó en la cabeza con bate de béisbol.

⑹ Alberto la agarró del brazo.

⑺ Isabel la agarró por los hombros y con brusquedad la obligó a ponerse en pie.

⑻ Juan me cogió por un brazo.

⑼ La cocinera me tomó por los hombros y me instaló en una silla.

⑽ Me agarró por la cabeza y me miró fijamente a los ojos.

⑾ Lo besó en los labios.

연습문제 A

1. 나는 크리스티나의 손을 문질러 주었다.   (*문지르다 frotar)

2. 그녀가 내 와이셔츠를 다려주었고 나는 그녀에게 고마움을 표시했다.

3. 뻬드로는 그의 머리를 때렸다.

4. 개가 후안의 손을 핥았고 후안은 개의 머리를 어루만져 주었다.

    (*핥다 lamer, 어루만지다 acariciar)

5. 강도는 금은방 주인의 손을 묶고는 보석을 몽땅 다 가져가 버렸다.

6. 구조대원들은 그의 목숨을 구해주었다.

7. 의사는 아이 다리에 깁스를 해주었다.   (*깁스를 해주다 escayolar, enyesar)

8. 간호사는 그의 발목에 붕대를 감아주었다.   (*붕대를 감다 vendar)

9. 나는 후안의 구두를 수선해 주었다.

10. 버스 안에서 어떤 여자가 내 발을 밟아서 나는 무척 아팠다.

11. 아내가 나를 보자마자 내 얼굴을 할퀴었다.   (*할퀴다 arañar)

12. 매일 아침 아내는 딸아이의 머리를 빗겨준다.

13. 딸아이 손이 너무 더러워서 나는 손을 깨끗이 씻어 주었다.

14. 오늘 학교에서 후안과 뻬드로가 심하게 싸움을 했다. 왜냐하면 우리가 운동장에서 놀고 있었을 때 후안이 마리아의 바지를 확 내려버렸기 때문이었다. 후안이 마리아의 바지를 내리지만 않았더라도 뻬드로가 그와 싸우지 않았을

것이다. 싸움은 정말 나쁜 것이다. 학교에서도, 길에서도 집에서도 싸워서는
안 된다.

(*운동장 recreo)

연습문제 B

1. '여격 대명사 + V + 명사' 형태를 이용하여 문장을 자유롭게 완성해 보시오.

① Cuando me vio el profesor, …

② Mi novia siempre …

③ Su pelo estaba tan sucio que yo …

④ Pablo está muy enfadado porque …

2. Componga una redacción de 100 a 150 palabras sobre el tema.

Mis deportes favoritos.

산 페르민 축제(San Fermín)

26 부대상황

● *Cayendo se aprende a andar.*

어떤 한 가지 서술에 대해 거기에 부대하는 상황을 말하거나, 설명을 덧붙이거나, 또는 그 일부에 관하여 무엇인가 부수적으로 말을 덧붙이게 되는 경우가 있다. 예를 들어 우리말에서는 '울면서'라든가, '바지가 먼지투성이가 된 채' 따위의 표현에 해당하는 부분인 것이다.

같은 주어에 의한 두 행위가 동시에 일어날 때 하나는 시제 동사로 표현하고 나머지 하나는 보통 현재 분사를 사용한다(예 ⑴~⑺).

기본 예제

⑴ 후안은 눈물을 닦으면서 웃었다.

Juan sonrió secándose las lágrimas.

⑵ 그녀는 울면서 그 편지를 읽었다.

Leyó la carta llorando.

⑶ 그녀는 항상 음악을 들으면서 운동을 한다.

Siempre hace ejercicio escuchando música.

⑷ 그는 고함을 치면서 가버렸다.

Se fue gritando.

⑸ 폭발음을 듣고 나는 방에서 뛰쳐나갔다.

Al oír una explosión, salí corriendo de la habitación.

⑹ 잠시 짬을 내어 난 너에게 편지를 쓴다.

Te escribo aprovechando los ratos libres .

⑺ 강의 물살이 너무 빨라서 우리는 헤엄쳐 건널 수가 없었다.

　　La corriente del río era tan rápida que no pudimos cruzar nadando.

　한편, 부대상황은 'con + 명사 + {과거 분사/전치사구/형용사/부사}'를 통해 나타내기도 하는데 의미적으로는 현재 분사를 사용했을 때와 달리 어떤 결과적 상태(estado resultativo)를 표현하며 한국어로는 대개 '…한 채', '…한 상태로'에 해당한다.

기본 예제

⑴ 그녀는 불을 켜놓고 문도 반쯤 열어 놓은 채로 잠을 자고 있었다.

　　Ella dormía con la luz encendida y la puerta entreabierta.

⑵ 모자를 쓴 채 교수님 연구실에 들어가지 마라.

　　No entres en el despacho del profesor con el sombrero puesto.

⑶ 그녀는 팔짱을 낀 채 소파에 앉아있었다.

　　Estaba sentada en el sofá con los brazos cruzados sobre el pecho.

⑷ 머리가 헝클어뜨린 채로 침대에서 나와 욕실로 갔다.

　　Salió de la cama con los cabellos desgreñados y fue al baño.

⑸ 개 한 마리가 꼬리를 축 늘어뜨리고, 슬픈 표정으로 입을 벌리고 혀를 밖으로 내민 채 걷고 있었다.

　　Un perro caminaba con el rabo caído, la mirada triste, la boca abierta y la lengua fuera.

⑹ 그 노인은 손에 지팡이를 짚고 걷고 있었다.

　　El anciano estaba caminando con un bastón en la mano.

⑺ 손에 책을 한 권 들고 방에 들어와서는 내게 주었다.

　　Entró en el cuarto con un libro en la mano y me lo dio.

⑻ 그녀는 아이를 업은 채 일을 한다.

　　Trabaja con el niño en la espalda.

⑼ 그녀는 눈에 눈물이 가득한 채로 내 얘기를 듣고 있었다.

　　Estaba escuchando con los ojos llenos de lágrimas lo que le decía

연습문제 A

1. 내 남편은 지금 코를 골면서 자고 있다.   (*코를 골다 roncar)

2. 딸아이는 입을 벌린 채 잠을 자고 있다.

3. 내 동생은 선풍기를 틀어놓은 채 잠을 자고 있다.

      (*선풍기를 틀어놓은 채로 con el ventilador encendido)

4. 가스 불을 켜놓은 채 깜빡 잠이 드는 바람에 음식이 다 타버렸다.

      (*깜빡 잠이 들다 quedarse dormido, dormirse)

5. 방에 들어가 보니 어머니께서는 두 눈을 감은 채 기도를 하고 계셨다.

      (*기도하다 rezar)

6. 그녀는 양다리를 꼰 채 앉아있었다.   (*다리를 꼬다 cruzar las piernas)

7. 경찰이 그를 발견했을 때 그는 눈을 뜬 채 이미 죽어 있었다.

8. 오늘 아침 그는 눈이 퉁퉁 부은 채로 나타났다.

9. 크리스티나는 절뚝거리면서 들어왔다.   (*절다, 절뚝거리다 cojear)

10. 리디아는 웃으면서 들어와서 울면서 나갔다.

11. 그들은 옛 시절을 회상하면서 웃었다.   (*옛 시절 los viejos tiempos)

12. 그는 하늘을 바라보면서 풀밭 위에 누워 있었다.   (*풀밭 prado)

13. 그들은 서로를 바라보면서 천천히 걷고 있었다.

14. 아버지께서는 입에 담배를 문 채 신문을 읽고 계셨다.

15. 양손을 머리에 얹은 채로 일어서세요.

16. 그는 음악을 들으면서 하루를 시작한다.

17. 마리아는 그가 그녀를 사랑하지 않는다는 것을 잘 알면서도 그와 결혼하려 한다.

18. 집안이 너무 어질러져 있어서 집안을 정리정돈하면서 오후를 보냈다.

19. 너는 호수를 헤엄쳐 건널 수 있니?

20. 그녀는 운동을 하면서 6킬로를 감량하였다.

21. 친구들과 나는 우리 팀의 승리를 바에서 한잔하면서 축하하였다.

22. 외국인 노동자들은 체불임금 지급을 요구하면서 시위를 벌였다.

      (*체불임금 sueldo atrasado, 지급 pago)

23. 보일러가 고장나는 바람에 우리는 추위에 떨면서 밤을 지새야 했다.

(*보일러 caldera)

24. 그는 두 주먹을 불끈 쥐고 결승점을 향해 달려갔다.

(*주먹을 쥐고 con los puños cerrados, 결승점 meta)

25. 그녀는 나를 보자 고개 숙여 인사를 했다.

(*고개 숙이다, 몸을 숙이다 inclinar la cabeza)

26. 오늘 아침 나는 두 시간을 추위에 떨면서 그녀를 기다렸으나 그녀는 오지 않았다.

27. 지하철이 파업 중이어서 난 학교에서부터 걸어왔다.　(*파업 중인 estar en huelga)

28. 계단을 뛰어서 올라 왔더니만 숨이 차다.　(*숨차다 faltar el aliento, jadear)

29. 어제 밤에 너무 늦게 잠자리에 드는 바람에 오전을 컴퓨터 앞에서 꾸벅 꾸벅 졸면서 보냈다.

(*졸다 dormitar)

30. 자명종 시계가 울리자 그는 눈을 비비고 일어나 기지개를 켰다.　(*비비다 frotar)

31. 할머니는 반시간 전부터 아이를 안은 채 서 계신다.

(*서있다 estar de pie, *아이를 팔에 앉은 채로 con su bebé en brazos)

32. 교회에 들어가 보니 목사님께서 무릎 꿇고 두 손을 모은 채 기도하고 있었고 그의 옆에는 어떤 청년이 두 팔을 벌린 채 기도하고 있었다.

(*목사 pastor, 무릎을 꿇다 arrodillarse, 모으다 juntar)

33. 아버지께서는 팔짱을 낀 채 무언가를 생각하고 계셨다.

연습문제 B

1. 주어진 두 동사를 이용하여 부대상황을 표현하는 문장을 만들어 보시오.

① estudiar, escuchar música

② ver la película, patatas fritas

③ venir, correr

④ tomar una copa, hablar de política

⑤ pasar, jugar al tenis

2. Hoy en día se está debatiendo mucho sobre la pena de muerte (la pena capital). Lea las siguientes razones a favor o en contra. ¿Qué piensa Vd. de la pena capital (la pena de muerte)? ¿Está de acuerdo o en contra? Componga una redacción de 100 a 150 palabras.

■ Razones a favor:

① Si una persona mata a alguien, esa persona también merece morir.

② La gente no cometerá crímenes serios si sabe que será ejecutado por hacerlos.

③ La pena de muerte se usa solamente para los crímenes más serios. Muchas reglas deben de ser seguidas antes de que alguien sea ejecutado.

④ La forma de asegurarse que alguien no siga matando a otras personas es de ejecutarlo.

■ Razones en contra:

① Encerrar un criminal en la prisión por el resto de su vida es bastante castigo.

② Poniendo a los criminales más serios en la cárcel por vida les quitará la oportunidad de matar otra vez.

③ Es probable que alguien aparezca inocente después de ser ejecutado.

④ La pena de muerte es una violación del derecho natural y no resuelve definitivamente la cuestión.

⑤ La pena de muerte es un verdadero asesinato que la sociedad comete en uno de sus individuos, sin tener para ello el menor derecho.

⑥ La justicia no debe tener por objeto la venganza sino la reparación del mal causado y la corrección y mejora del delincuente.

---

27 관계사를 이용한 작문 (1): QUE

● *La mona, aunque se vista de seda, mona se queda.*

관계절은 그 자체가 하나의 절(cláusula)이면서 어떤 명사구를 수식하는 기능을 가지고 있다. 이런 측면에서 관계절은 형용사와 동일한 기능을 가지고 있다. 다만 하나의 형용사로 표현하기 힘든 경우에 관계절을 사용한다고 보면 된다. 스페인어에는 que, quien, el que, el cual, lo que, lo cual 등이 관계 대명사로 분류된다. 그리고 cuando, donde, como는 관계 부사, cuyo는 소유 관계 형용사로 분류된다. 관계 대명사 중에서 que가 사람, 사물에 관계없이 가장 널리 사용되므로 스페인어로 작문할 때 웬만한 문장은 que를 사용하는 것이 편리하다.

기본 예제

⑴ 어제 온 학생은 내 사촌이다.

El estudiante que vino ayer es mi primo.

관계 구문은 두 개의 절이 주절과 종속절 관계로 연결되는 것이다. 따라서 위의 예문은 '한 학생이 어제 왔다'와 '그 학생은 내 사촌이다'가 주절과 종속절 관계로 연결된 것이다. 한국어의 '‒ㄴ'은 관계절과 관계절이 수식하는 명사를 이어주는 일종의 관계사의 기능을 한다고 보면 된다. 즉, '‒ㄴ'은 스페인어의 'que'에 해당하는 역할을 수행한다.

[분석의 예]

어제 한 <u>학생</u>이 왔다 + 그 <u>학생</u>은 내 사촌이다

　→ [[어제 △ 온] 그 학생]은 내 사촌이다.

Ayer vino un <u>estudiante</u> + El <u>estudiante</u> es mi primo

　→ [El estudiante [que △ vino ayer]] es mi primo.

　이처럼 관계 구문은 한국어나 스페인어나 그 구조가 매우 유사하다. 따라서 관계 구문이 만들어지는 방법만 알고 있으면 한국어를 스페인어로 쉽게 번역할 수 있다. 한국어와 스페인어의 유일한 차이는 한국어는 관계절이 수식하는 명사 앞에 온다는 것이고 스페인어는 반대로 관계절이 수식하는 명사의 뒤에 온다는 차이뿐이다.

[보충 예문]

내가 어제 어떤 책을 샀다. 그 책을 달라.

　→ [[내가 어제 △ 산] 책을 달라]

Compré un libro ayer. Dame el libro.

　→ Dame [el libro [que compré △ ayer]].

[확장 연습]

(저) 고양이는 후안의 것이다.

　El gato es de Juan.

[생선을 먹고 있는] 고양이는 후안의 것이다.

　El gato [que está comiendo el pescado] es de Juan.

[[친구가 보내준] 생선을 먹고 있는] 고양이는 후안의 것이다.

　El gato [que está comiendo [el pescado que me mandó un amigo mío]] es de Juan.

○ 유의사항

　제한적 관계 구문에서는 비록 선행사가 사람이라 할지라도 그 선행사가 종속절의 주어에 해당하는 경우에는 quien을 사용하지 않고 que를 사용한다. 따라서 quien은 전치사 뒤에서만 사용된다고 보면 된다(cf. 기본 예제 (2)).

기본 예제

⑴ 늦게 온 학생들을 교수님이 들여 보내주지 않았다.

Los alumnos {*quienes/que} llegaron tarde no fueron admitidos por el profesor.

⑵ 네가 기다리고 있는 그 여자는 절대 돌아오지 않을 것이다.

La mujer a quien estás esperando no regresará jamás.

○ 유의사항

선행사가 고유 명사이거나 인칭 대명사인 경우 제한적 관계절은 사용될 수 없고 비제한적 관계절을 사용해야 한다.

기본 예제

⑴ 긴 여행에서 방금 돌아온 후안은 지쳐있다.

Juan, que acaba de regresar de un largo viaje, está cansado.

⑵ 그 일에 대해 아무 것도 모르고 있던 그는 오늘 아침에 사망했다.

Él, que no sabía nada del asunto, ha muerto esta mañana.

⑶ 다음 주에 전학을 가게 될 엘레나는 새로운 친구를 사귀기를 무척이나 기대하고 있다.

Elena, que va a cambiar de colegio, espera hacer amigas nuevas.

○ 유의사항

제한적 관계절과 비제한적 관계절은 차이가 존재한다. 전자의 경우는 명사를 수식하는 형용사의 역할을 수행하며 후자의 경우는 명사에 대해 부연 설명을 하는 기능을 담당한다. 단, 한국어로 번역하는 경우에는 이 두 구문이 명확히 구분되지 않는 경우가 많아 학생들이 많이 혼동하는 부분이기도 하다.

⑴ a. 집이 먼 학생들은 종종 지각한다. [집이 가까운 학생들도 있음을 내포]

　Los alumnos que viven lejos llegan tarde a menudo.

　b. 학생들은 (모두) 집이 멀어서 종종 지각한다.

　Los alumnos, que viven lejos, llegan tarde a menudo.

⑵ a. 지각한 학생들은 벌을 받았다. [지각하지 않은 학생들도 있음을 내포]

　Los alumnos que llegaron tarde fueron castigados.

　b. 학생들이 (모두) 지각을 해서 벌을 받았다.

　Los alumnos, que llegaron tarde, fueron castigados.

⑶ a. 시든 꽃(들)은 버려버렸다. [시들지 않은 꽃도 있음을 내포]

　Tiré las flores que estaban marchitas.

　b. 꽃이 시들어서 버려버렸다.

　Tiré las flores, que estaban marchitas.

⑷ a. 포장이 잘못된 도로는 수리를 할 예정이다. [포장이 잘된 도로도 있음을 내포]

　Van a arreglar las calles que están mal pavimentadas.

　b. 도로가 포장이 잘못되어서 수리를 할 예정이다.

　Van a arreglar las calles, que están mal pavimentadas.

⑸ a. 1989년 노벨 문학상을 수상한 작가는 까밀로 호세 셀라(Camilo José Cela)이다.

　El autor que ganó el Premio Nobel de Literatura en 1989 es Camilo José Cela.

　b. 1989년 노벨 문학상을 수상했던 까밀로 호세 셀라는 스페인 사람이다.

　Camilo José Cela, {quien/que} ganó el Premio Nobel de Literatura en 1989, es español.

연습문제 A

1. 방금 우리에게 인사한 청년이 어디 출신인지 아니?

2. 마라톤은 많은 인내를 요구하는 스포츠다. (*요구하다 requerir, exigir)

3. 이것이 내가 친구들에게 보내려고 하는 카드야.

4. 좋은 성적을 거둔 학생들은 직장을 쉽게 구했고 성적이 좋지 못한 학생들은 아직 직장을 구하고 있다.

5. 카페에서 마리아와 얘기 나누고 있는 남자는 그녀의 애인이다.

6. 선생님께서는 숙제를 해오지 않은 학생들에게 화를 많이 내셨다.

7. 파업에 참가했던 노동자들은 해고당했다. (*파업 huelga, 해고하다 despedir)

8. 남향 아파트는 동향 아파트 보다 값이 비싸다.

(*남향, 남쪽을 향해 있는 mirar {al/hacia el} sur)

9. 이것이 내가 어머니 드리려고 산 향수다. (*향수 perfume)

10. 벽을 칠하기 위해 네가 고른 페인트 색깔은 너무 어둡다. (*어두운 oscuro)

11. 학생들은 선생님께서 추천한 책을 모두 다 읽어야 한다.

12. 내가 지금 읽고 있는 소설은 정말 재미있다.

13. 내가 차고 다니는 시계는 10년 전에 할아버지께서 선물해주신 것이다.

14. 네가 내 생일날 보내준 꽃은 아직도 좋은 냄새가 난다.

(*향기가 나다, 좋은 냄새가 나다 oler bien)

15. 경찰은 미술관에 전시되어 있던 피카소의 그림을 누가 가져갔는지 아직 모른다. (*전시하다 exponer)

16. 나는 제대로 알지도 못하면서 말이 많은 사람을 좋아하지 않는다.

17. 3주전 관람했던 영화는 내 마음에 전혀들지 않았지만 어제 오스카 최우수 영화상을 수상했다. (*오스카 최우수 영화상 el (Premio) Óscar a la mejor película)

18. 빠에야는 내가 가장 좋아하는 스페인 요리 중의 하나이다. 당신이 가장 좋아하는 요리는 무엇입니까?

19. 겨울은 내가 가장 좋아하는 계절이다. (*계절 estación)

20. 나는 아무것도 하지 않고 하루를 보내는 사람들을 전혀 좋아하지 않는다.

21. 아무도 우리에게 우리가 마신 물이 마실 수 없는 상태라는 것을 말해주지
    않았다.   (*음료수로 사용 가능한, 마실 수 있는 potable)

22. 1989년 노벨 문학상을 수상했던 까밀로 호세 셀라(Camilo José Cela)가 85세
    를 일기로 타계했다.   (*수상하다 ganar, ser galardonado con)

23. 스페인에서 막 돌아오신 이 교수님은 자신의 연구에 관한 강연을 하려고 한다.
                                  (*강연을 하다 dar una conferencia)

24. 1995년에 우리 대학을 졸업했던 미겔 에르난데스는 지금 미국에서 스페인어
    교수로 일한다.

25. 우리는 서울에서 80킬로 떨어진 한 작은 도시에 산다. 우리 아버지는 집에서
    좀 떨어진 회사에서 근무하시는데 매일 아침 차로 출근을 하신다. 어머니는
    오전에만 한 대형 할인점에서 일을 하신다. 동생과 함께 8시에 집을 나서서
    동생을 유아원에 맡기고 할인점이 있는 시내 중심부로 가는 버스를 타신다.
    나는 일반적으로 학교까지 걸어다니지만 가끔 아버지와 함께 차로 가기도
    한다. 정오에는 부모님들은 함께 집에서 식사를 하시지만 난 친구들과 학교
    바에서 먹는 것을 좋아한다. 점심식사 후에 아버지는 회사로 돌아가시고 어
    머니는 집안 일을 하신다. 오후에 도서관에서 공부하는 날이 아니면 동생을
    찾으러 유아원에 가거나 아니면 어머니께서 저녁 식사를 준비하는 것을 도
    와드리기도 한다. 저녁 식사 후에 일반적으로 우리는 TV를 시청하지만 가끔
    씩 TV 보는 대신 라디오를 듣거나 아니면 집 근처에 사시는 할아버지 내외분
    과 함께 산책하러 나가기도 한다. 가끔 친구들과 전화로 장래에 대해 얘기하
    느라 밤을 지새우기도 한다.   (*밤을 지새우다 pasar la noche {en vela / en blanco})

연습문제 B

1. 다음의 문장을 완성해 보시오.

① El coche que … porque …

② Los juguetes que …

③ Los alumnos que … pero …

④ El ciclista que …

⑤ Nadie nos dijo que el agua que …

⑥ El profesor López, quien …

⑦ Pedro Kim, quien …, volvió a Corea.

2. 관계사 que를 이용하여 다섯 개의 문장을 자유롭게 만들어 보시오.

3. 관계사 quien을 이용하여 다섯 개의 문장을 자유롭게 만들어 보시오.

28 관계사를 이용한 작문 (2): DONDE

- *No por mucho madrugar amanece más temprano.*

장소와 관련된 표현이 관계화되면 관계부사 donde를 사용한다.

기본 예제

⑴ 나는 인권이 존중되지 않는 국가들을 싫어한다.

No me gustan *esos países*.

No se respetan los derechos humanos en *esos países*.

→ No me gustan esos países donde no se respetan los derechos humanos.

⑵ 나는 1년 전 우리가 만난 카페에서 그녀를 기다렸다.

La esperé en *el café*.

Nos vimos en *el café* hace un año.

→ La esperé en el café donde nos vimos hace un año.

위의 예문에서 관계부사 donde 대신에 en el que/en la que/en los que/en las que 형을 사용할 수 있다.

ㅇ 유의사항

장소와 관련된 표현이라고 해서 무조건 donde를 사용하는 사람들이 종종 있는데 그럴 경우 실수를 범하기 쉽다. 관계절 내부에서 빠져나간 요소가 문장에서 수행하는 역할이 무엇인지를 잘 살펴보고, 빠져나간 요소가 장소를 가리키는 명사라 하더라도 그것이 주어나 목적어이면 donde를 사용하면 안 된다. donde는 문장 내에서 장소를 가리키는 전치사구의 내부에 있는 요소가 앞으로 관계화 되어 나간 경우에만 사용한다는 것을 유념하기 바란다.

기본 예제

⑴ a. 어제 우리가 방문했던 그 미술관은 지하철 역 부근에 있다.

　　 *El museo donde visitamos ayer está cerca del metro.

　　 → El museo que visitamos ayer está cerca del metro.

　 b. 어제 그녀를 만났던 그 미술관은 지하철 역 부근에 있다.

　　 El museo donde la vi está cerca del metro.

⑵ a. 네가 찾고 있는 가게는 여기서 멀다.

　　 *La tienda donde buscas está lejos de aquí.

　　 → La tienda que buscas está lejos de aquí.

　 b. 네가 오토바이를 산 가게는 여기서 멀리 떨어져 있니?

　　 ¿Está lejos de aquí la tienda donde te compraste la moto?

○ 유의사항

　학생들 중에는 장소와 관련된 표현이라고 해서 무조건 donde를 사용하는 사람들이 종종 있는데 그럴 경우 실수를 범하기 쉽다. 먼저 관계절 내부에서 빠져나간 요소가 문장에서 수행하는 역할이 무엇인지를 잘 다져보고 빠져나간 요소가 장소를 가리키는 명사라 하더라도 그것이 주어나, 목적어이면 donde를 사용하면 안 된다. donde는 문장 내에서 장소를 가리키는 전치사구의 내부에 있는 요소가 앞으로 관계화 되어 나간 경우에만 사용한다는 것을 유념하기 바란다. 아래의 예를 살펴보자.

연습문제 A

1. 스페인은 내가 4년 동안 살았던 나라다.

2. 이곳은 500년 전 일본이 쳐들어 왔을 때 조국을 구해낸 이 순신 장군이 태어 나신 집이다. (*제독, 해군 장성 almirante, 침략하다 invadir)

3. 어릴 때 친구들과 뛰어 놀았던 그 해변이 무척이나 그립다.

(*그리워하다 echar de menos)

4. 나는 그녀를 처음으로 알게 된 그 교회에서 그녀와 결혼하고 싶다.

5. 20년 전 서로를 알게 된 바로 그 곳에서 그들은 재회하였다.

6. 일 전에 우리가 만났던 장소에서 저녁 7시에 너를 기다리겠다.

7. 태어날 때부터 내가 살고 있는 거리에는 나무가 매우 많다.

8. 그녀와 만나기로 한 장소를 찾지 못했다. (*…와 만나기로 하다 quedar con)

9. 1주일 전에 쇼핑을 했던 쇼핑센터가 무너져버렸다.

(*무너지다 hundirse derrumbarse, 쇼핑센터 centro comercial)

10. 차를 주차시켜둔 장소가 기억이 나지 않는다.

11. 네가 열쇠를 놓아 둔 정확한 장소를 기억하지 못한다면 열쇠를 찾기는 불가 능하다.

12. 미국 폭격기 한 대가 그 테러리스트가 은신하고 있을 것으로 여겨지는 집을 폭격하였다. (*폭격기 bombardero, *폭격하다 bombardear)

연습문제 B

1. 관계사 donde를 이용하여 다섯 개의 문장을 자유롭게 만들어 보시오.

2. 아래에 제시된 두 개의 편지를 읽고 이를 참조로 하여 친구나 주변 사람에게
   격려 혹은 위로의 편지를 한 번 적어보시오.

Málaga, 4 de febrero de 2003

Querida amiga:

La vida aún está empezando para ti. No te desanimes. El árbol tierno sufre
con los vientos fuertes; pero también se hace más resistente. A ti te está ocur-
riendo lo mismo: el desprecio de la persona a quien amas no es más que una
señal de que esa persona no merece tu amor. No llores. Pronto encontrarás
otro que te haga feliz. Un beso muy fuerte.

María Teresa

(*원문 출처: Antena 3, SGEL)

Barcelona, 3 de abril de 2003

Querido Manolo:

Acabo de enterarme de la muerte de tu mamá y quiero expersarte mi más sentido
pésame. Es una gran tragedia para ti y toda tu familia. Lo es también para todos los que
la conocíamos.

Te ruego que des a tu familia mi profundo pésame. Un abrazo muy fuerte.

Juan Rodríguez

29 관계사를 이용한 작문 (3): CUYO

● *La gallina de mi vecina más huevos pone que la mía.*

소유 관계사 cuyo는 영어의 whose에 상응하며 바로 뒤에 출현하는 명사의 성, 수에 일치한다는 점에 유의하기 바란다.

기본 예제

⑴ 나는 아내가 약사인 친구가 한 명 있다.

Tengo un amigo cuya esposa es farmacéutica.

⑵ 자신의 상대성 이론이 과학 발전에 지대한 영향을 끼친 아인쉬타인은 위대한 물리학자다.

Einstein, cuya teoría de la relatividad influyó mucho en el desarrollo de la ciencia, es un gran físico.

⑶ 어머니가 병원에 입원해 계신 Carlos는 휴가를 떠나지 않기로 했다.

Carlos, cuya madre está hospitalizada, ha decidido no irse de vacaciones.

⑷ a. 마드리드는 거리가 항상 사람들로 북적대는 활기찬 도시다.

Madrid es una ciudad dinámica cuyas calles siempre están llenas de gente.

b. 거리가 항상 사람들로 북적대는 마드리드는 활기찬 도시이다.

Madrid, cuyas calles están llenas de gente, es una ciudad dinámica.

⑸ 어제 우리가 집을 찾아갔던 사람은 교육부 장관이다.

El hombre, cuya casa visitamos ayer, es el ministro de educación.

⑹ 내 차는 디젤 엔진인데 경유를 사용한다.

Mi coche, cuyo motor es diesel, utiliza gasóleo.

⑺ 그 화가의 작품이 현대 예술 갤러리에 전시되었었는데 그는 오늘 항공사고 로 사망하였다.

Ese pintor, cuyas obras fueron expuestas en la galería de Arte Moderno, ha fallecido hoy en un accidente aéreo.

⑻ 마리아는 딸이 이제는 학교에 다녀서 직장을 구하고 있는 중이다.

María, cuya hija ya está en el colegio, busca {trabajo / empleo}.

단, 회화체의 경우는 cuyo를 잘 사용하지 않고 대신 다른 형태로 사용하는 경우 가 많다고 한다. 예를 들어 Madrid es una ciudad dinámica cuyas calles siempre están llenas de gente와 같은 문장은 Madrid es una ciudad dinámica y las calles siempre están llenas de gente로 바꾸어 쓸 수 있다.

연습문제 A

1. 지붕이 빨간 저 집이 바로 우리 집이다.

2. 겉표지가 빨간 책을 만지지 마라.　　　　　　　　　　　　　　　　(*표지 tapa)

3. 역사가 매우 긴 중국은 세계에서 가장 인구가 많은 나라이다.

4. 저 다리는 길이가 7킬로가 넘는데 한국에서 가장 길다.　　　　(*길이 longitud)

5. 이 산은 높이가 해발 3000미터가 넘는데 스페인에서 가장 높다.　(*높이 altura)

6. 어제 나는 아버지가 서울 시장인 여자를 소개받았다.

7. 여러분께 도밍게스(Domínguz) 씨를 소개합니다. 그의 아버지께서는 우리 대 학의 설립자였습니다.　　　　　　　　　　　　　　　　　　(*설립자 fundador)

8. 정원이 꽃과 나무로 가득 찬 저 집은 김 교수의 집이다.

9. 내 친구는 작년에 아버지를 여위었었는데 가족을 부양하기 위해 생활비를 벌어야 한다. (*생활비를 벌다 ganarse la vida, 부양하다 mantener)

10. 내 친구는 장남이 삼성그룹 계열사 사장인데 아직 자가용이 없다.

(*그룹 conglomerado empresarial, 계열사 filial)

11. 아시아에서 경제가 가장 탄탄하다고 여겨지는 한국은 요즘 경제적, 정치적 위기에 직면에 했다. (*탄탄한 sólido, …에 직면하다 enfrentarse a)

연습문제 B

다음 두 글을 읽고 한국 내에서의 외국인 노동자들에 대한 차별에 대해 의견을 간략히 적어 보시오.

Los españoles son cada vez menos racistas aunque haya más inmigrantes

España es el país de la Unión Europea con menor proporción de inmigrantes, lo que quizá explica que la xenofobia sea también más pequeña. Sin embargo, los estudios anuales del Ministerio de Trabajo y Asuntos Sociales demuestran que el flujo de inmigrantes crece y que, sin embargo, las actitudes xenófobas decrecen. Según se desprende de la investigación, el contacto con el inmigrante parece derribar los prejuicios del español.

(*원문 출처: El País 98/09/15)

30 '관계사를 이용한 작문 (4): 관계 구문에서의 전치사 사용

• *No hay mayor dificultad que la poca voluntad.*

스페인어를 어느 정도 배운 학생이면 누구나 평서문(oración declarativa)에서의 전치사 용법은 대략 알고 있다. 따라서 한국어의 평서문을 스페인어로 옮길 때에 전치사를 빠뜨리는 법은 별로 없다. 그러나 관계 구문을 스페인어로 옮기는 경우에는 전치사를 종종 빠뜨리는 실수를 범한다. 이의 원인은 여러 가지가 있을 수 있겠지만 가장 큰 원인은 아래 예문에서 잘 볼 수 있듯이 한국어의 경우 평서문에 나타나는 '–에/–에서', '–와', '–으로' 등과 같은 후치사(後置詞)[5]가 관계 구문에서는 명시적(明示的)인 형태로 나타나지 않기 때문이다. 따라서 깊이 생각하지 않고 표면만 들여다보는 학생들은 관계 구문을 스페인어로 번역할 때 전치사를 자주 빠뜨리는 실수를 범하게 된다. 이와 같은 실수를 예방하기 위해서는 관계 구문을 스페인어로 옮기기 전에 먼저 평서문을 만들어 보는 연습을 해보는 것이 필요하다. 즉, 한국어에서는 평서문에 나타나는 후치사가 관계 구문에서는 숨어 버리는 경우가 허다하므로 관계 구문을 스페인어로 옮기는 경우에 있어서 무엇보다도 숨어버린 후치사가 있는지 없는지의 여부를 잘 살핀 다음 숨어버린 후치사가 있다면 이 후치사에 상응하는 전치사를 스페인어 관계 구문 속에 포함시켜야할 것이다.

---

5) 전치사는 명사구 앞에 오지만 한국어와 같은 SOV 어순의 언어에서는 전치사에 상응하는 역할을 하는 형태소가 명사구 뒤에 위치한다. 이러한 의미에서 후치사라고 부른다.

⑴ a. 내 동생은 이 아파트**에** 산다.

   Mi hermano vive **en** este piso.

　b. 이곳이 내 동생이 사는 아파트다

   Éste es el piso {en el que/donde} vive mi hermano.

⑵ a. 나는 이 동네**에서** 10년 동안 살았다.

   Viví **en** este barrio durante 10 años.

　b. 이곳이 내가 10년 동안 살았던 동네다.

   Éste es el barrio {en el que/donde} viví durante 10 años.

⑶ a. 나는 올 봄에 그녀**와** 결혼할거야.

   Esta primavera voy a casarme **con** ella.

　b. 내가 결혼할 여자는 스페인 사람이다.

   La chica {con la que/con quien} voy a casarme es española.

⑷ a. 마놀로가 이 숟가락**으로** 밥을 먹었다.

   Manolo comió **con** esta cuchara.

　b. 이것이 마놀로가 밥 먹은 숟가락이다.

   Ésta es la cuchara con la que comió Manolo.

한편, 관계 구문에서 선행사 뒤의 '전치사 + 관사 + 관계사' 형태와 관련하여 학생들로부터 가장 많이 받는 질문 중의 하나는 전치사 뒤의 관사 사용 유무이다. 왜냐하면 스페인어 교재나 소설책에 나오는 예문을 살펴보면 전치사 뒤에 관사가 출현하는 경우도 있고 그렇지 않은 경우도 있어서 학생들이 막상 작문을 하려할 때에 어떤 기준을 가지고 관사의 출현 유무를 결정해야할 지를 몰라 어려움을 느끼기 때문이다.

⑴ Es el tema en (el) que más se ha insistido.

⑵ Ese ha sido el criterio con (el) que hemos actuado siempre.

⑶ Es importante la materia de (la) que esté hecho.

스페인어를 배우는 외국인의 입장에서는 전치사가 출현하면 원칙적으로 관사도 출현하고 전치사가 없으면 관사도 출현하지 않는다고 보면 된다. 그 대표적인 경우가 다음에 제시되는 예이다.

⑷ 어제 우리가 만난 사람이 우리를 보러 왔다.

    a. El hombre que vimos ayer ha venido a vernos.

    b. El hombre al que vimos ayer ha venido a vernos

    c. *El hombre a que vimos ayer ha venido a vernos.

단, 선행사가 시간(período de tiempo)을 지시하는 명사인 경우에는 en que 형이 en el que형 보다 훨씬 더 선호된다. 그리고 día, semana, mes, año 뒤에서는 en도 종종 생략되기도 한다.

⑸ La época en que todavía se hablaba latín ⋯

⑹ El momento en que salía de casa ⋯

⑺ El día que te vi ⋯

⑻ El año que nos casamos ⋯

⑼ El mes que llovió tanto ⋯

⑽ En los meses que estuvo Eduardo en España ⋯

⑾ Durante el año y medio que he estado en el cargo ⋯

앞에서 관계 구문을 스페인어로 옮기기 전에 먼저 평서문을 생각해보고 이때 전치사가 필요하면 관계 구문에서도 전치사를 집어 넣어야한다고 말했다. 그런데 학생들 가운데는 평서문에서 전치사가 출현하면 스페인어로 번역할 때 관계화 되는 요소가 무엇인지에 상관없이 무조건 전치사를 집어넣는 실수를 범하는데 무조건 그렇게 해서는 안 된다는 점에 유의해야 한다. 다음의 예를 살펴보자.

[분석의 예]

⑴ 나는 그 여자와 결혼한다.

 Me voy a casar con esa chica.

  → [내가 △ 결혼할] 여자는 이곳에서 일한다.

   La chica [con la que voy a casarme △] trabaja aquí.

⑵ 그녀는 나와 결혼한다.

 Ella se va a casar conmigo.

  → [△ 나와 결혼할] 여자는 이곳에서 일한다.

   La chica [que △ va a casarse conmigo] trabaja aquí.

   *La chica con la que va a casarse conmigo trabaja aquí.

 위의 예에서 보듯이 '…와 결혼한다'를 번역할 때 필요한 전치사는 con이지만 무엇이 관계화 되는 요소이며 이때 관계화 되는 요소가 평서문에서 수행하는 문장 기능이 무엇인지(가령, 주어, 목적어)를 잘 살펴보아야 한다. 예문 ⑴에서 '나'는 주어이고 '여자'는 목적어(좀 더 엄밀히 말하면 후치사 '－와'의 목적어)이다. 그런데 관계절을 포함하고 있는 '[내가 결혼할] 여자는 …'에서 관계화 된 요소는 주어 '나'가 아닌 후치사 '－와'의 목적어 '여자'이다. 따라서 후치사의 목적어가 관계화 되었으므로 스페인어로 옮길 때는 후치사 '…와'에 상응하는 전치사 con의 출현이 필수적이다. 반면에, 예문 ⑵에서 주어는 '그녀'이다. 따라서 '[나와 결혼할] 여자는 …'에서 관계화 된 요소는 주어인 '여자'이다. 따라서 번역할 때 전치사가 출현할 필요가 없다. 즉, 평서문에서 전치사가 출현한다고 해서 무조건 관계 구문에서 관계사 앞에 전치사를 넣으면 되는 것이 아니라 전치사의 목적어가 관계화 되는 경우에만 전치사가 관계 구문에 나타난다는 점을 알아야할 것이다.

기본 예제

⑴ [후안이 푹 빠져 있는] 그 여자는 이미 애인이 있다.

 La chica [de la que está enamorado Juan] ya tiene novio.

⑵ [내가 살고 있는] 기숙사는 도서관 옆에 있어서 밤에는 그곳에서 공부한다.

El colegio mayor [en el que vivo] está al lado de la biblioteca y estudio allí

por las noches.

⑶ [그녀가 살고 있는] 집은 잘 가꾸어진 정원이 있다.

La casa [en la que vive] tiene un jardín bien cuidado.

⑷ 너는 [내가 방금 인사한] 신사분이 누구인지 알고 있니?

¿Sabes quién es el señor [al que acabo de saludar]?

⑸ [어제 내가 데이트한] 남자는 내 친구의 애인이다.

El chico [con el que salí ayer] es el novio de mi amiga.

⑹ 정치는 [내가 얘기하기 싫어하는] 테마이다.

La política es un tema [de que no me gusta hablar].

⑺ 이것이 [어제 내게 얘기했던] 그 책이니?

¿Es éste el libro [del que me hablaste ayer]?

⑻ 한국에는 [윤리 의식이 결여된] 정치인들이 아주 많다.

En Corea hay muchos políticos [a quienes les falta un sentido ético].

마드리드의 마요르 광장(Plaza Mayor)

연습문제 A

1. 아이가 갖고 노는 장난감은 위험하다.

2. 내가 사귀는 여자는 변호사다.

3. 어제 얘기를 나누었던 그 청년이 오늘 아침에 내게 전화했다.

4. 이 사람이 내가 네게 말했던 그 정비사야.　　　　　　(*정비사 mecánico)

5. 여행객들이 대기했던 대기실은 매우 지저분했다.　　　(*대기실 sala de espera)

6. 내가 공부하는 방은 항상 책과 종이로 가득 차 있다.

7. 내가 공부하는 도서관은 인문대 앞에 있다.

　　　　　　　　　(*인문대학, 문과대학 facultad de filosoía y letras)

8. 어머니는 아이가 누워있는 침대로 다가가서 얼굴을 쓰다듬었다.

9. 네가 나를 배신한 이유를 말해봐.　　　　　　　　(*배신하다 traicionar)

10. 그것이 내가 파티에 갈 수 없었던 이유야.

11. 내가 그를 싫어하는 이유 중의 하나는 게으르고 오만 불손하다는 것이다.

　　　　　　　　　　　　　　　　　　　(*오만 불손한 arrogante)

12. 나는 작년에 휴가를 보낸 마을이 그립다.

13. 네가 앉아 있는 의자 밑에 개 한 마리가 있다.

14. 마리아가 사랑에 빠져 있는 그 남자는 유부남이다.　　(*기혼인, 유부남인 casado)

15. 고기를 자른 칼을 너는 어디다 두었니?　　　　(*칼 cuchillo, 자르다 cortar)

16. 우리가 태어나는 순간부터 우리는 한 사회에 소속되게 된다. 그러나 자기가 속한 사회에 적응할 줄 모르는 사람들이 있다.

　　　　　　　　(*소속되다 pertenecer, …에 적응하다 adaptarse a)

17. 그녀를 만난 순간부터 나는 항상 그녀를 생각한다.

18. 방에 들어가려던 그 순간 누군가가 울고 있는 소리를 들었다.

19. 내가 태어나던 바로 그 날 할아버지께서 돌아가셨다.

20. 그가 신발을 벗은 바로 그 자리에 신발을 두어라.

21. 너를 처음 알게 된 그 날을 난 아직도 분명하게 기억하고 있다.

　　　　　　　　　　　　　(*분명하게, 생생히 perfectamente, bien)

22. 내가 집에 늦게 돌아가는 유일한 날은 금요일이다.

23. 우리가 들어간 문은 낮고 좁았다.

24. 도둑이 빠져나간 창문은 작았다.

25. María는 지난달에 이사를 간 동네를 무척 마음에 들어하는 것 같다.

26. 사계절 가운데 나는 덥지도 춥지도 않은 가을을 가장 좋아한다.

27. 하와이는 우리가 결혼하게 되면 신혼여행을 가고 싶은 곳이다.

(*신혼여행 viaje de novios, viaje de luna de miel)

28. 이 사람들은 내가 어렸을 적에 때 놀았던 친구들이다.

연습문제 B

1. 전치사 a, de, en, con, por, para, sin 등을 이용하여 관계 구문을 각각 두 개씩 만들어 보시오.

2. Lea el siguiente texto y escriba una redacción de 150~200 palabras sobre la importancia del español.

외국어 '전사' 양성에 고심하는 美 CIA

"3개 국어를 할 줄 아는 사람은 '트라이링구얼(trilingual)', 2개 국어를 하는 사람은 '바이링구얼(bilingual)'이라고 한다. 그러면 1개 국어밖에 못하는 사람은 뭐라고 부를까?" 미국의 어느 인류학자가 한 강연에서 이렇게 물었다. 정답은? '미국인'이다. 영어가 세계어가 된 시대에 세계 곳곳에서 모두 영어 배우기에 열을 올리고 있으니, 미국인들은 다른 언어를 배워야 할 필요성을 느끼지 못한다.

그러나 지난 2001년 9·11 테러 이후 영어에 대한 미국인들의 오만한 태도가 변하고 있다. '당신들이 영어를 배워 우리가 하는 말을 알아들어라'라는 태도에서, '우리도 저들의 언어를 이해해야 한다'는 식으로 변했다. 중앙정보국 (CIA)의 비밀요원 채용 공고 내용을 보자. 자격요건은 '성적 우수 대졸자, 뛰어난 대인관계, 명확하고 정확하게 글쓰는 능력, 국제문제에 대한 관심', 그리고 '석사학위 소지자와 외국어 능통자, 외국에 살아본 경험자'를 우대한다고 되어 있다. 중동과 동아시아, 중유럽지역 전문가는 특별대우다. 미국에서 외국어 교육은 이제 국가안보 차원의 문제가 됐다. 9·11 테러 직후 미국의 각 정보기관이 엄청난 예산을 들여 세계 곳곳에서 감청해 놓은 자료가 산처럼 쌓여 있었으나, 번역할 인력이 없어 그 안에 어떤 정보가 들어 있는지도 모른 채 잠자고 있었다는 사실이 공개됐다.

미국은 냉전 종식 이후 세계유일의 초강대국으로 군림하는 동안 외국어에 대한 관심을 접었다. 그러다가 다시 테러와의 전쟁 시대에 접어들면서 미국은 이제 테러리스트들의 언어를 배워야 하는 입장이 됐다. 미국의 군정보기관은 아프가니스탄 전쟁 때는 이 지역에서 널리 쓰이는 페르시아어(Farsi)와 파슈토어(Pashto) 구사자를 충분히 확보하지 못해 고전했고, 이라크 전쟁 이후 전후처리 과정에서도 아랍어 인력이 부족해 어려움을 겪고 있다.

미국인들은 이제 단순히 다른 나라의 문화와 문학을 이해하기 위해서가 아니라, 외교와 정보활동의 수단으로서 외국어를 공부해야 한다고 강조한다. 그러나 문제는 어떤 언어도 단기간에 익힐 수는 없다는 점이다. 미국 외국어 교육위원회는 미국인들이 아랍어를 배워 통역이나 변호사로 일할 수 있는 수준에 이르려면 2,400~2,760시간의 수업을 들어야 한다는 통계를 내놓았다. 그러나 미국 대학에서 어학코스를 2년 동안 들을 경우 총 수업시간은 약 280시간에 불과하며, 이런 방식으로는 외국어 '전사'들을 배출하기 어렵다고 지적했다. 한국도 이라크 파병을 앞두고 아랍어 전공 장병 확보에 비상이 걸렸다.

이제 '영어만이 경쟁력이다'라고 외치던 시대는 지나갔다. 국제사회에서 한국의 역할이 커지면 커질수록, 세계무대에서 살아남기 위해서가 아니라, 국력에 걸맞은 역할을 다하기 위해서 또 다른 외국어라는 '신무기'가 필요한 시대가 된 셈이다.

(*원문 출처: 조선일보)

31 관계사를 이용한 작문 (5): El que

● *Dios castiga sin palo ni piedra.*

El que는 이미 알고 있거나 혹은 앞의 문장에서 나온 명사의 반복을 피하기 위해 주로 사용된다. 따라서 '정관사 + 명사 + que'에서 명사가 생략되고 대신 정관사가 명사의 기능을 대신한다고 보면 된다.

기본 예제

⑴ 나는 바에 가고 있는 중이다. ― 어느 바에? ― 길모퉁이에 있는 바에.
　 Estoy yendo al bar. ― ¿A qué bar? ― Al que está en la esquina.

⑵ 현관에 있는 사람(남자)은 누구입니까?
　 ¿Quién es el que está en el portal?

⑶ 내가 산 책은 네가 산 것 보다 더 비싸다.
　 El libro que compré es más caro que el que compraste.

⑷ 제 때에 도착한 학생들은 차분히 공부하고 있는 반면에 지각한 학생들은 화장실을 청소를 하고 있다.
　 Los estudiantes que han llegado a tiempo están estudiando con tranquilidad, mientras que los que han llegado tarde están limpiando el aseo.

한편, 사전에 어떤 명사구의 출현이 없이 los que, el que 등으로 시작하는 문장은 일반적으로 '…하는 자들/자', '…하는 사람들/사람'으로 번역되며 대체로 quienes, quien으로 대체될 수 있다. 단, 속담, 경구, 숙어와 같은 표현에서는

quien이 주로 사용된다.

기본 예제

⑴ 일을 끝낸 자들은 집에 돌아가도 좋다.

Los que han terminado el trabajo pueden volver a casa.

⑵ 자신의 일에 만족하지 않는 자는 일반적으로 행복하지 않다.

El que no está contento con su trabajo por lo general no es feliz.

⑶ 신은 스스로 돕는 자를 돕는다.

A quien madruga, Dios le ayuda.

⑷ 너를 무척 사랑하는 사람이 너를 울게 만들 것이다.

Quien bien te quiere te hará llorar.

연습문제 A

1. 공부를 열심히 하는 사람들이 일반적으로 성적이 더 좋다.

2. 그녀를 알고 있는 모든 사람들은 그녀에 대해 좋게 말한다.

3. 나는 갖고 있는 외투가 유행이 지나서 외투를 하나 사려고 한다.

(*유행이 지난 pasado de moda)

4. 송편은 추석의 가장 대표적인 음식이며 내가 가장 좋아하는 것이다.

5. 이 셔츠는 어제 우리가 본 것보다는 훨씬 더 예쁘긴 한데 훨씬 더 비싸다.

6. 저기가 내가 종종 술을 한 잔씩 마시곤 했던 바이다.

7. 이 복숭아나무는 15년 전 내가 대학에 입학했을 때 심은 것인데 많이 자랐다.

(*복숭아 나무 melocotonero)

8. 후안이 갖고 있는 샤프펜슬은 오늘 아침 내가 교실에서 잃어버린 것이다.

(*샤프펜슬 m. portaminas)

9. 우리 집에 있는 가구들은 우리가 결혼했을 때 친구들이 선물해준 것이다.

10. 표를 구하지 못한 사람들은 경기장 밖에서 TV로 경기를 보는 수밖에 없었다.

연습문제 B

Escriba una redacción de 100~150 palabras sobre el tema.

Descríbase a usted mismo o a un familiar suyo como conductor.

스페인에서 가장 높은 위치(1130m)에 있는 도시 아빌라(Ávila)

32 관계사를 이용한 작문 (6): Lo que와 '-것'

• *No dejes para mañana lo que puedas hacer hoy.*

구조적으로는 el libro que has comprado나 lo que has comprado나 모두 동일하다. 즉, 관계절 내부에서 무언가가 밖으로 빠져나갔다는 점에서는 공통적이다. 다만 lo que는 화자가 선행사를 구체적으로 말하고 싶지 않거나 말할 수 없는 사물, 사건 혹은 개념 등을 언급하고자 할 때 사용한다는 차이 뿐이다.

기본 예제

⑴ 나는 네가 말하는 것을 이해하지 못하겠다.

　　No entiendo lo que me dices.

⑵ 나는 그에게 일어난 것이 무엇인지 모른다.

　　No sé lo que le sucedió.

⑶ 이번 주말에 내가 가장 했으면 하는 것은 수영장에서 수영하는 것입니다.

　　Lo que más me gustaría hacer este fin de semana es nadar en la piscina.

⑷ 아무도 그들이 말하는 것에 귀 기울이지 않는다.

　　Nadie hace caso de lo que dicen.

⑸ 말조심해라!

　　¡Ten cuidado con lo que dices!

⑹ 다음날 나는 뻬드로에게 일어난 일을 얘기해주었다.

　　Al día siguiente le conté lo que había pasado a Pedro.

⑺ 그 아이가 유일하게 관심을 두는 것은 자기 친구들과 노는 것이다.

Lo único(=la única cosa) que le interesa al niño es jugar con sus amigos.

⑻ 내가 퇴근하면 제일 먼저 하는 것은 아이의 숙제를 도와주는 것이다.

Lo primero que hago al volver del trabajo es ayudar al niño con los deberes.

⑼ 빛난다고 해서 다 금은 아니다.

No siempre es oro todo lo que reluce.

(cf. All is not gold that glitters)

---

o **유의사항**

　lo que가 대개 '…것'으로 번역된다는 사실 때문에 학생들은 한국어의 '…것'에 해당하는 표현이 나오기만 하면 무조건 lo que로 번역해버리는 실수를 종종 범한다. 다음은 실제로 학생들이 저지른 실수의 예이다.

[실수의 예]

⑴ 내가 이해할 수 없는 것은 그가 아직 자기에게 일어난 것을 모르고 있다는 **것**이다.

　*Lo que no entiendo es *lo que* aún no sepa lo que le sucedió.

　→ Lo que no entiendo es que aún no sepa lo que le sucedió.

⑵ 어머니는 우리가 키스하는 **것**을 보고는 화를 무척 내셨다.

　*Cuando vio *lo que* nos besamos, mamá se enfadó mucho.

　→ Cuando nos vio besándonos, mamá se enfadó mucho.

⑶ 내가 그녀를 사랑하는 이유는 어려울 때 항상 내 곁에 있다는 **것**이다

　*La razón por la que la quiero es *lo que* siempre está a mi lado en momentos difíciles.

　→ La razón por la que la quiero es que siempre está a mi lado en momentos difíciles.

⑷ 친구들이 다 모이는 **것**은 어렵다.

　*Es difícil lo que se reúnen los amigos.

　→ Es difícil que se reúnan los amigos.

[분석의 예]

[내가 이해할 수 없는 **것**]₁은 [그가 아직 [자기에게 일어난 **것**]₂을 모르고 있다는 **것**]₃이다.

{**Lo que** no entiendo △} es {**que/*lo que**} aún no sepa {**lo que** △ le sucedió}

  1   3   2

분석의 예에서 보듯이 '…것'을 번역할 때 먼저 고려해야할 점은 '…것'을 포함한 구문이 관계절이냐 아니냐의 여부를 가리는 것이다. 쉽게 말해 관계절의 형성은 관계절 내부로부터 어떤 요소(△로 표시)가 주절로 빠져나감으로써 이루어지므로(예: [[내가 △ 산] 책]) '…것'을 번역할 때는 관계절 내부에서 무엇인가가 관계화되어 빠져나간 것이 있는지 없는지의 여부를 잘 따져 보아야 한다.

구체적인 예를 들어 설명해보기로 하자. 위의 예문에서 동사 '이해하다'는 평서문에서 주어와 목적어를 필요로 한다(예: A가 B를 이해하다). 따라서 '[[내가 △ 이해할 수 없는] 것]'의 경우는 '이해하다'의 목적어가 관계절 밖으로 빠져나가 있다. 그리고 '그에게 일어난 것'의 경우 동사 '일어나다'는 평서문에서 주어의 출현만으로도 문장이 성립되기에 충분하다(예: A가 (B에게) 일어나다). 따라서 '[[△ 그에게 일어난] 것]'의 경우는 주어가 관계화된 것이다. 그러므로 1과 2의 '…것'은 lo que로 번역된다. 반면에, 3의 '…것'이 포함된 문장(그가 […을] 모르고 있다는 것이다)은 동사 '모르다'(예: A가 B를 모르다)의 주어 '그'와 목적어 '그에게 일어난 것'을 모두 포함하고 있으므로 관계화된 것이 없다. 이 경우의 '…것'은 단순히 문장을 이어주는 종속 접속사의 역할을 할 뿐이다. 그러므로 이 경우는 '－것'을 종속 접속사 que로 번역해야 한다.

○ 유의사항

el que도 경우에 따라서는 lo que와 마찬가지로 '－것'으로 번역될 수 있기 때문에 학생들은 '－것'으로 끝나는 단어를 el que로 번역해야할 지 lo que로 번역해야할지 고민하는 경우가 많다. 둘의 차이는 매우 간단하다. lo que와 달리 el que는 선행사가 무엇인지 분명히 알고 있는 경우에 사용한다. 예를 들어 다음 대화를 스페인어로 번역해보자.

A: 너 내게 어떤 책을 빌려줄 수 있는 거니?

¿Qué libro me puedes dejar?

B: 네가 원하는 **것**을 빌려줄 수 있어.

Puedo dejarte el que quieras.

B의 대답에서 el que가 사용된 이유는 A의 질문에서 구체적인 명사 libro가 사용되었기 때문이다. 따라서 이 경우 ' − 것'은 곧 '책(네가 원하는 것 = 네가 원하는 책)'을 의미하므로 el que를 사용해야한다. 즉, ' − 것'을 어떤 구체적인 명사로 바꿀 수 있는 경우에는 el que형을 사용한다고 보면 무난하다.

기본 예제

⑴ 후안이 가지고 있는 노트북 컴퓨터는 네가 가진 것보다 더 무겁다.

El ordenador portátil que tiene Juan pesa más que el que tienes.

⑵ 오늘 읽은 잡지는 어제 읽은 것보다 더 재미있다.

La revista que he leído hoy es más divertida que la que leí ayer.

한편, 앞의 문장 전체를 받는 경우에도 lo que를 사용하는데 이 경우는 비제한적 관계절에서만 가능하며 lo que 대신에 lo cual을 사용할 수도 있다. 그러나 2음절 이상의 전치사 뒤에서는 항상 lo cual만 가능하다.

기본 예제

⑴ 그는 나를 사랑한다고 말했지만 그것은 거짓말이었다.

Dijo que me quería, {lo que/lo cual} resultó ser mentira.

⑵ 너무 늦게 도착하는 바람에 모임에 참석하지 못했다.

Llegué muy tarde, {por lo que/por lo cual} no pude asistir a la reunión.

⑶ 그녀는 살을 빼고 싶어하지만 그것은 매우 어렵다.

Ella quiere perder peso, {lo que/lo cual} es muy difícil.

⑷ 마놀로는 많은 돈을 벌고 싶어하지만 그것은 그에게 많은 골칫거리를 가져
다 줄 것이다.

Manolo quiere ganar mucho dinero, {lo que/lo cual} le dará muchos dolores
de cabeza.

연습문제 A

1. 나는 네가 지난 여름에 한 일을 알고 있다. 그러니 나를 속이려고 들지 마라.

2. 내가 원하는 것은 휴식이 아니라 일할 권리이다.　　　　(*…할 권리 derecho a inf.)

3. 네가 하는 말은 아무런 근거가 없어.　　　　　　　　　　　　(*근거 fundamento)

4. 내가 가장 걱정되는 것은 그의 건강이다.

5. 제가 말씀드린 것은 전부 사실임을 맹세합니다.　　　　　　　　(*맹세하다 jurar)

6. 당신이 말하고 있는 것은 우리가 해야만 하는 것과는 아무 상관도 없습니다.

(*…와 아무 상관이 없는 no tener nada que ver con…)

7. 그는 거짓말쟁이여서 나는 그가 하는 말은 하나도 믿지 않는다.

(*거짓말쟁이 mentiroso)

8. 나는 네가 내게 요구한 것을 모두 다 했다.

9. 네가 아직도 부모님을 사랑한다면 부모님께서 원하지 않는 것은 하지 마라.

10. 그는 너무 똑똑해서 선생님께서 설명하시는 것을 전부 다 이해한다.

11. 그녀는 자기가 하는 일에 만족하지 못하고 있다.

12. 나는 내가 한 일에 대해 절대 후회하지 않는다. 오히려 내가 한 것에 대해 자
부심을 가지고 있다.

(*오히려 por el contrario, …을 자랑스러워하다, 자부심을 가지다 estar orgulloso de)

13. 학업을 마치게 되면 제가 가장 먼저 해야 할 일은 전공과 관련된 일을 구하는
것이다.

14. 내가 잠자리에서 일어나 제일 먼저 하는 것은 기지개를 켜는 것이다.

(*기지개를 켜다, 스트레칭을 하다 estirarse)

15. 손님들이 도착하면 네가 제일 먼저 해야 할 일은 손님들에게 인사하는 것이다.

16. 스페인 사람들의 식탁에 있어 빵은 필수 불가결한 요소이다. 대다수 스페인 사람들이 매일 제일 먼저 하는 일은 신선한 빵을 사는 것이다.

(*필수 불가결한 imprescindible)

17. 김치는 한국의 대표적인 음식 중의 하나이지만 많은 외국인들이 김치는 일본 음식인 것으로 믿고 있다. 따라서 우리가 지금부터 해야 할 일은 김치는 일본 음식이 아니라 한국 음식임을 전 세계에 알리는 것이다.   (*알리다 dar a conocer)

18. 내가 너에게 말해줄 수 있는 것은 그녀가 너와 결혼하고 원하지 않는다는 것이다.

19. 내가 너를 위해 할 수 있는 유일한 것은 네가 슬플 때 너의 곁에 있어주는 것이다.

20. 네가 가지고 있는 것에 만족하지 못한다면 세상을 다 가진다 하더라도 불행할 것이다.

21. 내가 궁금한 것은 그녀가 왜 약속 시간에 오지 않았느냐 하는 것이다.

(*약속한 시간에 a la hora citada, a la hora prometida)

22. 이 집에서 가장 마음에 드는 것은 정원이다.

23. 나는 다른 사람들이 하는 말은 상관하지 않는다.

24. 나는 너무 바빠서 TV에서 틀어주는 것을 보면서 소파에 앉아 있을 시간이 없다.

25. 차가 나무에 부딪쳤을 때 나는 의식을 잃었고 내게 일어난 일을 전혀 기억을 못한다.   (*의식을 잃다, 정신을 잃다 perder el conocimiento)

26. 나를 가장 불쾌하게 만드는 것은 그가 종업원들을 다루는 방식이다.

(*다루다 tratar)

27. 나는 인터넷으로 쇼핑하는 것을 좋아한다. 왜냐하면 집 밖을 나가지 않고도 내가 원하는 것을 아무 때나 살 수 있고 시간도 절약할 수 있기 때문이다.

28. 선생님께서 강의실에 들어올 때 학생들은 노래를 한 곡 불러주었는데 이에 선생님께서는 감동을 받으셨다.

29. 나는 그 문제를 해결하려고 했지만 그것은 불가능 했다.

(*무슨 색깔로 칠하다 pintar de …)

30. 그의 아내가 벽을 하얗게 칠했는데 그것이 그를 매우 화나게 만들었다.

31. 그의 딸이 머리를 노랗게 염색했는데 그것이 그를 매우 화나게 만들었다.

(*머리를 염색하다 teñirse el pelo)

연습문제 B

1. lo que를 이용하여 다섯 문장을 만들어 보시오.

2. Lea el siguiente texto y componga una redacción de 100~150 palabras sobre el aborto por razones económicas.

El debate sobre el aborto inducido o provocado

Los antiabortistas sostienen que el feto es un ser humano con derechos y que, por lo tanto, interrumpir el embarazo es quitarle la vida al feto. Por otra parte, los proabortistas sostienen que el derecho al aborto se fundamenta en el derecho a la privacidad. El derecho a la privacidad implica también un derecho a la privacidad en materia reproductiva. Del derecho general a la privacidad se deriva, entonces, un derecho más específico a la autonomía reproductiva. Y el derecho a la autonomía reproductiva le permite a una mujer no sólo decidir cuándo concebir, sino también decidir cuándo tener un hijo. Poder decidir cuándo tener un hijo implica el derecho al aborto.

Hoy en día se permite el aborto en muchos países en los sigueintes casos: violación, malformación o peligro para la madre. Sin embargo, la interrupción del embarazo también se realiza por problemas económicos. Los que están a favor sostienen que no deberían traer al mundo seres que van a sufrir y a hacer sufrir a otros.

(*원문 출처: Julieta Manterola)

33 관계사를 이용한 작문 (7): 관계절과 비교

• *No te dejes engañar por lo que brilla.*

앞에서도 언급했듯이 lo que는 일반적으로 '− 것'으로 번역된다. 그렇다 보니 학생들은 '− 것'을 무조건 'lo que'로 번역하는 경향이 있다. 그러나 실은 그렇지 않다. 예를 들어 비교 구문에서 '…것보다'를 스페인어로 옮길 때 무조건 lo que로 번역해서는 안 된다. 문장 속에 '− 것보다'에 해당하는 명사가 존재하는 경우에는 그 명사의 성과 수를 따라 del que, de los que, de la que, de las que로 바꾸어야 한다. 예를 들자면 '그는 그가 꿈꾸었던 것보다 더 많은 명성을 획득했다'와 같은 문장에서 '− 것'은 '명성'을 가리키며 또한 '명성'으로 대체될 수 있다. '명성'은 fama로 번역되고 fama는 여성 명사이므로 이 문장을 번역할 때 '− 것보다'를 de la que로 번역해야 한다. 그리고 '우리는 우리가 계산했던 것보다 돈을 더 썼다'와 같은 문장에서는 '− 것'은 '돈'으로 대체할 수 있다. 따라서 이 문장에서 '− 것보다'는 남성 단수 명사 dinero의 성과 수에 맞추어 del que로 번역해야 한다.

한편, '우리가 계산했던 것보다 더 빨리 우리는 산에 올라갔다'와 같은 문장에서는 앞의 문장들의 경우와 달리 '− 것'을 대체할 만한 마땅한 명사가 문장 속에 존재하지 않는다. 왜냐하면 비교 대상이 부사 '빨리'이기 때문이다. 따라서 이와 같은 경우에는 '− 것보다'를 de lo que로 번역하면 된다. 이처럼 대체하고자 하는 요소가 형용사나 부사인 경우는 '− 것보다'를 de lo que로 번역하면 된다.

기본 예제

(1) 그는 그가 꿈꾸었던 <u>것보다</u>(=명성보다) 더 많은 명성을 획득했다.

　　Logró más fama de la que había soñado.

⑵ 후안은 내가 생각했던 <u>것보다</u>(=음반보다) 더 많은 음반을 샀다.

　　Juan compró más discos de los que pensaba.

⑶ 우리는 계산했던 <u>것보다</u>(=돈보다) 돈을 더 많이 썼다.

　　Gastamos más dinero del que habíamos calculado.

⑷ 그는 네가 생각하는 <u>것보다</u>(=책보다) 더 많은 책을 읽었다.

　　Ha leído más libros de los que piensas.

⑸ 그녀는 항상 필요한 <u>것보다</u>(=음식보다) 더 많은 음식을 산다.

　　Ella siempre compra más alimentos de los que necesita.

⑹ 마리아는 기대했던 <u>것보다</u>(학점보다) 더 좋은 학점을 땄다.

　　María sacó mejores notas de las que había esperado.

⑺ 계산했던 <u>것보다</u> 우리는 더 빨리 산에 올라갔다.

　　Subimos la montaña más rápido de lo que habíamos calculado.

⑻ 그녀는 자신이 받아야 하는 <u>것보다</u> 덜 번다. 그래서 정부를 상대로 소송을 제기할 생각이다.

　　Ella gana menos de lo que merece y piensa plantear una demanda contra el gobierno.

⑼ 전에 행동했던 <u>것보다</u> 더 나은 행동을 한다.

　　Se porta mejor de lo que se portaba.

⑽ 그는 우리가 생각했던 <u>것보다는</u> 덜 멍청하다.

　　Es menos estúpido de lo que creíamos.

⑾ 새로운 헤어스타일로 너는 <u>실제보다</u> 훨씬 더 젊어 보인다.

　　Con el nuevo peinado pareces mucho más joven de lo que eres.

한편, 비교급에 관계절을 사용하면 문장의 중의성을 해결해 주는 장점도 있다. 아래의 예문을 살펴보자.

기본 예제

⑴ Tenemos más clientes que su empresa.

⑵ Tenemos más clientes de los que tiene su empresa.

⑴은 귀하의 회사보다 더 많은 고객을 가지고 있다는 해석 이외에 우리의 고객 중에는 귀하의 회사 말고도 더 많은 회사가 있다는 것을 의미할 수도 있다. 따라서 이와 같은 중의성을 해결하기 위해 ⑵와 같은 문장을 사용하기도 한다.

연습문제 A

1. 그는 나보다 훨씬 더 많이 쓴다.
2. 그는 버는 돈보다 더 많은 돈을 쓴다.
3. 그는 보기보다는 똑똑하니 그를 과소평가하지 마라.　　(*과소평가 하다 subestimar)
4. 나는 네가 상상하는 것보다 더 많은 책을 샀어.
5. 어머니는 항상 필요하시는 것보다 더 많은 물건을 사신다.
6. 원인은 우리가 상상했던 것보다 더 복잡하다.　　(*상상하다 imaginarse)
7. 결과는 내가 상상했던 것보다 더 나빴다.
8. 어제 시험은 생각 보다 더 쉬웠다.
9. 오늘 우리가 방문하려 하는 박물관은 보기보다 더 멀리 있다.
10. 아무도 그의 나이가 얼마인지 정확히 모른다. 그러나 보기보다는 더 나이가 많으리라는 것은 분명하다.　　(*…임이 분명하다 deber de inf.)
11. 성형수술 덕분에 그녀는 실제보다 더 젊어 보인다.

　　(*…덕분에 gracias a, 성형수술 cirugía plástica/estética)

12. 그는 내가 자기 나이 때 읽었던 것보다 더 많은 소설을 읽는다.

　　(*자기 나이 때 a su edad)

13. 여자들은 집안을 청소하는 것이 보기보다 더 힘들다는 것을 남자들이 모른다고 불평을 늘어놓는다.
14. 시간은 네가 생각하는 것보다 훨씬 더 빨리 지나가고 또 지나간 시간은 돌이킬 수가 없다. 그러므로 후회하지 않기 위해서는 너는 지금보다 더 열심히 공

부해야 한다.   (*돌이킬 수 없는 irreversible)

연습문제 B

Lea el siguiente texto y componga una redacción de 150~200 palabras sobre el tema.

　100년 전 만해도 우리나라엔 머리카락을 자르기보다 죽음을 택하겠다는 유학자들이 살았습니다. 그러나 지금은 예뻐지기 위해 성형 수술을 하는 사람들이 많습니다. 실력 있는 가수보다 예쁜 가수가 더 성공하고, 예쁜 사람이 취직이 더 잘 되는 현실을 봤을 때, 우리 사회가 외모를 중요하게 생각하고 있다는 사실을 무시하진 못할 것 같습니다. 진정한 아름다움의 기준은 무엇일까요? 여러분은 예뻐지기 위해 하는 성형 수술에 대해 어떻게 생각하십니까?

*성형수술을 받다: someterse a una cirugía {estética/ plástica}

Palacio de Bellas Artes, México

관계사를 이용한 작문 (8): 과거 분사를 이용한 관계절의 축소

● *Largos sermones más mueven culos que corazones.*

학교문법이나 전통문법 책을 살펴보면 관계절의 축소에 대해 설명하고 있는 책이 하나도 없다고 해도 과언이 아닐 정도로 관계절의 축소에 대한 설명은 미약하기 짝이 없다. 그러나 책이나 신문을 읽다 보면 스페인어에서 관계절이 자주 축소되는 것을 발견하게 된다. 가령 '후안이 편집한 잡지는 비싸다'라는 문장을 스페인어로 옮길 때는 비축소형과 함께 축소형도 자주 사용된다. 축소 관계절을 만드는 방법은 관계사 que와 ser/estar 동사(verbo copulativo)를 삭제하고 남은 과거 분사를 선행사 뒤에 적어주면 된다.

주의할 점은 관계절이 모든 경우에 다 축소될 수 있는 것이 아니라 타동사(ser p.p)와 일부 자동사의 경우에만 축소가 가능하다는 사실이다. 그리고 과거 분사형은 반드시 선행사의 성, 수 일치를 한다는 점에 유의하기 바란다.

기본 예제

(1) 후안이 편집한 잡지는 비싸다.

La revista que fue editada por Juan es cara.

La revista editada por Juan es cara.

(2) 에이즈 바이러스에 감염된 그 청년은 병원에 계속 입원 중이다.

El joven que fue infectado con el virus del SIDA sigue ingresado en el hospital.

El joven infectado con el virus del SIDA sigue ingresado en el hospital.

(3) 어제 체포된 정치인의 이름이 뭔가요?

¿Cómo se llama el político que fue detenido ayer?

¿Cómo se llama el político detenido ayer?

(4) 흰 페인트칠이 된 집은 누구의 집인가요?

¿De quién es la casa que está pintada de blanco?

¿De quién es la casa pintada de blanco?

(5) 어제 도착한 청년들은 브라질 사람들이다.

Los chicos que llegaron ayer son brasileños.

Los chicos llegados ayer son brasileños.

(6) 올해 태어난 아이들은 독감 예방 주사를 맞아야 한다.

Los bebés que han nacido este año deben vacunarse contra la gripe.

Los bebés nacidos este año deben vacunarse contra la gripe.

(7) 구조대원들은 강에 빠진 아이들을 구출하였다.

Los bomberos rescataron a los niños que se cayeron al río.

Los bomberos rescataron a los niños caídos al río.

(8) 지나간 그 세월에 대해서는 얘기할 필요가 없다.

No vale la pena hablar de aquellos años que pasaron.

No vale la pena hablar de aquellos años pasados.

축소를 허용하는 대표적인 자동사들은 다음과 같다.[6]

a. llegar, salir, ir, partir, venir, caer, ⋯

b. existir, faltar, ⋯

c. aparecer, desaparecer, nacer, ocurrir, suceder, pasar, morir.

---

6) 언어학에서는 축소를 허용하는 자동사를 비대격 동사(inacusativo)라고 칭하기도 한다.

연습문제 A

아래에 주어진 예문을 과거 분사를 이용한 축소 관계절 구문으로 번역하시오.

1. 집 앞에 주차된 차는 누구 것이지?
2. 이 다리는 건설한 지 30년이 넘었는데 안전하지 않다고 한다.(*안전한 ser seguro)
3. 일주일 전에 사라졌던 아이들이 무사히 돌아왔다.　　　(*무사히 sano y salvo, ileso)
4. 구조대원들은 냉장고 속에 갇힌 아이를 구해내는데 성공했다. (*가두다 encerrar)
5. 도난 차량은 어느 공원 근처에서 발견되었다.
6. 붉은 페인트로 칠이 된 저 집이 내가 4년 동안 살았던 곳이다.
7. 지나간 세월은 돌이킬 수 없으니 너는 지금 최선을 다해야 한다.

   (*돌이킬 수 없는 irreversible)
8. 차량 밑에 설치된 폭탄이 터지는 바람에 많은 사람들이 다쳤다.

   (*폭발하다 estallar)
9. 저 탑은 작년에 만들어 졌는데 에펠탑보다 더 높다.
10. 안또니오 무뇨스 몰리나(Antonio Muñoz Molina)는 스페인에서 가장 많이 읽히는 작가이다.
11. 작년에 가장 많이 팔린 음반이 무엇이죠?
12. 그 정치인은 인터넷을 통해 유포된 비디오 때문에 모든 활동을 중단해야만 했다.　　　(*유포하다 difundir)
13. 어제 태어난 쌍둥이들은 병원에 1주일간 입원해 있어야 한다. (*쌍둥이 gemelos)
14. 도주한 죄수들은 몇 시간 뒤 터미널에서 체포되었다.　　　(*죄수 preso)
15. 최근에 출판된 서적들을 인터넷을 통해 주문할 수 있다.
16. 방에 들어갔을 때 나는 침대 위해 금박지로 포장된 상자 하나를 발견했다.

    (*포장하다 envolver, 금박지 papel dorado)
17. 우리가 도착했을 때 해변은 이미 태양 아래 드러누운 해수욕객들로 만원이었다.　　　(*해수욕객 bañista)
18. 부정부패 혐의로 기소된 그 정치인에게 종신형을 선고해야 한다고 본다.

    (*기소하다 procesar, 종신형에 처하다/선고하다 condenar a cadena perpetua)

19. 다리를 지나다가 물에 빠진 한 청년을 발견하고서 나는 그를 구하기 위해 물
    에 뛰어들었다.   (*뛰어들다 tirarse)

20. 어제 한 철도 건널목에서 발생한 사고로 10여 명이 중상을 입었다.

                                                        (*건널목 paso a nivel)

연습문제 B

1. 주어진 명사와 동사를 이용 축소 관계절 구문을 만들어 보시오.

    ① libro, perder

    ② regalo, enviar

    ③ tesoro, esconder

    ④ estudiantes, castigar

    ⑤ incendio, suceder

    ⑥ la vecina, morir

    ⑦ naranjas, vender

    ⑧ ladrón, detener

    ⑨ tiempo, perder

    ⑩ pantalones, romper

2. Componga una redacción de 150~200 palabras sobre el tema.

Comer en casa o comer fuera

- ¿Qué prefiere? ¿y por qué?
- Ventajas e inconvenientes de comer en casa
- Ventajas e inconvenientes de comer fuera

---

35 관계사를 이용한 작문 (9): 원형 관계절

• *Mucho ruido y pocas nueces.*

과거 분사를 이용한 관계절의 축소뿐만 아니라 동사 원형을 이용한 관계절의 축소 또한 매우 흔한 현상이다. 그러나 앞에서도 언급했듯이 학교문법이나 전통 문법 서적에서는 동사 원형을 이용한 관계절의 축소가 언제, 어떤 식으로 이루어지는지에 대해서는 설명을 하고 있지 않는 까닭에 학생들이 매우 궁금해 하는 부분이기도 하다. 가령 '나는 해결해야 할 문제가 있다'와 같은 문장은 Tengo un problema que resolver로 번역한다. 따라서 대체로 '…할/ㅡ ㄹ'에 해당하는 부분은 que + inf.에 상응한다고 보면 된다.

기본 예제

⑴ 후안은 가방에 넣을 서류를 찾고 있다.

　　Juan busca documentos que meter en la cartera.

⑵ 나는 아직 이 반지를 선물할 여인을 찾지 못했다.

　　Aún no he encontrado una mujer a quien darle este anillo.

⑶ 어머니는 사과를 깎을 만한 칼을 찾고 계신다.

　　Mamá busca un cuchillo con que pelar las manzanas.

⑷ 그녀는 잠잘 곳이 없다.

　　No tiene (ningún lugar) donde dormir.

그러나 원형 관계절은 항상 만들 수 있는 것이 아니고 여러 가지 조건이 따른다 (cf. Táboas 1996). 첫째, 선행사가 원형 관계절 동사의 목적어(직목/간목) 혹은 전치사의 목적어, 혹은 부사구라야 한다. 아래의 경우처럼 선행사 una persona가

ayudar의 주어인 경우는 원형 관계절을 만들 수 없고 대신 접속법을 사용해야 한다. 반대로 위의 (1)~(4)와 같은 경우는 문장의 의미에 따라 원형 동사 대신에 조동사 poder, deber 등을 사용할 수 있다.

⑸ 교수님은 자기를 도와줄 사람을 찾고 있다.

　　*El profesor busca una persona que ayudarle.

　　→ El profesor busca una persona que le ayude.

⑹ 그녀는 잠잘 곳이 없다. (cf. ⑷)

　　Ella no tiene donde (pueda) dormir.

⑺ 그는 해야 할 일이 많다.

　　Tiene mucho que debe hacer. / Tiene mucho que hacer.

둘째, 선행사는 의미적으로 비구체적(no específico)인 것이어야 한다.

⑻ 그들은 논의할 테마를 찾았다.

　　*Ellos han encontrado el tema que debatir.

　　→ Ellos han encontrado un tema que debatir.

셋째, 원형 관계절을 목적어로 취할 수 있는 동사는 다음 동사들에 국한된다: buscar, encontrar, tener, necesitar, querer, desear, haber, hallar, poseer, etc. 그리고 원형 관계절은 전치사 para + inf.에 의해 대체될 수 있다.

⑼ 그녀는 입을 옷이 없다.

　　No tiene ropa que ponerse. / No tiene ropa para ponerse.

⑽ 후안은 읽을 만한 책을 원한다.

　　Juan desea un libro que leer. / Juan desea un libro para leer.

⑾ 나는 내다 팔 만한 책 몇 권을 소유하고 있다.

　　Poseo algunos libros que vender. / Poseo algunos libros para vender.

⑿ 그는 입을 옷을 돈을 주고 빌렸다.

　　*Alquiló una ropa que ponerse.

　　→ Alquiló una ropa para ponerse.

⒀ 내 친구는 팔 그림을 그린다.

　　*Mi amigo <u>pinta</u> cuadros que vender.

　　→ Mi amigo pinta cuadros para vender.

넷째, 제한적 관계절에만 쓰이고 비제한적 관계절에는 쓰일 수 없다.

⒁ 나는 신뢰할만한 친한 친구가 필요하다.

　　Necesito un amigo íntimo en quien confiar.

　　*Necesito un amigo íntimo, en quien confiar.

연습문제 A

동사 원형을 이용하여 관계 구문을 만들어 보시오.

 1. 나는 해야 할 숙제가 있어서 집에 일찍 돌아가야 한다.
 2. 나는 입을게 하나도 없어서 오늘 밤 외출할 수 없다.
 3. 밖에서 잠시만 기다려라. 네게 해줄 말이 있다.
 4. 나는 네게 해줄 말이 하나도 없다.
 5. 김 선생은 부양해야할 자식이 여러 명 있지만 일 년 째 놀고 있다.
 6. 나는 무척 지루하다. 읽을 만한 책 한 권 내게 빌려줄 수 있겠니?
 7. 이 도시에 나는 같이 얘기를 나눌 사람이 아무도 없다. 나는 같이 대화를 나눌
    누군가를 찾고 있다.
 8. 나는 머리를 감을 샴푸가 필요하다.
 9. 나는 우리가 나눌만한 얘기가 전혀 없다고 생각한다.
10. 나는 고기 자르는데 사용할 나이프가 필요하다.
11. 손톱을 깎을 손톱깎이가 필요하다.　　　　　　　　(*손톱깎이 m. pl. cortauñas)
12. 떨어진 낙엽을 쓸 만한 빗자루가 필요하다.　　　(*자루 escoba, 낙엽 hojas caídas)

13. 먼지를 털어낼 만한 솔을 찾고 있는 중이다.   (*솔 cepillo, 털다 sacudir, 먼지 polvo)

14. 나는 사랑할 사람이 필요하다.

15. 자전거를 세워둘 만한 자리를 못 찾겠다.

16. 매우 피곤하니 나에게 앉을 만한 의자를 주세요.

17. 내가 원하는 것은 잠시 쉴 수 있는 편안한 의자이다.

18. 이 지역은 볼만한 흥미로운 곳이 많다.

19. 결혼식이 2주일 밖에 남지 않아서 준비해야 할 일이 많다.

20. 환경오염으로 인해 철새들이 겨울을 지낼만한 곳을 찾지 못하고 있다.

(*철새 aves migratorias)

연습문제 B

1. 주어진 모델에 따라 문장을 만들어 보시오.

---

buscar, un peine, peinarse

→ Juan busca un peine con que peinarse el pelo.

---

① necesitar, una goma, borrar lo que he escrito

② querer, unas tijeras, cortar

③ buscar, una tetera, calentar agua

④ desear, una gorra, ponerse

⑤ encontrar, un lugar, aparcar el coche

⑥ encontrar, una playa, pasar el verano

2. Componga una redacción de 100 a 150 palabras sobre el tema.

El último viaje que usted realizó.

(motivo del viaje, lugares que visitó, duración, alojamiento)

---

36 관계사를 이용한 작문 (10): 관계절과 접속법

• *No hay bien ni mal que cien años dure.*

1. 먼저 관계절에서의 접속법 출현은 제한적 관계절에 국한된다는 것을 명심해 두자. 따라서 비제한적 관계절에서는 항상 직설법이 사용된다.

기본 예제

⑴ 노동자들은 회사의 구조조정안을 거부하고 단식 농성에 들어가기로 결의했다.
   Los obreros, que {rechazaron/*rechazaran} el plan de reestructuración de la empresa, decidieron ir a la huelga de hambre.

2. 선행사를 부정하거나 부정에 가까운 표현(casi nadie, casi nada, casi ninguno) 을 선행사가 포함하고 있는 경우 관계절에 접속법이 출현한다.

기본 예제

⑴ 이 세상에 너를 이해할 수 있든 사람은 아무도 없다.
   En este mundo no hay nadie que te comprenda.
⑵ {낙제한/불합격한} 학생은 아무도 없다.
   No hay ningún alumno que haya suspendido.
⑶ 이곳에서는 20세가 되지 않은 사람은 누구도 들여보내지 않는다.
   Aquí no dejan entrar a nadie que no haya cumplido 20 años.
⑷ 그녀를 진정시킬 수 있는 사람은 아무도 없었다.

No había nadie que pudiera tranquilzarla.

⑸ 모든 환자들을 다 치료해주는 약은 없다.

No hay ningún medicamento que cure a todos los enfermos.

⑹ 시험지를 받아 보았을 때 내가 답할 수 없는 질문은 하나도 없었다.

Cuando vi el examen, no había ninguna pregunta que no supiera contestar.

⑺ 열쇠가 어디 있는지를 아는 사람은 아무도 없다.

No hay nadie que sepa dónde están las llaves.

3. 화자의 입장에서 알고 있는 것이냐 아니냐(lo conocido frente a lo no conocido)의 차이도 직설법과 접속법의 사용을 결정짓는 중요한 기준이다.

기본 예제

⑴ 시험을 끝낸 사람들은 집으로 가도 좋습니다.

    a. Los que han terminado el examen pueden irse a casa.

    b. Los que hayan terminado el examen pueden irse a casa.

(a)의 경우 화자는 시험을 마친 사람들이 누구누구인지 알고 있는 상황이고 (b)의 경우는 시험을 마친 사람이 구체적으로 누구인지는 모르지만 아무튼 시험을 마친 사람이 있다면 집으로 가도 좋다는 뜻이다. 또 다른 예를 살펴보자.

⑵ 우리는 날씨가 따뜻한 곳으로 갈 것이다.

    a. Iremos a un lugar donde hace calor.

    b. Iremos a un lugar donde haga calor.

(2a)의 경우는 화자의 의식 속에 이미 날씨가 따뜻한 구체적인 장소가 존재한다. 반대로 (2b)의 경우는 화자의 의식 속에 그러한 구체적 장소가 존재하고 있는 것이 아니라 날씨가 따뜻한 장소가 존재한다면 그곳으로 가고 싶다는 뜻이다. 따라서 (2b)의 경우 날씨가 따뜻한 장소가 실제로 존재하지 않을 수도 있으며 화자

는 단지 그곳이 어디든 상관없이 날씨가 따뜻한 곳이면 가겠다는 점만을 분명히 밝히고 있다. 이처럼 한국어로는 직설법과 접속법의 구분이 명확하게 드러나지 않으므로 번역할 때는 이러한 구분 기준을 잘 참고할 필요가 있다.

한편, 미래에 대한 언급은 접속법이 출현할 수 있는 좋은 '구실'이 된다. 왜냐하면 미래 자체가 품고 있는 불확실성 때문에 화자는 자연스레 자기가 말한 것의 존재에 대한 단언을 피하게 되고 또한 비구체적으로 언급하게 되기 때문이다.

⑶ a. Juan dice lo que quiere.

  b. Juan dirá lo que quiera.

⑷ a. He alquilado un coche que va muy bien.

  b. Alquilaré un coche que vaya bien.

⑸ a. La policía detiene a los que tienen mal aspecto.

  b. La policía va a detener a los que tengan mal aspecto.

⑹ a. Estoy leyendo los libros que me son útiles.

  b. Voy a leer los libros que me sean útiles.

⑺ a. Tengo una casa que tiene mucha luz.

  b. Busco una casa que tenga mucha luz.

아래에 제시된 예문을 통해 관계절 내부에서의 접속법 사용법을 좀 더 이해해 보도록 하자.

기본 예제

⑴ 네가 필요로 하는 것은 전부 다 가져가라.

  Llévate todos los que necesites.

⑵ 사고를 예방하기 위해서는 아이들의 손이 닿을 수 없는 곳에 청소 용품을 보관해야 한다.

  Para prevenir cualquier accidente hay que guardar los productos de limpieza en un sitio donde no puedan alcanzarlos los niños.

⑶ 문제 해결을 도와줄 수 있는 누군가를 찾고 있습니다.

Buscamos a alguien que pueda ayudarnos a solucionar el problema.

⑷ 스페인어를 배우고자 하시는 분들은 오늘 오후에 서어서문학과에 들려주실 것을 부탁드립니다.

Se ruega que pasen por el departamento de estudios hispánicos los que quieran aprender español.

⑸ 이 과정은 DELE 자격증을 취득하기 위해 시험에 응시하고자 하는 학생들을 위한 것이다.

Este curso está orientado para los alumnos que quieran presentarse a los exámenes para obtener el Diploma de Español como Lengua Extranjera.

⑹ 재킷에 어울리는 넥타이를 매도록 해라.

Ponte una corbata que haga juego con la chaqueta.

⑺ 검은 색 바지와 어울릴 만한 부츠를 사고 싶습니다.

Quiero comprar unas botas que hagan juego con los pantalones negros.

⑻ 현재 우리가 사용하는 연료는 환경을 많이 오염시킨다. 따라서 환경을 오염시키지 않는 대체 에너지의 개발이 필요하다.

Los combustibles que ahora usamos contaminan mucho el medio ambiente, y se necesita desarrollar una energía alternativa que no contamine la ecología.

○ 유의사항

부정관사가 항상 비구체적(no específico)인 것만을 나타내는 것은 아니다. 접속법의 사용은 부정대명사(pronombre indefinido) 혹은 부정관사(artículo indefinido)에 의해 유발된다고 생각하기 쉬우나 그렇지 않다. 즉, 접속법 사용을 유발하는 것은 부정대명사나 부정관사의 출현이 아니라 문장의 의미이다. 아래의 예문을 살펴보자.

기본 예제

(1) a. Voy a casarme con una chica que cocina bien.

b. Voy a casarme con una chica que cocine bien.

(1a)의 경우 화자 입장에서는 알고 있는 구체적인 사람이다. 반대로 (1b)의 경우는 그렇지 않다.

마찬가지로 정관사라고 해서 무조건 직설법의 출현을 요구하는 것이 아니라 문맥에 따라서 직설법, 접속법 둘 다 가능하다.

(2) a. Los que quieren realizar una prueba, que pasen por el gimnasio.

b. Los que quieran realizar una prueba, que pasen por el gimnasio.

(2a)는 테스트를 받아보고 싶은 사람들이 누구인지 알고 있고 그 사람들에게 체육관에 들리라고 지시하는 경우이다. 반대로 (2b)의 경우는 테스트를 받아보고 싶은 사람들이 누구인지는 모르지만 만약 테스트를 받아보고 싶은 사람들이 있다면 그 사람들은 체육관에 한 번 들리라고 말하고자 하는 경우이다.

Valle de los caídos

연습문제 A

접속법과 관계절을 이용하여 다음을 번역하시오.

1. 나는 스페인어와 영어를 구사할 수 있는 비서를 구합니다.

2. 나는 기름을 매우 적게 먹는 자동차를 찾고 있다.   (*소비하다 consumir)

3. 이 짧은 치마에 어울릴 만한 구두를 사고 싶습니다.

                   (*…에 어울리다, 매치가 잘 되다 hacer juego con)

4. 나는 2년 전부터 스페인어를 공부하고 있지만 아직 접속법의 용법을 이해하기가 어렵다. 그래서 접속법을 잘 설명하고 있는 책을 한 권 사고 싶다.

5. 스페인에서 저녁 7시에 저녁 먹는 사람은 아무도 없다.

6. 후안은 매우 이기적이어서 그를 존경하는 사람이 아무도 없다.

                   (*이기적인 egoísta)

7. 나는 거짓말하지 않는 국회의원이 한국에는 한 명도 없다고 생각한다.

                   (*국회의원 diputado)

8. 어제 일어난 일을 알고 있는 사람은 아무도 없다.

9. 넌 그의 결정에 영향을 끼칠만한 어떠한 것도 그에게 말해선 안 된다.

                   (*영향을 미치다 influir en, afectar a)

10. 너의 어머니보다 너를 더 사랑하는 사람은 이 세상에 아무도 없다.

11. 나보다 너를 더 잘 이해할 사람은 없다.

12. 그녀와 우리는 어릴 때부터 서로 아는 사이다. 그래서 그녀가 나에 대해 모르는 것은 하나도 없다.

13. 그녀가 우리에 대해 모르는 것은 하나도 없었다.

14. 내게 그것을 설명해줄 사람은 아무도 없다.

15. 내게 그것을 설명해줄 사람은 아무도 없었다.

16. 그는 내가 관심을 둘 만한 것을 아무 것도 갖고 있지 않다.

17. 그는 내가 관심을 가질만한 것을 하나도 가지고 있지 않았다.

18. 그가 사업에 실패했다는 것을 모르는 사람은 아무도 없다.   (*실패하다 fracasar)

19. 자기 일에 만족해하는 자보다 더 행복한 자는 없다.

20. 마음에 드는 아파트를 찾게되면 이사하겠다.

21. 내가 살고 있는 도시는 소음도 심하고 공해도 심하다. 은퇴하게 되면 공해가 없는 조용한 곳에 살고 싶다. (*은퇴하다 jubilarse)

22. 그 여배우는 자기를 알아보는 사람이 아무도 없는 곳에 가서 살고 싶어한다. (*사람을 알아보다 reconocer)

23. 그가 하고 싶은 것을 하도록 내버려두어라.

24. 축구팀에 들기 위해 테스트를 받고자 하는 사람들은 오늘 오후 체육관에 들리시길 바랍니다. (*테스트를 받다 realizar una prueba, 가입하다 integrarse a)

25. 공부를 많이 한 사람들은 시험을 통과할 것이라고 나는 확신한다. 그러니 시험을 통과하기를 원하는 사람들은 최선을 다해야만 할 것이다.

26. 1등으로 도착하는 자는 박수를 받을 것이고 꼴찌로 들어오는 자는 벌을 받을 것이다.

27. 공을 최대한 멀리 던지는 자가 금메달을 딸 것이다. (*공 pelota, 최대한 멀리 lo más lejos posible)

28. 소풍가고 싶은 사람들은 수요일 이전에 등록을 해야만 할 것이다. (*등록하다 inscribirse)

29. 동의하지 않는 사람들은 강의실에서 나가도록 하세요. (*동의하다 estar de acuerdo)

30. 나는 클래식 음악 애호가인데 나와 같은 취미를 가진 사람들과 접촉하고 싶다. (*…을 좋아하는, 애호가인 ser aficionado a, ser amante de, …와 접촉하다 ponerse en contacto con)

연습문제 B

1. 다음의 문장을 완성시켜보시오.

① No hay nada que …

② No hay nadie que …

③ No hay nadie que … cuándo …

④ En Corea no hay nadie que …

⑤ No hay ninguna + N + que ⋯

⑥ Pedro es tan ⋯ que no hay nadie que ⋯

⑦ Quiero alquilar una casa que ⋯

⑧ Quiero comprar un coche que ⋯

⑨ Quiero vivir en un lugar que ⋯

⑩ Me gustaría vivir en un lugar donde ⋯

⑪ Buscamos una secretaria que ⋯

⑫ Los que quieran ⋯ , y los que no quieran ⋯

⑬ Queremos ir a un restaurante donde ⋯

⑭ Quiero casarme con {un chico/una chica} que ⋯

⑮ Guarda el dinero en un sitio donde ⋯

2. Componga una redacción de 150~200 palabras sobre el tema.

Comida y bebida que prefiero.

세고비아(Segovia)

37 분열구문(Oración escindida o hendida)

> ● *La persona cobarde se abandona a su suerte.*

분열 구문이란 문장 내에서 강조하고자 하는 요소를 분리시켜 ser 동사를 이용하여 강조하는 것이다. 가령, '당신은 그것을 훔쳤다'라는 문장과 '그것을 훔친 사람은 (다름 아닌) 바로 당신이야'라는 문장을 예로 들어 보자. 앞의 문장에 비해 뒤의 문장은 훔친 행위자가 당신이라는 점을 매우 강조하고 있다.

스페인어에서도 한국어와 마찬가지로 훔친 행위자가 다른 사람이 아니라 바로 당신이라는 의미와 뉘앙스를 전달하기 위해서 Usted lo ha robado 보다는 Es usted {el que/quien} lo ha robado 혹은 Usted es {el que/quien} lo ha robado 로 표현하는 것이 더 낫다. 영어 문법에 익숙한 사람은 it …who/that 강조 용법(It was you that/who stole it)에 해당한다고 보면 된다. 주의해야 할 사항은 분열 구문에서 강조되는 요소가 주어 역할을 하는 사람인 경우 제한적 관계절과 달리 que가 아닌 반드시 el que 형이나 quien을 사용해야 한다는 점이다(cf. 기본 예제 (1)). 이런 점을 놓고 볼 때 분열 구문은 엄밀한 의미에서 관계 구문은 아니다.[7]

기본 예제

(1) 그것을 한 사람은 다름 아닌 그 소녀다.

　Es esa chica {la que/quien/*que} lo hizo.

　Esa chica es {la que/quien/*que} lo hizo.

　cf. La chica {que/*quien} lo hizo es mi prima.

---

7) 분열 구문을 문법학자들은 유사 관계절(pseudorrelativa)이라 부른다.

⑵ 그들이 싸운 것은 테레사 때문이 아니라 수사나(Susana) 때문이었다.

No fue por Teresa sino por Susana por la que se pelearon.

⑶ 내가 당근과 파를 썬 것은 바로 이 칼이었다.

Es este cuchillo con el que he cortado las cebolletas y las zanahorias.

⑷ 나를 화나게 하는 것은 바로 이거야.

Es esto lo que me enfada.

Esto es lo que me irrita.

⑸ 내가 결혼하고 싶은 사람은 바로 너이다.

Eres tú con la que quiero casarme.

⑹ 말을 해야 할 사람은 다름 아닌 바로 나다.

Soy yo {el que/quien} tiene que hablar.

{El que/quien} tiene que hablar soy yo.

⑺ 후안이 한 것은 그녀에게 이메일을 보내는 것이었다.

Lo que Juan hizo fue enviarle un mensaje por correo electrónico.

장소나 시간 같은 요소들도 얼마든지 분열 구문을 통해 강조할 수 있다.

기본 예제

⑴ 사고가 일어난 곳은 바로 여기다.(장소)

Fue aquí donde ocurrió el accidente.

Donde ocurrió el accidente fue aquí.

⑵ 전화벨이 울린 것은 바로 그 때였다.(시간)

Fue entonces cuando sonó el telófono.

Cuando sonó el teléfono fue entonces.

⑶ 내가 그녀를 마지막으로 본 것은 1991년이었다.(시간)

Fue en 1991 cuando la vi por última vez.

Cuando la vi por última vez fue en 1991.

⑷ 나는 그제야 비로소 모든 것이 잘못 되었다는 것을 깨달았다.(시간)

Fue {en ese momento/entonces} cuando me di cuenta de que {todo iba mal/estaba mal/todo se me había complicado/las cosas no iban bien}.

Cuando me di cuenta de que todo iba mal fue en ese momento.

연습문제 A

1. 어제 내가 대형할인매장에서 산 것은 바로 이 자전거이다.
   (*대형할인매장 hipermercado)

2. 슈퍼에서 이 소시지를 산 사람은 마리아이다.   (*salchicha)

3. 마리아가 슈퍼에서 산 것은 이 소시지이다.

4. 마리아가 이 소시지를 산 것은 이 슈퍼에서였다.

5. 1492년에 아메리카를 발견한 사람은 콜롬부스였다.

6. 콜롬부스가 아메리카를 발견한 것은 1492년이었다.

7. 콜롬부스가 1492년에 발견한 것은 아메리카다.

8. 그는 마흔 살이 되었을 때 건강의 중요성을 깨달았다.

9. 그가 건강의 중요성을 깨달은 것은 마흔 살이 되었을 때였다.

10. 그것을 발견한 사람은 바로 그녀였다.

11. 난 문제를 해결해야 할 사람은 다름 아닌 바로 너 자신이라고 생각해.

12. 사과를 해야 할 사람은 내가 아니라 너다.

13. 내가 그녀에게 첫 키스를 한 것은 한 카페였다.

14. 사고가 일어난 곳은 바로 여기였다.

15. 폭발이 일어난 곳은 다름 아닌 한 백화점에서였다.   (*백화점 grandes almacenes)

16. 두 나라의 관계가 악화되기 시작한 것은 그때였다.   (*악화되다 empeorar)

17. 내가 그녀를 알게 된 것은 어느 겨울이었다.

18. 내가 결혼한 것은 1997년이었다.

19. 자명종 시계가 울린 것은 6시였다.

20. 인간이 달에 처음으로 착륙한 것은 1969년이었다.

21. 진실을 말한 사람은 마리아였다.

22. 화재를 제일 먼저 목격한 사람은 수위였다.   (*목격하다 presenciar)

23. 네가 여기에 있다고 내게 말한 사람은 바로 너 동생이다.

24. 내가 냉장고에 넣어 두었던 아이스크림을 먹어 치워버린 사람이 바로 너라고 말한 사람은 다름 아닌 네 누이다.

25. 인간은 원숭이에서 유래한다고 처음으로 말한 사람은 다윈(Darwin)이었다.
       (*유래하다 proceder de, 처음으로 말한 사람 el primero que dijo)

26. 지구가 태양 주의를 돈다고 제일 처음으로 말한 사람은 갈릴레이(Galileo)가 아니라 코페르니쿠스(Copérnico)이다.   (*…주위를 돌다 girar alrededor de)

연습문제 B

1. 주어진 모델에 따라 문장을 세 가지 형태로 바꾸어 보시오.

Pablo sacó la mejor nota.

→ (a) {El que/Quien} sacó la mejor nota fue Pablo.

→ (b) Pablo fue {el que/quien} sacó la mejor nota.

→ (c) Fue Pablo {el que/quien} sacó la mejor nota.

---

① Tú estás equivocado.

② Ellos tienen la culpa.

③ Yo no {recibí/gané} el premio. Lydia {recibió/ganó} el premio.

2. Haga una redacción de 150~200 palabras sobre lo que ha hecho o lo que ha pasado hoy en presente pretérito perfecto.

38 지각 동사(Verbos de percepcion sensible)를 이용한 구문

• *La leña, cuanto más seca, más arde.*

단순히 '(사람, 사물)을 보다/듣다' 등을 표현하고자 하는 경우에는 'ver/oír + 목적어'를 사용한다. 그러나 '…이 …을 하는 것/…을 하고 있는 것을 보다/듣다' 와 같이 사람이나 동물의 동작이나 동작의 진행 상황을 보거나 듣는 것을 표현하고자 하는 경우에는 '지각 동사 + 동사 원형(혹은 현재 분사) + 명사'를 이용하여 작문하는 것이 일반적이다. 단, 어순이 고정된 영어와 달리 동사 원형과 명사의 순서는 바뀔 수 있고 명사가 사람인 경우에는 전치사 a가 앞에 온다. 동사 원형과 현재 분사의 차이는 의미의 차이라기보다는 상(相 aspecto)의 차이로서 전자는 어떤 완료된 행위를 지칭하고 후자는 아직 진행 중인 행동을 지칭한다.

기본 예제

⑴ 나는 마리아가 춤을 {추는 것을/추고 있는 것을} 보았다.

   a. Vi {bailar/baliando} a María.

   b. Vi a María {bailar/bailando}.

⑵ 나는 군인들이 {물을 마시는 것/물을 마시고 있는 것}을 보았다.

   a. Vi {beber/bebiendo agua} a los soldados

   b. Vi a los soldados {beber/bebiendo agua}.

⑶ 종이 울리는 것을 들었다.

   a. Oí sonar las campanas.

   b. Oí las campanas sonar.

한편, '지각 동사 + que + 시제절' 혹은 '지각 동사 + 명사 + que + 시제절'을 사용하여 표현할 수도 있다.

⑷ 나는 마리아가 춤을 {추는 것을/추고 있는 것을} 보았다. (cf. ⑴)

    a. Vi que María {bailaba/estaba bailando}.

    b. Vi a María que {bailaba/estaba bailando}.

    c. La vi que {bailaba/estaba bailando}.

    cf. I saw Mary {dance/dancing}.

      I saw her {dance/dancing}.

⑸ 나는 교회 시계가 12시를 알리는 것을 들었다. (cf. ⑶)

    a. Oí que el reloj de la iglesia daba las doce.

    b. Oí el reloj de la iglesia que daba las doce.

    c. Oí el reloj de la iglesia {dar/dando} las doce.

그리고 '나는 그녀가 의자에 앉아 있는 것을 보았다'와 같이 행위의 결과로 인한 상태를 표현하고자 하는 경우에는 '지각 동사 + 과거 분사 + 명사'를 사용하여 표현하면 된다. 지각 동사에는 ver, encontrar, escuchar, observar, oír, contemplar, sentir 등이 포함된다.

⑹ 나는 아버지께서 침대에 누워 계시는 것을 보았다.

    a. Vi tumbado en la cama a papá.

    b. Vi que papá estaba tumbado en la cama.

⑺ 아침 6시에 눈을 떴을 때 나는 침대 옆에 그녀가 앉아 있는 것을 보았다.

    a. A las seis de la mañana, cuando abrí los ojos, la vi sentada junto a la cama.

    b. A las seis de la mañana, cuando abrí los ojos, vi que ella estaba sentada junto a la cama.

⑻ 나는 어떤 청년이 바닥에 앉아서 책을 읽고 있는 것을 보았다. 그 청년은 내가 들어오는 것을 보고 내게 윙크를 했다.

    Vi a un joven que leía sentado sobre el suelo y éste, al verme entrar, me guiñó el ojo.

기본 예제

⑴ 나는 그녀가 기침하는 것을 들었다.

    a. La oí {toser/tosiendo}.

    b. Oí que ella tosía.

⑵ 만나서 반갑습니다. 당신에 대해 얘기하는 것을 많이 들었습니다.

    Mucho gusto. He oído mucho hablar de Vd.

⑶ 누군가가 내 어깨를 두드리는 것을 느꼈다.

    a. Sentí a alguien tocarme (en) el hombro.

    b. Sentí que alguien me tocó (en) el hombro.

⑷ 한 여인이 차도로 뛰어드는 것을 보고 브레이크를 밟았으나 이미 늦었다.

    Al ver que una mujer se lanzaba a la calzada, pisé el freno pero ya era tarde.

⑸ 그가 들어오는 것을 보고는 그녀는 천천히 자리에서 일어섰다.

    Al verlo entrar, se puso en pie lentamente.

⑹ 나는 선원들이 그 새에 대해 얘기하는 것을 들은 적이 있다.

    He oído hablar del pájaro a los marineros.

⑺ 나는 할머니가 아기에게 자장가를 불러주는 것을 들었다.

    Oí a la abuela cantar una nana al bebé.

⑻ 이 아이들은 눈이 내리는 것을 본 적이 없다.

    Estos niños nunca han visto nevar.

⑼ 나는 후안이 세수하는 것을 보았다.

    Vi lavarse la cara a Juan.

    Vi a Juan lavarse la cara.

    Vi que Juan se lavaba la cara.

○ 유의사항

    스페인어가 워낙 많은 나라에서 사용되다 보니 나라에 따라 차이가 있기는 하지만 동사 원형이 자동사인 경우는 대격형(lo, la)을 사용하고 타동사인 경우는 여격형(le)을 사용하는 것이 일반적이다.

기본 예제

⑴ 나는 그가 우는 것을 들었다.

Lo oí llorar.

⑵ 나는 그가 땅콩을 훔치는 것을 보았다.

Le vi robar cacahuetes.

연습문제 A

1. 집에 도착했을 때 딸이 피아노를 치고 있는 것을 보았다.
2. 집에 도착했을 때 나는 후안이 급히 밖으로 나가는 것을 보았다. (*급히 deprisa)
3. 집에 도착했을 때 나는 어머니께서 동생을 야단치고 계시는 것을 보았다.
4. 선생님은 후안이 컨닝하는 것을 보았지만 아무 말씀도 하지 않으셨다.

(*컨닝하다 copiar)

5. 아버지는 그의 아들이 몰래 담배 피우는 것을 보았지만 그에게 아무 말씀도
   하지 않았다.   (*몰래 a escondidas)
6. 마리아는 뻬드로가 목욕하는 것을 보았다.
7. 아버지께서 당신에 대해 말씀하시는 것을 많이 들었습니다.
8. 나는 비가 창문에 부딪치는 소리를 듣는 것을 좋아한다.
9. 멀리서 어떤 노래를 부르는 것이 들렸다.
10. 나는 아이들이 정원에서 놀고 있는 것을 보고는 안도의 한숨을 내 쉬었다.

(*안도의 한숨을 내쉬다 suspirar de alivio)

11. 나는 그녀가 고통스러워하는 것을 보는 것을 더 이상 견딜 수 없다.

(*견디다, 참다 soportar)

12. 뻬드로는 그녀가 괴로워하는 것을 보지 않기 위해 떠나기로 결심하였다.
13. 어머니는 그들이 키스하는 것을 보고는 무척이나 화를 내었다.

14. 그 경찰관은 그가 도로를 횡단하는 것을 보고 그에게 딱지를 떼었다.

　　(*도로를 무단횡단하다 cruzar indebidamente la calle, 딱지를 떼다 imponer una multa, multar)

15. 집에 도착했을 때 모든 창문이 열려 있는 것을 보았다.

16. 출근하던 도중에 트럭 한 대가 어떤 행인을 치는 것을 보았다.

　　　　　　　　　　　　　(*치다 atropellar/arrollar, 행인 peatón)

17. 나는 네가 영화관에서 그녀와 같이 있는 것을 보았다.

18. 나는 그녀가 뛰어오는 것을 보고는 문을 열어주었다.

19. 나는 내 딸들을 무척 사랑해서 딸들이 잠들어 있는 모습을 바라보는 것만으로도 행복을 느낀다.　　　　　(*…하는 것만으로도 con sólo inf.)

20. 나는 아내를 사랑해서 아내가 미소짓는 것을 보는 것만으로도 행복을 느낀다.

　　　　　　　　　　　　　　　　(*미소를 짓다 sonreír)

21. 태양이 구름 뒤로 숨는 것을 보았다.

22. 우리는 선수들이 스타디움에서 훈련하는 광경을 지켜보면서 오후를 보냈다.

　　　　　　　　　　(*훈련하다 entrenarse, 스타디움 estadio)

23. 나는 자동차가 전 속력으로 달려가고 있는 것을 보았다.

　　　　　　(*전속력으로 달리다 correr {a toda velocidad/ a toda leche})

24. 도둑은 주인이 들어오는 소리를 듣고 뒷문으로 도망쳤다.

　　　　　　　(*도주하다 escapar(se), darse a la fuga, fugarse)

25. 강가에서 낚시를 하다가 나는 배 한 척이 지나가는 것을 보았다.

　　　　　　　　　(*강가에서 {a/en la orilla}, 낚시하다 pescar)

26. 할아버지께서는 내가 학업을 마치는 것을 보지 못하고 돌아가셨다.

27. 딸이 새벽에 기침을 하는 것을 듣고 딸의 방으로 가보니 창문이 열려있었다.

28. 전 세계 사람들은 테러범에게 납치되었던 비행기가 고층빌딩에 충돌하는 것을 보고 깜짝 놀랐다.

　　(*충돌하다, …에 부딪치다 estrellarse contra, chocar(se) contra, 고층 빌딩 m. rascacielos)

29. 그는 너무 차를 빨리 몰고 있었기 때문에 어떤 꼬마가 모퉁이에서 뛰어나오는 것을 미처 보지 못했다.

연습문제 B

1. ver, oír, sentir를 이용하여 (a) '동사 + inf. + 주어' (b) '동사 + que + 주어 + 시
   제 동사'의 두 가지 형태로 자유롭게 문장을 만들어 보시오.

2. Componga una redacción de 150~200 palabras sobre el tema.

Ventajas y desventajas de Internet.

Madrid의 Gran Vía

39 과거의 표현: 불완료 과거와 부정 과거의 구분

> • *Amor de padre, que todo lo demás es aire.*

한국어는 동사의 형태를 통해 불완료 과거와 부정 과거를 구분하지 않는다. 더욱이 두 시제형의 구분이 모호한 경우가 많아서 한국인이 이 두 시제형을 구분해서 사용하고자 하는 경우에 상당한 어려움과 혼란에 부딪치게 된다. 스페인어에 대한 직관이 없는 한국인이 이를 극복하기 위해서는 책을 많이 읽어서 두 시제가 어떻게 구분되어 사용되는지 눈여겨보는 것이 필요하다.

불완료 과거(pasado imperfecto)는 시작과 끝이 분명하지 않은 과거의 지속적 행동(그 지속된 시간이 얼마인지는 상관없이)을 가리킨다. 불완료 과거는 구체적으로 다음과 같은 경우에 주로 사용된다.

1. 과거의 일상적 또는 반복된 행동을 표현할 때 사용하며 시간을 나타내는 표현이 같이 출현할 수 있다: entonces, todos los días, normalmente, generalmente, en verano, etc.

기본 예제

⑴ 내가 어렸을 적에는 집에 혼자 남아 있는 것을 싫어했었다.

Cuando era pequeño, no me gustaba quedarme solo en casa.

⑵ 그는 항상 일찍 출근해서 식사시간에 돌아오곤 했었다.

Siempre iba temprano al trabajo y regresaba a la hora de comer.

⑶ 여름이면 우리는 함께 해변을 산책하곤 했었다.

En verano paseábamos juntos por la playa.

⑷ 그는 결혼 전에는 아침 식사로 항상 토스트와 계란 프라이를 먹었었다.

Antes de casarse, siempre tomaba pan tostado y huevos fritos de desyuno.

⑸ 나를 보러 올 때마다 선물을 가져오곤 했었다. 어느 날 내게 축구공을 가져다주었던 기억이 난다.

Cada vez que venía a verme, me traía un regalo. Recuerdo que un día me trajo un balón de fútbol.

⑹ 지난 학기 나는 수업에 늦지 않게 도착하곤 했었는데 어느 날 차가 갑자기 고장나는 바람에 1시간이나 지각을 하고 말았다.

El curso pasado solía llegar a tiempo a clase pero un día llegué una hora tarde porque se me averió el coche.

⑺ 선생님은 매일 아침 수업을 시작하기 전에 출석을 부르곤 하셨다.

El profesor pasaba lista todas las mañanas antes de empezar la clase.

불완료 과거는 의미 변화를 초래함이 없이 동사 soler (o → ue)로 대체될 수 있는데 이 동사는 오직 현재(Suele llover mucho en este país)와 불완료 형태만을 취한다는 사실을 기억해두자.

⑻ Paseaban mucho en invierno → Solían pasear mucho en invierno.

그러나 계속적인 동작이나 상태라 할지라도 과거의 어느 순간에 모두 끝난 것일 때는 부정과거를 사용한다. 이 부분을 한국인들이 자주 틀리는 부분이므로 유의할 필요가 있다.

⑼ 나는 마드리드에서 4년 동안 살았었다. (지금은 그곳에 살지 않는다)

Viví cuatro años en Madrid.

⑽ 나는 영국에서 영어를 배우면서 두 달을 보냈다.

Pasé dos meses aprendiendo inglés en Inglaterra.

⑾ 지난 달 나는 일본에 있었다.

El mes pasado estuve en Japón.

⑿ 일주일 내내 비가 내렸다.

Llovió durante toda la semana.

⒀ 보일러가 고장나서 겨울 내내 추위에 떨었다.

Pasamos frío durante todo el invierno porque se nos había estropeado la caldera.

따라서 아래의 문장에서 불완료 과거를 쓰면 비문이다.

⒁ Juan {*desayunaba/desayunó} huevos fritos {hasta la vejez/toda la vida}.

반대로 아래와 같은 문장은 '출근할 때'(al ir al trabajo)가 어떻게 해석되느냐에 따라 불완료 과거도 사용될 수 있고 부정 과거도 사용될 수 있다. 즉, '출근할 때'가 과거에 일정 간격을 두고 반복적으로 이루어진 것이면 불완료 과거를 사용하고 과거 어느 한 순간(가령, 어제 아침)을 지칭하는 경우는 부정 과거를 사용한다.

⒂ Juan {desayunaba/desayunó} huevos fritos al ir al trabajo.

2. 과거에 진행 중인 행동(acción en desarrollo o proceso)을 표현할 때 불완료 과거형을 사용한다. 한국어로는 '…을 하고 있었다'와 영어의 'be …ing'와 같은 표현에 해당하기 때문에 학생들은 '…을 하고 있었다'와 같은 표현을 번역할 때 무조건 estaba hablando형을 사용하는 경향이 있으나 오히려 hablaba형을 더 많이 사용한다. estaba hablando형은 이루어지고 있는 행위의 진행 상황을 굳이 강조하고자 하는 경우에 주로 사용한다.

기본 예제

⑴ 너는 (그때) 역에서 누구를 기다리고 있었던 거니?

¿A quién {esperabas/estabas esperando} en la estación?

⑵ 그 시간에 여러분들은 무엇을 하고 있었나요?

¿Qué {hacían/estaban haciendo} Vds. allí a esa hora?

⑶ 그 당시 저는 스무 살이었지요.

Entonces yo tenía 20 años.

⑷ 그 순간 라디오를 듣고 있었지요.

En aquel momento {escuchaba/estaba escuchando} la radio.

3. 과거에서의 사람, 사물, 장소, 상황에 대해 소개나 묘사를 하는 경우에도 불완료 과거를 사용한다.

기본 예제

⑴ 어느 겨울밤이었다. 매우 추었고 거리에는 아무도 없었다.

Era una noche de invierno. Hacía un frío terrible y no había nadie en la calle.

⑵ 어제 우연히 마리아를 만났는데 검은 옷을 입고 있었고 우울해 보였다.

Ayer vi por casualidad a María. Llevaba un vestido negro y parecía deprimida.

⑶ 우리에게 문을 열어준 그 노인은 잠옷 차림이었으며 왼손에는 양초를 들고 있었다.

El anciano, que nos abrió la puerta, llevaba puesto un camisón y en la mano sostenía una vela.

⑷ 바닷가에 도착했을 때는 하늘에 구름 한 점 없고 질식할 듯이 더운 전형적인 여름 날씨였다.

Cuando llegamos a la playa, era el típico día de verano, con el cielo sin una sola nube y un calor asfixiante.

⑸ 돈키호테는 마른 사람이었고 비쩍 마른 말을 한 필 가지고 있었으며 약간 정신이 돌아있었다.

Don Quijote era flaco, tenía un caballo flaco y estaba un poco loco.

4. 과거에서의 감정적 상태 및 정신활동(estados emocionales y actividades mentales en el pasado)을 표현하기 위해서도 불완료 과거를 사용한다.

⑴ 그녀는 슬픔에 잠겨 있었다.

Ella estaba muy triste.

⑵ 나는 그가 그것을 절대로 달성하지 못할 것임을 알고 있었다.

Yo sabía que no lo conseguiría nunca.

5. 과거 축을 기준으로 한 미래를 나타내기 위해서는 가능법을 사용하는 것이 일 반적이지만 불완료 과거형을 사용하기도 한다.

⑴ 그는 오늘 올 것이라고 말했다.

Dijo que {venía/vendría/iba a venir} hoy.

cf. Dijo "{vengo/vendré/voy a venir} mañana".

⑵ 그는 늦게 도착할 거라고 말했다.

Dijo que {llegaba/llegaría/iba a llegar} con retraso.

cf. Dijo "{llego/llegaré/voy a llegar} con retraso".

⑶ 내 친구는 다음 날 바르셀로나로 떠날 것이라고 말했다.

Mi amigo dijo que {salía/saldría/iba a salir} para Barcelona al día siguiente.

cf. Dijo "mañana {salgo/saldré/voy a salir} para Barcelona".

6. 과거에 발생한 행위일지라도 어느 한 쪽의 동작이 한 순간에 끝나고 다른 한 쪽의 동작은 계속되고 있었거나 어떤 상태가 유지되고 있었던 것을 표현할 때 불완료 과거를 사용한다.

⑴ 그를 만났을 때 지하철을 타고 가던 중이었다.

Iba en metro cuando me encontré con él.

⑵ 친구와 어떤 바에서 저녁을 먹고 있었을 때 강한 폭발음을 들었다.

　Cuando cenaba con un amigo en un bar, oí una fuerte explosión.

⑶ 전화벨이 울렸을 때는 밤 12시가 지나서였다.

　Eran pasadas las doce de la noche cuando sonó el teléfono.

⑷ 우리가 도착했을 때 문은 잠겨져 있었고 아무 소리도 들리지 않았다.

　Cuando llegamos, la puerta estaba cerrada y no se oía ningún ruido.

⑸ 내 애인을 알게 되었을 때 나는 머리를 노랗게 물들이고 다닐 때였다.

　Cuando conocí a mi novia, llevaba el pelo teñido de rubio.

⑹ 오늘 아침 집을 나서다가 그녀를 보았다.

　Esta mañana la he visto cuando salía de casa.

⑺ 면도를 하다가 내가 많이 말랐다는 것을 깨달았다.

　Mientras me afeitaba, me di cuenta de que había adelgazado mucho.

⑻ 내가 그를 마지막으로 봤을 때 그는 자기 친구들과 코트에서 농구를 하고 있었다.

　La última vez que lo vi, estaba jugando al baloncesto con sus amigos en la pista.

⑼ 버스가 출발하려 할 때 그는 버스에 올라탔다.

　Se subió al autobús cuando arrancaba.

7. '…하려 했었는데'와 같이 과거, 현재, 미래에 뜻을 두었다가 이행하지 않은
것이나 이행하지 않을 것을 표현할 때에도 불완료 과거를 사용한다. 형태는
iba a inf. 혹은 pensaba/quería inf. 형태를 취하는 것이 일반적이다.

기본 예제

⑴ 교수님과 얘기를 하려고 했었는데 너무 바쁘셔서 하지 못했다.

　Iba a hablar con el profesor, pero no pude porque estaba muy ocupado.

⑵ 어제 총장님을 방문하려 했으나 비 때문에 가지 못했다.

　Ayer iba a visitar al rector, pero no pude por la lluvia.

⑶ 그는 작년에 결혼하려 했으나 할아버지께서 돌아가시는 바람에 못했다.

　Iba a casarse el año pasado, pero no pudo porque se le murió el abuelo.

⑷ 그는 스페인어 실력을 향상시키기 위해 멕시코로 떠나려 했었으나 돈이 부족해서 계획을 포기하고 말았다.

{Pensaba/Quería} ir a México a mejorar su español, pero ha abandonado su plan por falta de dinero.

⑸ 왜 돈을 가져오지 않았니? 가져오려고 했었는데 은행에 가보니 문이 이미 닫혀 있었어.

¿Por qué no me traes el dinero? Iba a traerlo, pero el banco ya estaba cerrado cuando llegué.

8. 예의를 갖추어 표현할 경우에도 불완료 과거형을 사용한다.

기본 예제

⑴ 소개장 하나 부탁하고 싶습니다.

Quería pedirle una carta de presentación.

⑵ 부탁하나 하고 싶은데요.

Quería pedirle un favor.

⑶ 비자 연장을 신청하고 싶어요.

Queríamos solicitar una prórroga del visado.

⑷ 당신과 얘기를 나누고 싶습니다.

Quería hablar con Vd.

⑸ 무엇을 원하시는지요?

¿Qué deseaba usted?

9. 간접화법의 경우에도 불완료 과거형을 사용한다.

기본 예제

⑴ Dijo "Tengo sueño" → Dijo que tenía sueño.

⑵ Dijeron "No podemos ir al cine" → Dijeron que no podían ir al cine.

⑶ Dijeron "Nos duele la cabeza" → Dijeron que les dolía la cabeza.

⑷ Me preguntó "¿Cuántos libros quieres?" → Me preguntó (que) cuántos libros quería.

10. 놀람을 표시하고자 하는 경우에도 불완료 과거형을 사용한다.

⑴ 어, 너 여기 있었니?

　¡Ah! ¿Pero tú estabas aquí?(=acabo de descubrir que está aquí)

11. 두 개 이상의 동사가 등장할 때 이들 동사 가운데서 그렇게 중요하지 않거나 다른 행동의 원인이나 다른 행동의 이해를 도와주는 정보를 지닌 동사는 불완료로 하는 것이 일반적이다.

⑴ Tenía mucho calor y me levanté.

⑵ Estaba aburrido en la fiesta y me fui a casa.

⑶ Tenía mucha hambre y me comí el queso.

⑷ Mi mujer dormía profundamente y cerré la puerta con cuidado.

특히 porque, como와 같은 접속사를 지니는 경우 그 절은 불완료 과거형을 취하는 것이 일반적이다.

⑸ 돈이 없어서 난 극장에 가지 않았다.

　No fui al cine porque no tenía dinero.

⑹ 오른팔이 많이 아팠기 때문에 테니스 치는 것을 그만두었다.

　Dejé de jugar al tenis porque me dolía el brazo derecho.

12. 불완료 과거형을 사용하느냐 부정 과거형을 사용하느냐에 따라 의미가 달라지는 경우가 종종 있다.

기본 예제

⑴ a. Tuvimos que atravesar dos desiertos para llegar al oasis.

　b. Teníamos que atravesar dos desiertos para llegar al oasis.

　　　→ (1a): 우리는 오아시스에 도착하기 위해 두 개의 사막을 횡단해야 했고 실제로 그렇게 했다(acción completa/aspecto perfectivo).

　　　→ (1b): 우리는 오아시스에 도착하기 위해 아직 두 개의 사막을 더 건너야 했다. 실제로 그렇게 했는지 안 했는지의 여부는 밝히지 않고 있다.

⑵ a. Pudo hacerlo.

　　　→ He managed to do it.

　b. Podía hacerlo.

　　　→ He was able to do it (and may or may not have done it)

⑶ a. No pude ver lo que me rodeaba.

　　　→ I was unable to see what was around me and (didn't see it)

　b. No podía ver lo que me rodeaba.

　　　→ I couldn't see what was around me (at the time, but may have later)

⑷ a. Supe que no era cierto.

　　　→ I found out it wasn't true.

　b. Sabía que no era cierto.

　　　→ I knew it wasn't true.

⑸ a. Tuve la impresión de que …

　　　→ I got the impression that …

　b. Tenía la impresión de que …

　　　→ I had the impression that …

⑹ a. Tuve que hablar con ella.

　　　→ I had to talk to her. (and did)

b. Tenía que hablar con ella.

→ I had to talk to her. (and may or may not have done)

(7) a. Conocí a Antonia.

→ I met Antonia. (for the first time)

b. Conocía a Antonia.

→ I knew Antonia.

(8) a. Fui jefe de departamento.

→ I was head of dept. (and then stopped)

b. Era jefe de departamento.

→ I was head of dept. (at the time)

(9) a. Era una mañana bonita y di un paseo por el parque porque estaba contento.

→ en este momento ya tenía un sentimiento de felicidad.

b. Supe que mi compañero de cuarto recibió una beca, así que estuve contento.

→ Indica el comienzo de la felicidad (= me alegré, me puse contento)

연습문제 A

1. 날씨가 너무 추워서 창문을 모두 닫았다.

2. 나는 새벽 한 시까지 바에 친구들과 있었다.

3. 마리아는 자기 룸메이트가 그녀를 속였다는 것을 알고는 깜짝 놀랐다.

(*룸메이트 compañero de cuarto)

4. 가스가 폭발했을 때 다행히 가게엔 아무도 없었다.　(*다행히도 afortunadamente)

5. 어렸을 적엔 우리는 자주 싸우곤 했지만 지금은 잘 지냅니다.

6. 엄마가 어제 내게 만들어준 김치 볶음밥이 난 너무 좋았다.

7. 비록 차가 무척 맘에 들었지만 너무 비싸서 사지 않았다.

8. 어젯밤 사이렌 소리도 들리고 밖이 매우 소란스러웠는데 무슨 일이 일어났습니까?

(*거리가 소란스럽다 haber mucho ruido en la calle)

9. 일요일이면 부모님들께서 벤치에 앉아 독서를 하시는 동안 나와 내 동생은 공원을 뛰어다니곤 했었다.

10. 어느 여름날 밤 어떤 비명소리에 놀라 잠에서 깨어보니 시계가 새벽 3시를 가리키고 있었다. (*비명소리 grito)

11. 젊은 시절에는 술과 담배를 많이 했었다. 이제는 술 담배를 끊은 지 벌써 10년도 넘었고 따라서 건강하게 지내고 있다.

12. 내가 외국에서 공부하기 위해 다니던 직장을 그만두었을 때는 나이가 스물여덟이었다.

13. 그들이 도착했을 때 난 그들을 기다리다 지쳐서 막 떠나려던 참이었다.
(*막 … 하려던 참이다 estar a punto de + inf./estar para + inf.)

14. TV를 보다가 그만 잠이 들어버렸다.

15. 며칠 전 한 카페에서 어떤 청년을 알게 되었는데 오늘 오후 학교를 나서다가 그를 다시 만나게 되었다.

16. 모두들 그가 미술이 무척 소질이 있다고 생각했었다.
(*…에 소질이 있는 tener talento para)

17. 지난주에 주민등록증을 갱신하려고 했었으나 밀린 일이 많아서 구청에 가지 못했다. (*갱신하다 renovar, 주민등록증 carné de identidad, 구청 ayuntamiento municipal, 밀린 일 trabajo atrasado)

18. 교수님은 내게 매우 바빠서 모임에 올 수 없다고 말했다.

19. 네가 오지 않을 거라고 생각했기 때문에 너를 기다리지 않았다.

20. 어제 그녀는 시장에 가다가 교통사고를 당했다. 앞으로 병원에 적어도 한 달은 입원해 있어야 한다고 한다.

21. 부엌 천장을 페인트칠하다가 사다리에서 떨어져 팔꿈치를 다쳤다.
(*…를 다치다 hacerse daño en …, 팔꿈치 codo)

22. 그가 누군가를 인터뷰하고 있는 중이어서 나는 그에게 말을 걸지 못했다.
(*인터뷰하다 entrevistar)

23. 스페인에 살 때 1주일에 한 번씩 극장에 가곤 했었다.

24. 버스가 출발하려할 때 나는 버스에 올라탔다. (*자동차가 출발하다 arrancar)

25. 운동을 한 후 목이 매우 말랐기 때문에 그는 맥주 한 잔을 한 입에 다 마셔버렸다. (*단 번에, 한 입에 de un trago)

26. 벤치에 앉아 책을 읽고 있는데 한 외국인이 다가와서 스페인어로 강연 장소가 어디냐고 내게 물었다. 나는 그에게 강연은 강당에서 한다고 말해주었다. (*강당 sala de actos públicos)

27. 후안과 나는 나무 밑에 누워서 하늘을 쳐다보았다. 나뭇가지 사이로 보이는 하늘은 별들로 가득 차 있었다.

28. 그녀는 내게 자기와 영화 보러 가기를 원하는지 물었다.

29. 작년에 우리는 유럽 여행을 가기로 했었는데 아내가 병이 나서 여행을 연기해야만 했다.

30. 음식도 마음에 들지도 않았고 사람들도 나를 거들떠보지도 않아서 난 가버렸다. (*거들떠보지 않다 no hacer caso a alguien)

31. 나는 그가 백만장자인줄 몰랐었다. 그것을 이틀 뒤에 알게 되었다.

32. 아주 어렸을 적에 나는 치과에 가기를 싫어했다. 지금도 나는 치과에 들릴 때마다 큰 소리로 울었던 기억이 난다.

33. 마리아가 뻬드로와 결혼할 것이란 것을 알았을 때 나는 배신감을 느꼈다. (*배신감을 느끼다 sentirse traicionado)

34. 페루 작가 Mario Vargas Llosa는 지금 스페인에 살고 있다. 그는 정부와의 갈등 때문에 조국을 떠나야만 했다. (*조국 patria)

35. 수업을 시작하려던 순간 전기가 나가서 우리는 수업을 중단하는 수밖에 없었다. (*전기가 나가다 irse la luz, 중단하다 interrumpir)

36. 10년 전 내가 스페인에 도착했을 때 난 20살이었다. 소피아와 나는 학교에서 알게 되어 사랑에 빠져 결혼을 했고 1년 뒤 아들을 얻었다.

37. 뻬드로가 바(bar)에 도착했을 때는 매우 춥고 또 비가 억수같이 내리고 있었다. 그는 젖은 외투를 벗고서 한 테이블에 앉아 시계를 들여다보았다. 저녁 9시 10분 전이었다. 그 시간에 바에는 사람이 별로 없었다. 단지 몇 몇 노인들만이 담배를 피우면서 카드놀이를 하고 있었다. (*억수같이 내리다 llover a cántaros, 카드놀이 하다 jugar a las cartas)

38. 어제 나는 밤 10시까지 일을 했다. 평소와 마찬가지로 사무실을 나와 버스 정류장까지 걸어갔다. 너무 늦은 시각이고 또 비도 부슬부슬 내리고 있었던 터라 그곳에서 버스를 기다리는 사람은 별로 없었다.

(*평소와 마찬가지로 como de costumbre, 부슬부슬 내리다 lloviznar)

39. 어제 동생을 마중하러 버스터미널에 나갔는데 버스는 한 시간이나 늦게 도착했다. 기다리는 동안 그곳을 어슬렁거리던 한 아주머니가 내게 다가와서는 몇 시냐고 물었다. (*…를 어슬렁거리다, 배회하다 andar por)

40. 나는 밤 10시에 공부를 하기 시작했다. 매우 피곤했지만 공부를 하지 않으면 시험에 통과 할 수 없다는 것을 잘 알고 있었기에 새벽 6시까지 노트 필기를 복습했다. (*노트필기 apunte)

41. 세 시간을 공부한 뒤에 어젯밤 나는 자정에 잠자리에 들었지만 배가 많이 고파서 잠을 잘 수가 없는 상황이었다. 그래서 나는 침대에서 일어나 먹을 것을 찾으러 부엌으로 갔다. 부엌에 있는 식탁 밑에서 자고 있던 내 개 뽀삐가 나를 보고서는 꼬리를 흔들었고 나는 머리를 쓰다듬어 주었다. 냉장고에는 먹을 게 하나도 없었지만 나는 누나가 싱크대 밑에 감추어둔 감자칩 한 봉지를 찾아내어 다 먹어 치웠다. 야참을 마쳤을 때는 이미 새벽 한 시였고 나는 잠을 잘 잘 수 있었다.

(*야참 merienda de medianoche)

연습문제 B

1. 다음의 글을 읽고 현재형을 불완료 과거형으로 바꾸시오.

Son las diez de la Nochebuena. Los niños duermen soñando con los re-galitos que esperan recibir. En la sala está el árbol de Navidad. Hay muchos paquetes y cajas. Afuera nieva mucho y todo está silencioso. María, que acaba de ordenar la habitación, descansa sentada en el sofá y su esposo, que acaba de envolver los regalos, construye una casita para muñecas. Toman juntos un café y miran el fuego que arde en la chimenea. Se sienten felices porque al día siguiente les va a traer mucha alegría a sus hijos.

2. 다음의 글을 읽고 현재형을 부정 과거형으로 바꾸시오.

Pedro se despierta un poco tarde. Sale de prisa y pierde el autobús. Tiene que coger un taxi y llega de mal humor a la empresa. Llama a su secretaria y le da unos documentos que mecanografiar. Media hora después va a su escritorio y ve que se equivoca de las direcciones. Se enfada y la riñe. Ella llora. Se tran-quiliza y le pide perdón. La invita a cenar y ella lo acepta.

3. 다음의 텍스트를 불완료와 부정 과거시제를 적절히 섞어서 다시 쓰시오.

Cristina vive con sus padres y su abuelo en un misterioso valle de Navarra. Su abuelo predice que conocerá a un joven que le traerá desgracias, y la profe-cía se cumple. Cristina se casa con él y se queda embarazada. Sin embargo, de-scubre que el joven ya está casado. Lo mandan a la cárcel acusado de bigamia.

4. 다음의 텍스트를 불완료와 부정 과거시제를 적절히 섞어서 다시 쓰시오.

> Son las dos de la tarde. Hace un tiempo bueno. Mis amigos quieren jugar al baloncesto, pero tengo que hacer la tarea. Me siento y enciendo el ordenador. Pienso un rato y no se me ocurre nada. Entonces un amigo entra y me dice que necesitan otro jugador para el equipo. No puedo resistir la tentación y me reúno con ellos.

5. 빈칸을 부정 과거 혹은 불완료 과거형으로 채우시오.

> Anoche _____ (ocurrir) un accidente de tráfico en la calle Alcalá. Según la policía, _____ (ser) las 3:00 de la madrugada y la noche _____ (estar) despejada. El coche _____ (ir) a toda velocidad cuando el conductor _____ (perder) control y _____ (chocarse) contra un poste telefónico. Los vecinos que _____ (oír) el choque _____ (llamar) a la policía. Cuando _____ (llegar) la policía el conductor _____ (estar) tendido en la calle aunque no _____ (estar) herido. Afortunadamente no _____ (haber) otros pasajeros en el coche. Al hacerle preguntas, los policías _____ (detectar) un fuerte olor a alcohol; además _____ (encontrar) unas latas de cerveza y una botella de whisky en el coche. _____ (llevarlo) a la comisaría. Tras la investigación, el jefe de la policía _____ (decir) que el conductor ya tenía otras condenas por conducir bajo la influencia del alcohol y que su licencia de conducir no _____ (ser) válida. Cuando la policía lo _____ (meter) en la cárcel, _____ (dormirse) en seguida.

6. Describa lo que hizo Ud. anoche, usando al menos 5 verbos distintos en el pretérito.

7. Describa cómo era Ud. de niño y qué le gustaba hacer.

40 과거 완료

● *Nadie está por encima de la ley.*

과거완료는 과거의 사건(evento)에 선행하는 어떤 사건 혹은 상태(state)를 나타내기 위해 사용한다. 즉, 과거를 과거보다 더 이전의 다른 시점과 연결할 때 사용한다.

기본 예제

(1) 우리는 그가 이미 차를 팔아버렸다는 것을 알고 있었다.
   Sabíamos que ya había vendido el coche.

(2) 내가 눈을 떴을 때는 이미 해가 난 뒤였다.
   Cuando abrí los ojos, el sol ya había salido.

(3) 그는 나에게 그 집에서 아무도 만나지 못했지만 수위실에 메시지를 남겨두었다고 말했다.
   Me dijo que no había visto a nadie en la casa, pero que había dejado un mensaje en la portería.

(4) 내가 후안을 만났을 때 그는 턱수염을 이미 다 깎아버린 뒤였다.
   Cuando vi a Juan, ya se había afeitado la barba.

(5) 그는 나에게 휴가를 다녀왔다고 말했다.
   Me dijo que había estado de vacaciones.

(6) 그는 내게 대중 앞에서 노래해본 적이 없다고 고백했다.
   Me confesó que nunca había cantado ante el público.

⑺ 산책에서 돌아오던 도중에 우리는 이웃 주민의 자동차 유리를 부셔놓은 것을 보게 되었다.

Cuando volvíamos de pasear, vimos que habían roto los cristales del coche del vecino.

cf. Cuando volvíamos de pasear, vimos que estaban rotos los cristales del coche del vecino.

연습문제 A

1. 집에서 나갔을 때 이미 비가 그친 뒤였다.
2. 운동을 하고 돌아왔을 땐 이미 날이 어두워진 뒤였다.
3. 공항에 도착했을 때 비행기는 이미 이륙한 뒤였다.
4. 기차역에 도착했을 땐 기차가 이미 떠난 뒤였다.
5. 닭 우는 소리를 들었을 때 이미 동이 튼 뒤였다.   (*동이 트다 amanecer)
6. 운동장에 도착했을 땐 입장권은 다 팔린 뒤였다.
7. 소방대원들이 도착했을 땐 집이 이미 다 타버린 뒤였다.
8. 의사가 도착했을 때는 환자는 이미 숨을 거둔 뒤였다.
9. 경찰이 도착했을 때 도둑이 이미 보석을 몽땅 다 가져 가버린 뒤였다.
10. 어제 그는 그저께 정원에 물을 주었다고 말했다.   (*물을 주다 regar)
11. 교통법규 위반으로 그에게 벌금을 매겼다고 말했다.

                     (*교통법규 위반 infracción de las normas de circulación)

12. 그에게 전화했을 때 이미 다른 데로 이사가 버렸다고 집주인이 말했다.

                     (*이사하다 mudarse)

13. 네가 이미 퇴근했다고 하기에 너에게 전화하지 않았다.
14. 그를 만났을 때 그는 일어난 모든 것을 말해주었다.
15. 그들은 1995년에 첫아들을 얻었다고 말했다.
16. 사람들 앞에서 연설을 해본 적이 한 번도 없었기 때문에 나는 매우 긴장했다.

17. 나는 그 영화가 매우 마음에 들었다. 그렇게 재미있는 영화를 전에 본 적이 없었다.

18. 나는 첫 눈에 그녀에게 반해버렸다. 그렇게 예쁜 여자를 전에 본 적이 없었다.

(*첫 눈에 a primera vista)

19. 그는 화를 몹시 내었다. 왜냐하면 그들이 그를 그런 식으로 모독한 적이 한 번도 없었기 때문이었다.

(*모독하다 insultar)

20. 아버지께서 어머니에게 선물을 해 준 적이 한 번도 없었기 때문에 어머니는 선물을 받고 깜짝 놀라셨다.

21. 그가 나에게 밥을 사겠다고 했을 때 난 매우 이상했다. 왜냐하면 그는 그 누구에게도 밥을 산 적이 단 한 번도 없었기 때문이다.

22. 선생님께서 그렇게 화를 많이 내시는 것을 본 적이 한 번도 없었기 때문에 학생들은 매우 놀랐다.

연습문제 B

1. 주어진 모델에 따라 문장을 만들어 보시오.

Mis hermanos / estar en Argentina / en ese país

→ Mis hermanos estuvieron en Argentina.

Nunca habían estado en ese país antes.

---

① Algunos alumnos / ir a México

② Ellos / comer tapas y beber cerveza / en San Sebastián

③ Nuestro profesor / escalar el Everest / una montaña tan alta

④ Ella / romperse una pierna / tener un accidente antes

⑤ Yo / estudiar español en Chile / en un país hispanohablante

⑥ Mis amigos / sorprenderse al ver mi coche / subirse a un coche tan lujoso

2. 아래의 글을 읽고 대북 정책 및 대미 관계에 대한 여러분의 의견을 150~200자
   정도로 표현해보시오.

최근 對北 政策과 對美 關係에 있어 우리 정부는 南南 葛藤으로 인해 많은 곤경에 처해 있다. 왜냐하면 南北 問題를 해결하는 방안을 놓고서 進步와 保守 진영간의 의견 대립으로 인해 많은 갈등이 증폭되고 있기 때문이다. 예를 들어 대북 지원 문제를 놓고 진보 진영에서는 북한이 평화적 통일 방안에 응하기 위해서는 우리가 좀 더 열린 마음으로 북한에 대한 지원을 해야 한다고 주장하는 반면에 보수 진영에서는 북한이 지금껏 변한 것은 하나도 없고 오히려 한반도에서의 핵 위기만 더욱 고조시키고 있다면서 북한이 핵무기 개발을 포기하도록 하기 위해서는 정부가 북한에 끌려 다닐 것이 아니라 좀 더 강하게 대처할 것을 요구하고 있다. 이와 같은 입장 차이로 인해 진보 진영에서는 자신과 다른 입장을 反民族, 反統一, 冷戰, 守舊 勢力으로 간주하는 반면 보수 진영은 반대 입장을 親北, 左翼, 容共 勢力으로 몰아세우고 있다. 한편, 대미 관계와 관련하여 진보 진영은 屈辱的인 外交 關係에서 벗어나 自主的 路線을 걷도록 요구하고 있는 반면 보수 진영에서는 국제 사회의 현실을 감안할 때 한국의 오랜 同盟인 미국과의 관계 악화는 결코 國益에 도움이 되지 못한다고 주장하고 있다.

41 미래완료(Futuro perfecto)

• Comenzar es haber hecho la mitad.

미래완료시제는 문법 시간에 학습을 함에도 불구하고 막상 스페인어로 작문하려고 하면 자신이 없는 것 중의 가운데 하나이다. 미래완료(habré + participio)의 용법은 크게 두 가지로 나뉜다.

첫째, 현재와 관련이 있는 어떤 미래 보다 이전의 행동을 표현하는데 주로 사용된다. 즉, 현재의 관점에서 볼 때 두 개의 미래 사건 중 하나가 나머지 다른 하나에 시간적으로 앞서는 경우를 표현하고자 할 때 사용한다. 좀 더 이해가 쉽도록 한국어의 예를 들어 보자. 가령 '네가 도착했을 때쯤이면 나는 이미 떠나고 없을 거야'와 같은 문장에서 말하는 시점에서 본다면 네가 도착하는 것도 미래 사건이고 화자인 '나'가 떠나버리는 것도 미래 사건이다. 이 때 후자의 사건이 전자의 사건보다 시간적으로 앞에 일어나는 것을 표현하기 위해 미래완료를 사용한다.

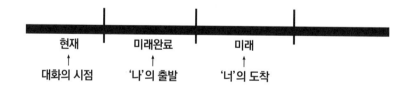

현재   미래완료   미래
↑   ↑   ↑
대화의 시점   '나'의 출발   '너'의 도착

기본 예제

(1) 네가 도착했을 때쯤이면 난 이미 떠나고 없을 거야.

　Cuando llegues, yo ya me habré marchado.

(2) 네가 학교에서 돌아오면 컴퓨터를 벌써 집에 배달해 놓았을 거야.

　Cuando vuelvas del colegio, ya habrán traído el ordenador a casa.

⑶ 네가 가게에 도착하면 벌써 문을 닫아버렸을 거야.

　Cuando llegues a la tienda, ya la habrán cerrado.

⑷ 부모님께서 돌아오실 때쯤이면 우리는 복습을 다 해놓았을 거야.

　Cuando regresen los padres, ya habremos repasado la lección.

미래완료의 또 다른 용법은 현재 말하는 순간보다 멀지 않은 과거(현재완료)에 일어났을 법한 사건에 대해 추측하면서 얘기하고자 하는 경우에 사용된다.

기본 예제

⑴ 아마 지금쯤 공항에 벌써 도착해 있을 거야.

　Ya habrán llegado al aeropueto.

⑵ A: 전화를 안 받는군.

　A: No contesta.

　B: 아마 신문 사러 나갔을 거야.

　B: Habrá salido a comprar el periódico.

⑶ A: 마리아는 어디에 있지?

　　¿Dónde está María?

　B: 잘 모르겠어. 아마 집에 가버렸을 거야. 매우 지루해 했거든.

　　No sé. Se habrá ido ya a su casa. Estaba muy aburrida.

⑷ 벌써 도착했어야 하는데. 길을 잃어 버렸나?

　Ya debería haber llegado. ¿Se habrá perdido?

⑸ 그녀는 지금 이곳에 없다. 아마도 기다리다 지쳐서 가버렸겠지.

　Ella no está aquí. Se habrá ido cansada de esperar.

⑹ 누가 컵을 깨뜨렸을까? 아이가 깨뜨렸겠지.

　¿Quién habrá roto el vaso? Lo habrá roto el niño.

⑺ 후안은 미끄러져서 다리 하나가 부러진 모양이다.

　Juan se habrá resbalado y por eso se habrá roto una pierna.

⑻ 그 많던 싱아는 누가 다 먹었을까?

　Tanta *Sing-a* que había antes, ¿quién se la habrá comido?

추측을 의미하는 probablemente, quizá, a lo mejor와 같은 부사를 사용하여 작문을 하는 경우는 미래 완료 대신에 현재 완료/과거를 사용한다.

기본 예제

⑴ Probablemente ha llegado esta mañana.

⑵ {A lo mejor/Quizá} ha salido a comprar el periódico.

연습문제 A

1. 네가 서울에 도착하면 나는 이미 떠나버린 뒤 일거야.
2. 내일 오후쯤이면 그들은 벌써 대책을 마련해 놓았을 거야.

(*대책을 세우다 tomar una medida)

3. 소방관들이 도착할 때쯤이면 집은 벌써 완전히 타버린 뒤 일거야.
4. 네가 도착하면 아마 우리는 이미 잠자리에 든 뒤 일거야. 그러니 열쇠 가져가는 것 잊지 마라.
5. 자네가 휴가에서 돌아오면 우리는 이미 다른 데로 이사를 했을 거야.
6. 네가 퇴근하고 돌아오면 전자레인지를 다 수리해놓았을 거야.

(*전자레인지 m. microondas)

7. 네가 제대하면 난 벌써 대학을 졸업한 뒤 일거야.　　　　(*제대하다 licenciarse)
8. 네가 도착하면 파티는 이미 끝난 뒤 일거야.
9. 그가 열쇠를 어디다 두었을까? — 차에 두었겠지.
10. 후안이 몇 시에 왔지? 아마 6시에 왔을 거야.
11. 도주자는 아마도 벌써 국경에 도착했을 거야.　　　　　(*도주자 fugitivo)
12. 그가 그곳까지 어떻게 갔을까? 아마 걸어갔을 거야.
13. 냉장고에 넣어 두었던 고등어를 누가 먹어 버렸을까? 아마 후안이 먹어치웠을 거야. 오늘 아침에 그가 부엌에서 뭔가를 먹고 있는 것을 보았거든.
14. 책상 위에 두었던 사전이 안 보인다. 누가 가져가 버렸을까?

15. 그가 우리에게 전화한지가 한참 되었는데. 그에게 무슨 일이라도 난 것일까?

16. 부모님들이 아직 도착하지 않으셨는데 혹시 무슨 안 좋은 일이라도 일어난 것이 아닐까?   (*좋지 않은 일 algo malo)

17. 그녀에게 전화해봐라. 이 시간이면 벌써 잠에서 깨어났을 거야. 매우 부지런한 사람이거든.

18. 누가 내가 접시를 깨뜨렸다고 어머니에게 누가 고자질했을까?

(*…에게 고자질하다 chivarse a alguien)

19. 내가 올 가을에 결혼할 것이라는 것을 학생들이 다 알고 있는데 누가 그걸 말했을까? 그걸 말한 사람은 다름 아닌 김 선생이었을 거야.

연습문제 B

Escriba una redacción de 150~200 palabras sobre el tema.

> Mis padres y mis hermanos.

42 가능법(Condicional)

● *Hablando del rey de Roma, por la puerta asoma.*

가능법의 용법은 매우 다양하다. 가능법이 주로 사용되는 대표적인 두 가지 경우를 살펴보자.

1. 과거에서 바라본 미래를 표현하는 경우

기본 예제

⑴ 그는 늦게 올 거라고 말했다.

　Dijo que vendría tarde.

　(cf. Dijo: "Vendré tarde".)

⑵ 모임에 사람들이 많이 올 것이라는 것을 알고 있었다.

　Sabía que vendría mucha gente a la reunión.

⑶ 그는 아무에게도 그것을 말하지 않겠노라고 말했다.

　Dijo que no se lo diría a nadie.

　(cf. Dijo: "No se lo diré a nadie".)

⑷ 나는 동생이 기차를 놓칠 거라고 생각했다.

　Pensé que mi hermano perdería el tren.

　(cf. Pienso que mi hermano perderá el tren.)

⑸ 나는 그에게 파티에서 그녀와 마주칠 것이라고 말했다.

　Le dije que se toparía con ella en la fiesta.

⑹ 런던행 비행기는 예정된 시간에 이륙할 것이라고 말했지만 고장으로 인해
한 시간이나 늦게 이륙했다.

Dijeron que el avión con destino a Londres despegaría a la hora prevista,
pero despegó con una hora de retraso.

2. 부정 과거 혹은 불완료 과거에 해당하는 과거의 상황 혹은 사건의 가능성에
대해 추측하면서 얘기하는 경우

기본 예제

⑴ 사건이 발생했을 때 몇 시쯤 되었을까?

¿Qué hora sería cuando sucedió el incidente?

⑵ 아마 새벽 두 시는 되었을 거야.

Serían las dos de la madrugada.

⑶ 당시 스타디움에는 몇 명이나 있었을까?

¿Cuántos habría en el estadio entonces?

⑷ 부모님이 돌아가셨을 당시 그녀의 나이는 대략 15살쯤 되었을 거야.

Tendría unos 15 años cuando murieron sus padres.

⑸ 전에는 그가 매우 뚱뚱했었지. 한 100킬로 정도 나갔을 거야.

Antes era muy gordo. Pesaría unos cien kilos.

⑹ 성(城)은 아마 지진 때문에 무너져 내렸을 거야.

El castillo se derrumbaría a cuasa del terremoto.

⑺ 버스가 전신주에 부딪쳤을 때 과속했을 거야.

Cuando el autobús se dio contra el poste, iría a una velocidad excesiva.

한편, 현재 상황을 추측하는 경우는 직설법 미래형을 사용하면 된다.

기본 예제

(1) A: 그 모델은 (지금) 몇 살쯤 될까?

¿Cuántos años tendrá la modelo?

B: 잘은 모르지만 뭐 한 서른 살쯤 되겠지.

{No lo sé muy bien/No estoy seguro}, pero tendrá unos 30 años.

(=Probablemente tiene unos 30 años).

(2) A: 그는 지금 어디 있을까?

¿Dónde estará?

B: 아마 지금 도서관에 있을 거야.

Estará en la biblioteca.

(3) A: 네 동생 지금 뭐 하는지 아니?

¿Sabes qué está haciendo tu hermano?

B: 아마 아버지 서재에서 뭔가 장난을 치고 있을 겁니다.

Estará haciendo alguna travesura en el despacho de papá.

연습문제 A

1. 시합은 예정된 시간에 개최될 것이라고 분명히 말했다.

(*예정된 시간에 a la hora prevista, 개최되다 tener lugar)

2. 그들은 7시에 도착하겠다고 내게 말했지만 9시가 지나서 도착했다.

(*9시가 지나서 pasadas las nueve)

3. 기차가 예정된 시간에 도착할 것이라고 말했지만 두 시간 늦게 도착했다.

4. 모두들 김 교수가 학과장에 임명될 것이라고 생각했다.

(*학과장 director del departamento)

5. 회의가 예정보다 빨리 시작될 것이라고 말했다. (*예정보다 빨리 antes de lo previsto)

6. 짐이 전부 다 트렁크에 들어갈 것으로 믿었었다.

(*트렁크 maletero, 물건이 어디에 들어가다 caber)

7. 그들은 계약서에 서명하겠다고 말했지만 약속을 지키지 않았다.

(*계약서 contrato)

8. 그는 나를 위해 무엇이든 하겠다고 말했다.

9. 의사는 내가 약을 복용치 않으면 고통을 느낄 것이라고 경고했다.

10. 내가 문 열리는 소리를 들었을 때는 아마도 10시쯤 되었을 거예요

11. 그를 소개받았을 때 당시 그는 아마 스무 살쯤 되었을 거야.

12. 당시 그녀가 몇 살이었는지 정확히는 모르지만 아마도 40살쯤 되었을 거야.

13. 할아버지께서 결혼하셨을 때 몇 살이었나요? 정확히는 모르겠는데 스무 살
이 넘지는 않았을 거야. 과거에는 사람들이 결혼을 매우 일찍 했었거든.

(*결혼을 일찍 하다, 젊은 나이에 하다 casarse joven)

14. 케네디 대통령이 사망했을 때 몇 살이었나요? 아마 60이 못 되었을 겁니다.

연습문제 B

Componga una redacción de 150~200 palabras sobre el tema.

Los políticos de Corea.

43 접속법 (1): 타인에 대한 영향(influencia)

● *Lo que no quieras que sepan muchos,*
no se lo digas a nadie.

자기 자신이 아닌 상대방 혹은 제 3자에게 바람(deseo), 명령(mandato), 부탁 (ruego), 요청(petición)과 같이 영향을 미치고자 할 때 종속절에 접속법을 사용한다. 상대방 혹은 제 3자 속에 자기 자신이 포함되는 경우도 접속법을 쓴다(Quiero que nos vayamos de vacaciones). 종속절에 접속법 사용을 요구하는 대표적 동사는 다음과 같다.

(i) 바람: querer, esperar, desear

(ii) 명령: ordenar, mandar, *decir*

(iii) 요구, 요청: exigir, pedir,

(iv) 부탁, 간청: rogar, suplicar

(v) 허가, 금지: permitir, dejar, prohibir

(vi) 충고, 권고: aconsejar, recomendar

기본 예제

(1) 나는 네가 우리 집에 오기를 바란다.

Deseo que vengas a mi casa.

(2) 나는 후안이 그녀와 결혼하기를 바란다.

Deseo que Juan se case con ella.

(3) 나는 네가 최대한 빨리 그를 만나러 가기를 바란다.

Deseo que vayas a verle cuanto antes.

⑷ 사장은 항상 종업원들에게 일을 열심히 하라고 명령한다.

El jefe siempre ordena a sus empleados que trabajen duro.

⑸ 그는 내게 종종 돈을 빌려달라고 요구한다.

A menudo me pide que le preste dinero.

⑹ 실내에서는 담배를 피우지 말아줄 것을 여러분들께 부탁드립니다.

Les ruego que no fumen en el interior.

⑺ 나는 내 딸이 일 년이 넘도록 놀고 있는 그 청년과 사귀는 것을 허락하지 않을 것이다.

No permitiré que mi hija salga con el joven, que lleva más de un año parado.

⑻ 의사 선생님은 나에게 이 약을 계속 복용할 것을 충고하신다.

El médico me aconseja que siga tomando esta medicina.

⑼ 너는 네 생일날 내가 너를 어떤 레스토랑에 데려가기를 바라니?

¿A qué restaurante quieres que te lleve el día de tu cumpleaños?

⑽ 야당은 부패혐의로 기소된 여당 의원들과 고위 공무원들이 사임할 것을 요구하고 있다.

La oposición exige que dimitan los diputados del partido gobernante y los altos cargos procesados por corrupción.

○ 유의사항

  ordenar, mandar, dejar, permitir와 같은 동사는 접속법뿐만 아니라 원형 동사를 사용하여 문장을 만들 수 있다.

기본 예제

⑴ 옷을 단정하게 입지 않은 관광객들은 교회 안으로 들여보내지 않는다.

  a. No dejan entrar en las iglesias a los turistas no vestidos con decencia.

  b. No dejan que los turistas no vestidos con decencia entren en la iglesia.

⑵ 어머니는 우리에게 부침개에 손대지 말라고 명령하신다.

  a. Mamá nos ordena no tocar las tortillas.

b. Mamá ordena que no toquemos las tortillas.

⑶ 모든 극장에서는 관객들이 흡연하는 것을 금하고 있다.

    a. En todos los cines prohíben fumar a los espectadores.

    b. En todos los cines prohíben que los espectadores fumen.

⑷ 교수님은 우리가 사전을 참조하는 것을 허락하지 않으신다.

    a. El profesor no nos deja consultar el diccionario.

    b. El profesor no deja que consultemos el diccionario.

연습문제 A

※ 괄호([ ]) 속에 주어진 동사를 이용하여 다음의 예문을 스페인어로 옮기시오.

1. 나는 내 학생들이 졸업할 때쯤이면 자신들이 원하는 직장을 구하기를 바란다.[querer]

2. 나는 내 학생들이 스페인어를 유창하게 구사하기 위해 더 많은 노력을 기울였으면 좋겠다. 예를 들어 모레노 교수님을 뵐 때마다 스페인어로 그와 대화를 나누기를 기대한다.[querer, esperar]

        (*유창하게 con soltura, con fluidez, …할 때마다 siempre que + subj.)

3. 부모님께서는 내가 법학을 공부할 것을 원하시지만 나는 스페인어를 공부하고 싶다.[querer]

        (*법학 Derecho)

4. 너의 부모님은 네가 뭘 하기를 바라시니? 부모님은 내가 시간을 낭비하지 않고 학업에 전념하기를 바라신다. [querer]

        (*시간 낭비하다 perder tiempo)

5. 그들은 내가 이 가게에 있는 모든 티셔츠를 다 사기를 바란다.[querer]

6. 우리는 의사, 변호사, 기업가와 같은 부자들이 좀 더 많은 세금을 내었으면 한다.[esperar]

7. 내가 바라는 것은 네가 조용히 하는 것이다.[querer]

8. 지금 이 순간 내가 바라는 것은 네가 날 가만 내버려두는 것이다.[querer]

9. 7월 1일부터 실내에서 흡연이 금지되어 있습니다. 그러니 담배를 피우지 말 것을 여러분들께 부탁드립니다. 담배를 피우고 싶으신 분들은 밖으로 나가 주시기 바랍니다.[rogar]

10. 나는 네가 일을 마치자마자 집에 돌아오기를 바란다.[desear]

11. 어머니는 내가 돈을 많이 버는 청년과 결혼하기를 바라신다.[querer]

12. 나는 너에게 내가 일주일 전에 빌려주었던 노트필기를 돌려줄 것을 요구한다.[exigir]
(*노트필기 apuntes de clase)

13. 3개월 째 급료를 못 받고 있는 노동자들은 사장에게 월급을 조속히 지급해달 라고 요구한다. [pedir]   (*조속히 cuanto antes, lo antes posible, lo más pronto posible)

14. 부모님께서는 내게 일찍 자고 일찍 일어나라고 항상 말씀하신다.[decir]

15. 선생님께서는 학생들에게 강의실에 들어오기 전에 핸드폰을 끄라고 늘 말씀 하신다.

16. 나는 그가 이번 주말에 콘서트에 가는 것을 허락할 것이다.[permitir]

17. 난 너에게 컴퓨터를 끌 것을 명령한다.[ordenar]

18. 나는 네가 장학금을 타기를 기대한다.[esperar]   (*장학금을 타다 conseguir una beca)

19. 의사 선생님은 우리에게 썬텐하지 말라고 충고하신다.[aconsejar]
(*썬텐하다, 일광욕하다 tomar el sol)

20. 변호사는 나에게 재판 받기 전에 아무하고도 얘기하지 말라고 충고한다.[aconsejar]
(*재판 받다 someterse al juicio)

21. 선생님께서 내일 나를 보시면 머리를 자르라고 말씀하실 것이다.[decir]

22. 혹시 비가 올지도 모르니 마리아에게 우산을 가져가라고 말하거라.[decir]
(*혹시 …할 지도 모르니 por si acaso + v)

23. 많은 한국 국민들은 대통령이 정치 개혁을 실천에 옮기기를 기대한다.[esperar]
(*개혁 reforma, 실천에 옮기다 llevar a cabo)

24. 나는 (네가) 눈이나 비가 올 때는 조심해서 운전하기를 바란다.[querer]

25. 사장은 종업원들에게 기계를 빨리 수리하라고 지시한다.[ordenar]

26. 난 네가 후안 보다 더 빨리 도착하기를 바란다.[desear]

27. 네 아이가 계속 열이 나면 아이를 병원에 데려가 볼 것을 네게 권고한다.
    [recomendar]   (*열 fiebre)

28. 나는 네가 식사 전에 손 씻는 것을 잊지 말기 바란다.[desear]

29. 우리 결혼 10주년 기념일에 너는 우리가 어떤 레스토랑에서 식사하기를 바라
    니?[querer]   (*결혼기념일 aniversario de boda)

30. 너는 너의 아들이 어른이 되면 어떤 일에 종사하기를 바라니?[querer]
                                                        (*…에 종사하다 dedicarse)

31. (우리가) 시험을 마치면 너는 우리가 무엇을 했으면 하니?[querer]

32. 현대 생활은 우리가 하나 이상의 외국어를 구사할 수 있도록 요구한
    다.[exigir]

33. 오래 전부터 한국 정부는 일본 정부에게 2차 대전 종군 위안부들에게 배상을
    해줄 것을 요구하고 있지만 일본 정부는 아직 아무런 구체적인 조치를 취하
    고 있지 않다.[pedir]   (*종군위안부 esclava sexual, 배상하다 indemnizar)

34. 나는 역사 교과서 왜곡사건으로 인해 악화된 한일 관계가 조만간 회복되기를
    바란다.[desear]
      (*악화시키다 empeorar, 역사교과서 왜곡 사건 incidentes de los textos de historia distorsionada)

35. 비록 지난 세기 초에는 한국이 일본의 식민지였지만 21세기에는 두 나라가
    서로 사이 좋게 지내기를 바란다.[espero]   (*식민지 colonia, 사이좋게 지내다 llevarse
    bien con)

36. 우리는 북한 정부가 북한 내 핵 시설에 대한 유엔의 사찰을 무조건 수용하기
    를 기대한다.[esperar]
                (*핵 시설 instalaciones nucleares, 사찰 inspección, 무조건 sin condiciones, 수용하다 aceptar)

37. 에이즈 바이러스에 감염된 사람들을 치료할 수 있는 에이즈 백신이 하루빨리
    개발되기를 기대한다.[esperar]
                (*…에 감염된 infectado con/por, 에이즈 백신 vacuna contra el SIDA)

연습문제 B

1. 다음에 주어진 표현을 이용하여 문장을 완성시켜 보시오.

① Nadie quiere que …

② El médico nos aconseja que …

③ Ordénales que …

④ Os advierto que …

⑤ Mis padres me permiten que …

⑥ Mi mayor deseo es que …

⑦ No me exijas que …

⑧ Deseamos que …

⑨ No queremos que EEUU …

⑩ Quiero que mi hermano …

2. 주어진 모델에 따라 문장을 만들어 보시오.

Vosotros /escucharme bien

→ Quiero que vosotros me escuchéis bien.

---

① Uds. / no creer las mentiras de los políticos

② los alumnos de español / tener más oportunidades

③ Uds. /saber que soy el mejor candidato a la presidencia

④ los ciudadanos / ahorrar energía

⑤ Corea del Norte / renunciar a desarrollar armas de destrucción masiva

⑥ Ud. / no leer mensajes de correo electrónico que no están dirigidas a Ud.

⑦ Uds. / apagar el móvil en lugares públicos

⑧ Uds. / no usar el ordenador de la oficina para enviar mensajes personales

3. 주어진 모델에 따라 문장을 만들어 보시오.

> ¿Qué quiere *el profesor* que hagas?
>
> → Quiere que me dedique a los estudios.

① tus amigos/as

② tu jefe

③ tus hermanos/as

④ tu madre/padre

⑤ tus hijos

4. 주어진 모델에 따라 문장을 만들어 보시오.

> ¿Qué quieres que haga *tu profesor*?
>
> → Quiero que no me suspenda.

① el presidente de Corea

② tus amigos/as

③ los productores de programas de radio

④ tus alumnos

⑤ tu novio/a

멕시코의 대표요리 따꼬(Taco)

접속법 (2): 감정(sentimientos/emociones) 표현

- *El que quiera comer peces,*
  que se meta a cogerlos.

상대방 혹은 제 3자의 행동에 대해 화자가 느끼는 일종의 감정적 반응(기쁨, 분노, 유감, 상관없음 등)을 표현하고자 하는 경우에도 종속절에 접속법을 사용하여 표현한다.

기본 예제

(1) 나는 사람들이 나에 대해 험담을 하는 것이 싫다.

　No me gusta que hablen mal de mí.

(2) 나는 네가 주말마다 열심히 공부하는 것이 맘에 든다.

　Me gusta que estudies duro los fines de semana.

(3) 네가 나를 도와줄 수 없다니 대단히 유감스럽다.

　Siento mucho que no puedas ayudarme.

(4) 나는 네가 방에서 담배 피우는 것을 개의치 않는다.

　No me importa que fumes en la habitación.

○ 유의사항

sentir와 같은 동사가 지각 동사(…을 느끼다)로 사용되는 경우는 직설법을 사용한다.

기본 예제

⑴ 나는 그녀가 이곳에 있다는 것을 느낀다.

    Siento que (ella) está aquí.

⑵ 그녀가 이곳에 있다니 유감이다.

    Siento que (ella) esté aquí.

○ 유의사항

  감정을 표현하는 동사와 영향을 나타내는 동사는 둘 다 종속절에 접속법을 유발한다는 점에서는 공통점이 있으나 전자의 경우는 종속절의 내용이 실제의 사실(hecho real)인 반면에 후자의 경우 그렇지 않다(irrealidad)는 점에서 차이가 난다.

기본 예제

⑴ 나는 네가 파티에 와서 기쁘다.

    Me alegro de que hayas venido a la fiesta.   (realidad)

⑵ 나는 네가 파티에 오기를 바란다.

    Quiero que vengas a la fiesta.   (irrealidad)

○ 유의사항

que 바로 앞에 감정을 나타내는 동사가 오지 않더라도 접속법이 유발되는 경우도 있다.

기본 예제

⑴ 나를 가장 화나게 하는 것은 네가 또 다시 나에게 거짓말을 했다는 것이다.

    Lo que más me irrita es que {has/hayas} vuelto a mentirme.

⑵ 나를 가장 슬프게 하는 것은 내가 원하는 것을 네가 하려고 하지 않는다는 것이다.

    Lo que más me entristece es que no {quieres/quieras} hacer lo que quiero.

감정을 표시하는 동사는 다음과 같다: desagradar, gustar, emocionar, encantar, dudar, doler, lamentar, molestar, alegrar, alegrarse de, temer, estar orgulloso de, importar, ser una lástima, entristecer, sorprender, dar miedo, etc.

기본 예제

(1) 그들이 작별 인사도 없이 가버렸다니 불쾌하군.

Me desagrada que se hayan ido sin {despedirse/decir adiós}.

(2) 우리 팀이 1회전에서 탈락하다니 매우 유감스럽다.

Lamento mucho que nuestro equipo haya quedado eliminado en la primera ronda.

(3) 나는 네가 다른 사람들에게 친절한 것이 너무 마음에 든다.

Me encanta que seas simpático con otros.

(4) 내가 공부할 때 네가 소리내는 것이 거슬린다. 왜냐하면 집중을 할 수 없어요.

Me molesta que hagas ruido cuando estudio, porque no puedo concentrarme.

(5) 나는 내 자식들이 착하고, 정직하고 성실하다는 것이 자랑스럽다.

Estoy orgulloso de que mis hijos sean buenos, honrados y aplicados.

(6) 제가 문을 닫아도 괜찮을까요?

¿Le importa que yo cierre la puerta?

(7) 네가 스페인어를 전공하기로 했다니 마음에 든다.

Me gusta que hayas decidido estudiar español como tu carrera.

(8) 네가 나를 의심했었다니 슬프군.

Me entristece que hayas dudado de mí.

(9) 크리스티나가 아직 내 생일을 기억하고 있다니 감격스럽다.

Me emociona que Cristina aún recuerde mi cumpleaños.

(10) 뻬드로가 그러한 상황에 놓여있다니 유감이다.

Lamento que Pedro se encuentre en esa situación.

연습문제 A

※ 괄호([ ]) 속에 주어진 동사를 이용하여 스페인어로 옮기시오.

1. 난 네가 매일 지각하는 것이 유감이다. 좀 더 일찍 일어나길 바란다.[sentir]

2. 내일 우리는 소풍을 갈 예정인데 날씨가 추울까봐 걱정이다.[temer]

3. 추워서 시간도 되기 전에 문 닫을까 겁난다.[tener miedo de]

   (*시간도 되기 전에 antes de la hora, antes de tiempo)

4. 물가가 계속 올라가고 있다. 아무도 물가가 올라가는 것을 좋아하지 않는다.
   [gustar]　　　　　　　　　　　　　　　　　　　　　　(*물가 los precios)

5. 경제가 자꾸 나빠지고 있어서 걱정이다. 이런 식으로 계속 가면 실업이 증가
   할 것이다. [preocupar]　　　　　　　(*나빠지다 empeorar, 실업 paro)

6. 선생님은 학생들이 수업 시간에 껌을 씹거나 휴대폰으로 메시지를 보내는 것
   을 싫어하신다. 학업에 집중하라고 늘 말씀하신다.[gustar]

   (*…에 집중하다 concentrarse en)

7. 후안은 자기 딸이 몸에 착 달라붙는 청바지를 입고 다니는 것이 마음에 들지
   않는다. [gustar]　　　(*달라붙는 바지 los pantalones tan ceñidos/apretados/ajustados)

8. 나는 너희들이 시간 낭비하는 것이 마음에 들지 않는다.[gustar]

   (*시간 낭비하다 desperdiciar / perder / malgastar (el) tiempo)

9. 내 아내는 내가 밤에 친구들과 술 마시는 것을 좋아하지 않는다.

10. 당신은 (사람들이) 아무 때나 당신에게 전화하는 것을 좋아합니까?[gustar]

11. 어머니는 내가 방을 엉망으로 해 놓는 것을 싫어하신다. 따라서 내가 외출하
    기 전에 방을 정리하라고 늘 요구하신다.[gustar]　(*어질러 놓다 dejar desordenado/a)

12. 어머니는 오래 전부터 허리가 좋지 않으셔서 내가 허리를 주물러 드리는 것
    을 좋아하신다.[gustar]　　　　(*허리 espalda, 주무르다 = 마사지하다 dar un masaje)

13. 난 다른 사람을 험담하는 것도 남들이 나를 험담하는 것도 싫어한다. 그 어느
    누구도 남들이 자기에 대해 험담을 늘어놓는 것을 좋아하지 않는다고 생각
    한다.[gustar]

14. 나는 그녀가 스페인어를 잘 구사하는 것이 마음에 든다. 그래서 그녀를 채용하려 한다. 너 역시 취직하고 싶으면 스페인어를 배워볼 것을 권한다.[gustar/ recomendar]

15. 나는 네가 장난감을 놓고 동생과 다투는 것이 마음에 들지 않는다.[gustar]
(*…와 다투다 pelearse con)

16. 내가 너에게 사준 신발이 네 맘에 들지 않다니 유감이군.[sentir]

17. 우리는 너희들이 주말마다 우리를 보러 와 주는 것이 너무 좋다.[encantar]

18. 나는 너희들이 서로 참 잘 지낸다니 기쁘다.[alegrarse de](*잘 지내다 llevarse bien)

19. 나는 학생들이 복도에서 떠드는 것이 거슬린다. 목소리를 낮추어 말하면 좋겠다.[molestar]

20. 제가 창문 좀 잠시 열어도 괜찮을까요?[importar]

21. 내가 너희들과 소풍을 같이 가도 괜찮겠니?[importar]

22. 내가 라디오 볼륨을 올려도 괜찮겠니?[importar]

23. 아버지는 우리가 바닥에 누워서 TV를 시청하는 것을 싫어하신다. TV를 앉아서 보라고 늘 말씀하신다.

24. 네가 시험에 합격했다니 무척 기쁘구나.[alegrar]

25. 오랜 세월이 지난 후에 당신이 나를 기억하다니 기쁘군요.[alegrar]

26. 네가 그런 식으로 행동하는 것이 내게 거슬린다.[molestar]

27. 너희들이 토론에 참석할 수 없다니 대단히 유감이다.[sentir]

28. 당신들이 이렇게 빨리 떠나야만 한다니 유감이군요.[ser una lástima]
(*그렇게 빨리 tan temprano)

29. 나는 딸이 악보를 보지 않고 피아노를 칠 수 있다는 것이 자랑스럽다.[estar orgulloso de]
(*악보 partitura)

30. 가르시아 씨 부부는 큰 딸이 올림픽에서 금메달을 딴 것을 매우 자랑스러워하고 있다.[estar orgulloso de]
(*올림픽 los Juegos Olímpicos)

31. 나를 가장 화나게 하는 것은 그 정치인들이 사실을 말하지 않는다는 것이다. 계속 거짓말을 한다면 그들을 감옥에 보내야 한다고 생각한다. 한국에 부패한 정치인이 수두룩하다는 사실이 정말 창피하다.[enfadar, dar mucha vergüenza]

32. 그녀의 가장 마음에 드는 점은 어려울 때 항상 내 곁에 있다는 것이다.[gustar]

(*어려울 때 en momentos difíciles)

33. 나는 내 친구들이 나를 놀리는데 지쳤다.[estar cansado de]

(*놀리다 tomar el pelo a alguien)

34. 오늘 내가 저지른 일을 동생이 어머니에게 말해 버릴까봐 두렵다. 동생이 비밀을 잘 지키지 않는 것이 싫다.[temer, gustar]

(*비밀을 지킬 줄 알다 saber guardar un secreto)

연습문제 B

※ 다음에 주어진 표현을 이용하여 문장을 완성시켜 보시오.

① Siento que …

② No me gusta nada que …

③ Lamento que …

④ Me alegro de que …

⑤ Me entristece que …

⑥ Es sorprendente que …

⑦ Me encanta que …

⑧ Al profesor Shim le gusta que …

⑨ Mi compañero teme que …

⑩ Me molesta mucho que …

⑪ A los políticos coreanos no les importa que …

⑫ Mis padres están muy orgullosos de que …

접속법 (3): 가치 판단(valoracion de acciones/juicio de valor)

• *Lo que no se empieza, no se acaba.*

어떤 사건에 대해 좋다, 나쁘다, 가능하다, 불가능하다, 필요하다 등과 같은 일종의 가치 판단을 내릴 때 종속절에 접속법을 사용한다. 가치 판단을 의미하는 주요 표현은 다음과 같다: es lógico, es natural, es bueno/malo, es mejor, es conveniente, es importante, es extraño, es divertido, es necesario, es fácil, es difícil, me parece bien/mal, es una tontería, es posible, es probable, es justo, es hora de que, me parece {una locura/imposible}, etc.

기본 예제

⑴ 네가 잠을 너무 많이 자는 것은 좋지 않다.

No es bueno que duermas demasiado.

⑵ 네가 학점을 잘 따기 위해서는 밤에 공부하는 것이 필요하다.

Es necesario que estudies por la noche para sacar buenas notas.

⑶ 그녀가 작별 인사도 없이 가버렸다니 이상하군.

Me extraña que se haya marchado sin decir adiós.

⑷ 네가 건강을 유지하기 위해서는 하루에 30분씩 걷는 것이 필요하다.

{Es necesario/ hace falta} que andes media hora al día para {mantenerte en forma / vivir sano}

⑸ 나는 그들이 시험을 통과하는 것은 불가능하다고 본다.

Considero imposible que ellos aprueben el examen.

(6) 내가 보기엔 내일 눈이 올 가능성은 별로 없는 것 같다.

Me parece poco probable que nieve mañana.

(7) 내가 보기엔 그들이 한 시간 만에 그곳에 도착하기란 불가능하다.

Me parece imposible que lleguen allí en una hora.

(8) 노동자들이 자신들의 권리를 옹호하는 것은 당연하다.

Es lógico que los obreros defiendan sus derechos.

(9) 내가 보기에 검찰이 부패한 정치인과 고위 관료들을 기소하지 않는 것은 온 당치 못하다.

No me parece justo que la fiscalía no procese a los políticos y los altos car-gos corruptos.

(10) 내가 보기에 너희들이 밤에 외출하는 것은 미친 짓이다.

Me parece una locura que salgáis de noche.

(11) 정부가 시민들에게 그렇게 높은 세금을 내도록 하는 것은 말도 안 되는 일이다.

Es una auténtica barbaridad que el gobierno obligue a los ciudadanos a pa-gar unos impuestos tan altos.

단, 행위를 실현하는 주어를 구체화하고 싶지 않을 때 혹은 일반적인 주어를 가리킬 때에는 접속법 대신에 원형 동사를 사용한다.

기본 예제

(1) 잠을 많이 자는 것은 좋지 않다.

No es bueno dormir demasiado.

(2) 좋은 학점을 따기 위해서는 밤에 공부하는 것이 필요하다.

Es necesario estudiar por la noche para sacar buenas notas.

연습문제 A

※ 괄호([ ]) 속에 주어진 단어를 이용하여 문장을 스페인어로 옮기시오.

1. 네가 일어난 일을 전혀 기억 못하다니 이상하다.[extraño]

2. 내가 보기에 너의 도움을 많이 받았던 그가 너를 그렇게 대한다는 것은 온당치 못하다.[justo]

3. 오늘 날씨가 너무 더워서 수영장에 사람이 무척 많은 것이 이상하지 않다.[extraño]

4. 돈이 충분함에도 불구하고 그녀가 그 낡은 차를 사려고 하는 점이 이상하다.[extraño]

5. 10년 만에 최악의 기근에 시달리는 북한 동포들을 우리가 돕는 것이 필요하다.[necesario]　　　　　　　　　　　　　　(*기아에 허덕이다 pasar hambruna)

6. 네가 시작한 일을 기한 내에 네가 끝마치는 것이 중요하다.[importante]
　　　　　　　　　　　　　　　　　　(*기한 내에 dentro del plazo)

7. 아이들이 TV 시청을 지나치게 하는 것은 좋지 못하다.[bueno]

8. 너희들이 돈을 절약하고 싶으면 너희들이 단체로 여행하는 것이 더 낫다.[mejor]　　　　　　　　　　　　(*단체로 여행하다 viajar en grupo)

9. 그 정치인이 재판에서 거짓말을 할 가능성이 상당히 있다.[probable]

10. 내가 보기에 네가 시험을 통과하는 것은 가능성이 별로 없다.[probable]

11. 그들이 1시간 안에 그 일을 마치는 것은 불가능하다.[imposible]

12. 열쇠를 놓아둔 정확한 장소를 네가 기억하지 못한다면 우리가 열쇠를 찾아내는 것은 불가능하다.[imposible]

13. 이 시간에 차가 이렇게 많이 다니다니 이건 정상이 아니다.[normal]

14. 그의 병세가 자꾸만 악화되어가고 있다. 그가 회복할 가망은 거의 없다.[probable]

15. 네가 낫고 싶거든 의사가 시키는 것을 모두 하는 것이 필요하다.[hace falta]

16. 그녀는 너 보다 일을 더 많이 한다. 따라서 내가 보기에 마리아가 너 보다 더 많이 버는 것은 정당하다.[justo]

17. 그 나이에 많이 먹는 것은 당연한 것이다.[natural/ normal]

18. 내가 그렇게 높이 뛰는 것은 불가능하다.[imposible]   (*높이 뛰다 saltar alto)

19. 남한 사람들이 한반도에서 핵 위기를 걱정하는 것은 당연하다.[natural]

(*핵 위기 crisis nuclear)

20. 스페인을 잘 모르는 사람들은 스페인 사람들은 왜 저녁을 그렇게 늦게 먹는지 의아해 한다. 스페인은 여름에 매우 덥다. 따라서 스페인 사람들이 한국 사람들보다 저녁을 늦게 먹는 것은 이상할 것은 없다.[extraño]

연습문제 B

1. 다음에 주어진 표현을 이용하여 문장을 자유롭게 만들어 보시오.

① Es necesario que …

② Es bueno que …

③ No hay la menor posibilidad de que …

④ Es extraño que …

⑤ Me parece imposible que …

⑥ Es ilógico que …

⑦ No me extraña que los coreanos … porque …

⑧ Es posible que Corea del Norte …

2. Redacte una composición de 150~200 palabras sobre el tema.

¿Le gusta ir al centro comercial o hacer compras por Internet? ¿Cuál prefiere y por qué?

46 접속법 (4): 목적(finalidad)

● *Prefiero las verdades que duelen a las mentiras que complacen.*

상대방 혹은 제 3자가 '…하도록 …하다'와 같은 문장을 번역할 때 para que + V subjuntivo를 이용하면 작문하면 된다. para que 이외에도 목적을 표현하는 것으로는 다음과 같은 것들이 있다: a que, a fin de que, con la intención de que, con el objeto de que, con el propósito de que, con vistas a que, de modo que, de manera que.

기본 예제

⑴ 개가 안으로 들어오도록 문을 열어라.

　　Abre la puerta para que entre el perro.

⑵ 네가 시간이 날 때 보도록 비디오를 이곳에 두도록 하겠다.

　　Aquí voy a dejar el vídeo para que lo veas cuando tengas tiempo.

⑶ 나는 빨리 마르도록 빨래를 항상 옥상에 넌다.

　　Siempre tiendo la ropa lavada en la azotea para que se seque rápido.

⑷ 사람들이 좀 더 잘 들리도록 좀 더 크게 말해라.

　　Habla más alto para que te oigan mejor.

⑸ 우리는 가축들이 도망가지 않도록 목초지에 철망을 둘렀다.

　　Hemos puesto en el prado una cerca de alambre para que no se escape el ganado.

⑹ 노조는 정부가 그들에게 관심을 기울이도록 총파업에 돌입할 것이다.

　　El sindicato convocará una huelga general para que el gobierno le haga caso.

⑺ 나는 외국인들이 잘 이해하게끔 천천히 말한다.

Hablo despacio a fin de que los extranjeros entiendan bien.

⑻ 우리가 길을 헷갈리지 않도록 우리랑 같이 가주겠니?

¿Quieres acompañarnos a fin de que no nos equivoquemos de camino?

⑼ 아프리카로 여행을 떠나기 전에 질병에 전염되지 않도록 예방주사를 맞도록 해라.

Antes de viajar a África vacúnate a fin de que no te contagíen ninguna enfermedad.

⑽ 아버지는 아들에게 학교에서 돌아오면 집에 들어올 수 있도록 열쇠를 주었다.

Papá le dio las llaves al hijo de modo que pudiera entrar en casa al volver del colegio.

한편, a que는 ir, venir와 같은 동작 동사의 경우에 사용한다.

기본 예제

⑴ 무슨 일이 일어났는지 (내게) 알려주도록 사무실에 가보겠다.

Iré al despacho a que me cuenten lo sucedido.

⑵ 네가 진실을 말해주었으면 해서 왔다.

Vengo a que me digas la verdad.

⑶ 설탕을 좀 꾸어 주었으면 해서 왔다.

Vengo a que me dejes un poco de azúcar.

또한, 행위 실행자가 내가 아닌 다른 사람이라고 해서 무조건 'para que + 접속법' 형태만 사용해야 된다는 것은 아니다. enviar, obligar, ayudar와 같은 동사는 'a + 보어' 형태를 취할 수 있다.

기본 예제

⑴ Envió a su hijo a estudiar.

⑵ Enviaron a los niños a sentarse bajo el árbol.

⑶ Este nuevo champú ayuda al cabello a recobrar su brillo natural.

⑷ El profesor nos obligó a trabajar duro.

연습문제 A

※ para que를 이용하여 다음을 스페인어로 옮겨 보시오.

1. 조용히 있도록 아이에게 사탕 하나 주어라. (*사탕 caramelo)

2. 방에 환기가 되도록 창문과 문을 열어라.
   (*방에 환기가 되다 ventilarse la habitación, 방을 환기시키다 ventilar la habitación, 환기 ventilación)

3. 나는 네가 지루해 하지 않도록 이 잡지들을 가져왔다.

4. 그들이 서로를 알도록 모임을 내가 주선하도록 하겠다.
   (*모임을 주선하다 organizar una reunión)

5. 그녀는 승진하기 위해 여러 외국어도 배우고 일도 열심히 한다.
   (*승진시켜주다 ascender a alguien en el trabajo)

6. 재해가 되풀이되지 않도록 우리는 조치를 취해야 한다.
   (*재해 catástrofe, 조취를 취하다, adoptar medidas)

7. 제가 좀 더 잘 이해하도록 한 번 더 반복해 주시겠어요?

8. 나는 그가 다시는 나를 속이지 않도록 그를 야단칠 것이다.

9. 아이가 화장품을 만지지 않도록 화장품을 서랍에 넣어라. (*화장품 cosmético)

10. 그는 입대한 이래로 애인이 자기를 잊지 않도록 매일 편지를 쓴다.
    (*입대하다 ingresar en el ejército)

11. 아이가 방금 잠들었으니 아이가 깨지 않도록 살금살금 들어와라.
    (*살금살금, 발뒤꿈치를 들고 de puntillas)

12. 이번 여름에 나는 우리 학생들이 스페인 문화를 더 잘 이해하도록 하기 위해 그들을 스페인에 데리고 갈 것이다.

13. 다시 한 번 나를 속이면 너를 벌주도록 아버지께 일러바칠 것이다.

(*누구에게 고자질하다, 일러바치다 chivarse a alguien)

14. 혹시 내가 늦을지도 모르니 네가 문을 열 수 있도록 네게 열쇠를 주겠다.

(*혹시 …일지도 모르니 por si (acaso))

15. 그가 통증을 느끼지 않도록 화상 부위에 이 연고를 발라주어라.

(*연고/로션을 발라주다 poner una pomada a alguien, 화상부위 quemadura)

16. 네가 어디에 있든지 간에 내가 너와 접촉할 수 있도록 휴대폰 하나 사라.

(*어디에 있든지 간에 estés donde estés)

17. 네가 여기에 왔었다는 것을 아무도 눈치채지 않도록 뒷문으로 나가라.

(*뒷문 puerta {de atrás / trasera})

18. 그녀는 자기 애인과 데이트 할 때마다 그녀가 시력이 좋지 않다는 것을 알아 채지 못하도록 항상 콘택트렌즈를 사용한다.

(*시력이 좋지 않다 tener mala vista, 콘택트렌즈 lentes de contacto, lentillas)

19. 남부 지역을 강타한 태풍으로 인해 많은 재산과 인명 피해가 발생하였다. 우리는 수재민들이 용기를 잃지 않도록 그들을 돕기 위해 최선을 다해야 할 것이다. 모금을 하는 것은 그들을 돕는 좋은 방법이다.

(*강타하다 azotar, 수재민 damnificados, 돈을 모금하다 recaudar dinero)

20. 외국 기업들이 한국에 더 많이 투자하기 위해서는 한반도에서의 정치, 경제 적 안정과 긴장완화가 필요하다고 본다.

(*안정 estabilidad, 긴장 완화 distensión, relajamiento de tensión, 투자하다 invertir)

21. 북한이 이미 핵무기를 보유하고 있음이 알려졌다. 그럼에도 불구하고 나는 남한 정부와 국제 사회가 북한을 계속 도와주어야 하며 동시에 북한이 핵무기 제조를 포기하도록 하기 위해서 우리는 좀 더 적당한 방법을 모색해야 한다고 생각한다.　　　(*알려지다 darse a conocer, 국제 사회 comunidad internacional)

22. 남북 간의 경제 협력이 더욱 활성화되고 남과 북이 평화롭게 살기 위해서는 북한의 핵 개발 문제가 조속히 해결되어야 한다.

(*활성화되다 activarse, 평화롭게 살다 vivir en paz)

연습문제 B

주어진 표현을 이용하여 문장을 완성시켜 보시오.

① Trabajo mucho para que …

② Voy a ayudar a mamá para que …

③ Voy a convencer a Pedro para que …

④ La gata maulla mucho para que …

⑤ Para que haya paz en el mundo, …

⑥ Pídele perdón para que …

⑦ Pórtate bien para que …

⑧ Las naciones del mundo tienen que trabajar juntas para que …

⑨ Si tienes problemas con el coche, llama a la compañía de seguros para que …

⑩ Abriga bien a tu hija para que …

까세레스 광장(Plaza de Cáceres)

접속법 (5): 접속법의 시제

●*Ver la paja en el ojo ajeno, y no la viga en el nuestro.*

접속법의 시제에는 네 가지가 있다: 현재(hable), 현재 완료(haya hablado), 불완료 과거(hablara), 과거 완료(hubiera hablado). 하나씩 살펴보기로 하자.

1. 주절 동사가 현재, 현재 완료, 미래, 미래 완료 또는 명령인 경우

가. 종속절 동사가 나타내는 내용이 미래인 경우는 접속법 현재 시제를 사용한다.

기본 예제

⑴ 나는 그가 {내일/오늘 저녁에} 올 거라고 보지 않는다.
  No creo que venga {mañana/esta noche}.
⑵ 그는 나에게 {내일/오늘 저녁에} 오라고 말했다.
  Me ha dicho que venga {mañana/esta noche}.
⑶ 나는 그에게 {내일/오늘 저녁에} 오라고 말하겠다.
  Le diré que venga {mañana/esta noche}
⑷ 그에게 {내일/오늘 저녁에} 오라고 말해라.
  Dile que venga {mañana/esta noche}.

나. 종속절 동사가 나타내는 내용이 주절 동사가 나타내는 내용과 동시적 (simultáneo)인 경우에도 접속법 현재 시제를 사용한다.

기본 예제

⑴ 나는 후안이 지금 마리아와 같이 있을 거라고 보지 않는다.

　 No creo que Juan esté con María ahora.

⑵ 나는 그것이 진실이라고 보지 않는다.

　 No creo que eso sea verdad.

다. 종속절의 내용이 최근에 끝난 행위를 가리킬 때는 접속법 현재 완료 시제를
　사용한다.

기본 예제

⑴ 나는 후안이 {오늘/오늘 아침/Ø} 그릇을 깨뜨렸다고 보지는 않는다.

　 No creo que Juan haya roto el plato {hoy/esta mañana/Ø}.

⑵ 선생님 말씀을 이해하지 못한 사람이 있나요?

　 ¿Hay alguien que no haya entendido al profesor?

⑶ 나는 당신이 지각해서 매우 유감입니다.

　 Siento mucho que haya llegado tarde.

라. 종속절의 내용이 명백한 과거에 이뤄진 행위일 때는 접속법 불완료 과거 혹
　은 과거완료 시제를 사용한다.

기본 예제

⑴ A: 후안이 그것을 훔쳤다고 사람들이 말하더군.

　　 Dicen que Juan lo robó.

　 B: 나는 후안이 그것을 훔쳤을 거라고 생각지 않아.

　　 No creo que Juan lo robara.

⑵ 네가 도착했을 때 기차가 이미 떠난 뒤였다니 유감이군.

　 Siento que el tren ya hubiera partido cuando llegaste.

> 📑 **요약**
>
> 주절 보다 미래이거나 동시인 경우는 접속법 현재, 주절의 시제 보다 이전인 경우는 접속법 현재 완료, 과거 혹은 과거 완료를 사용한다.

2. 주절 동사가 불완료 과거, 부정 과거, 과거 완료, 가능법인 경우

가. 종속절 내용이 미래를 나타내는 경우는 접속법 과거 시제를 사용한다.

기본 예제

⑴ 나는 그가 그렇게 늦게 오리라고는 생각지 못했었다.

No pensaba que viniera tan tarde.

(cf. Pensaba que vendría pronto: 긍정 → 가능법)

⑵ 어머니는 나에게 5시전에 돌아오라고 말씀하셨다.

Mamá me dijo que volviera antes de las cinco.

⑶ 나는 그에게 신문을 사지 말라고 요구했다.

Le había pedido que no comprara el periódico.

⑷ 나는 네가 그와 결혼했으면 좋겠어.

Me gustaría que te casaras con él.

나. 종속절 동사가 나타내는 내용이 주절 동사가 나타내는 내용과 동시적(simultáneo)인 경우에도 접속법 과거 시제를 사용한다.

기본 예제

⑴ 나는 그가 그곳에 살고 있을 것이라고 생각지 않았었다.

No creía que viviera allí.

(cf. Creía que vivía allí: 긍정 → 직설법 불완료 과거)

⑵ 나는 그가 거짓말쟁이일거라고 생각지 않았었다.

No creía que fuera un mentiroso.

다. 종속절의 내용이 주절보다 이전의 내용을 가리키는 경우는 접속법 과거 완료
시제를 사용한다.

기본 예제

⑴ (당시) 나는 그가 술을 이미 다 마셔버렸을 거라고 미처 생각지 못했다.

No creía que se hubiera bebido todo el vino.

⑵ 나는 그가 숙제를 다 했기를 기대했었다.

Esperaba que hubiera terminado la tarea.

🗐 요약

주절 동사가 과거인 경우 종속절 표시 내용이 주절 보다 뒤이거나 동시인 경우에는 접속
법 과거 시제(hablara)를, 주절 보다 이전인 경우에는 접속법 과거 완료 시제(hubiera ha-
blado)를 사용한다.

지금까지의 학습 내용을 바탕으로 아래 시제 변화의 예를 살펴보기로 하자.

⑴ No creo que Juan esté en casa. (현재)

→ No creía que Juan estuviera en casa.

⑵ Te lo contaré cuando vengas. (미래)

→ Te dije que te lo contaría cuando vinieras.

⑶ Te digo que no lo hagas.

→ Te dije que no lo hicieras.

⑷ No creo que Juan venga.

→ No creía que Juan viniera.

⑸ Cuando termine la fiesta, nos iremos.

→ Te dije que cuando terminara la fiesta, nos iríamos.

⑹ No creo que Juan haya estado en EEUU. (현재 완료)

→ No creía que Juan hubiera estado en EEUU.

> ○ 유의사항 : 시제 불일치의 예외적 경우
>
> 책이나 신문을 읽다가 보면 주절 시제가 과거인데도 종속절의 시제가 현재인 경우를 찾아볼 수 있다. 이것은 문법적인 실수가 아니라 실제로 주절 시제가 과거라 할지라도 종속절 시제가 현재일 수도 있다. 다만, 이 경우 의미가 약간 달라진다. 다음의 예문을 살펴보자.

기본 예제

(1) El general nos ordenó que {destruyéramos/destruyamos} la ciudad.

위의 예문은 주절 동사가 과거형이지만 종속절은 과거형도 가능하고 현재형도 가능하다. 과거형인 경우에는 장군의 명령대로 우리가 도시를 파괴했다는 해석도 가능하고 아직 명령을 이행하지 못했다는 해석도 가능하다. 반면에 종속절이 현재형으로 되어 있는 경우에는 도시를 파괴하라는 장군의 명령을 우리가 아직 이행하지 않았다는 의미이다. 아래에서 제시된 예문은 신문이나 책에서 발췌한 시제 불일치의 예문들이다.

(2) El primer ministro japonés, Junichiro Koizumi, *pidió* que todas las partes implicadas *investiguen* en profundidad las causas del desastre.

(3) El presidente del Gobierno, José María Aznar, *exigió* ayer a ETA que *consolide* la tregua anunciada el miércoles.

(4) La OTAN *acordó* dar un plazo de cuatro días al líder serbio para que *ceda* y *acepte* todas las exigencias de la comunidad internacional.

(5) El juez de la Audiencia Nacional Baltazar Garzón *pidió* ayer formalmente al Gobierno que *solicite* la extradición del ex dictador Augusto Pinochet, detenido en Londres desde el pasado 16 de octubre bajo la acusación de genocidio, terrorismo y torturas.

(6) En Madrid el Congreso *instó* al gobierno de J.M. Aznar a que *agilice* los trámites para que el general *sea* extraditado a España.

⑺ El presidente de la Comisión Europea *exigió* en una carta personal a Bill Clinton que *retire* en un plazo máximo de 15 días las represalias comerciales anunciadas contra la UE.

⑻ *Hizo*, por último, un otro llamamiento, esta vez al Congreso, para que *apruebe* el incremento de la financiación del Fondo Monetario para que esta institución *cuente* con más recursos para auxiliar a las economías emergentes.

연습문제 A

1. 아이들이 일에 집중하도록 가만 놔두지 않았기 때문에 나는 아이들에게 서재에서 나가라고 말했다.

2. 그녀가 아직 그 기사를 읽지 않았다니 이상하다.　　　(*신문, 잡지 기사 artículo)

3. 그는 내게 그것을 포기하지 말라고 애원했다.　　　(*애원하다 rogar, suplicar)

4. 그녀는 그들에게 아들을 마지막으로 한 번 보게 해달라고 간청했다.
　　　(*마지막으로 por última vez)

5. 구조대가 나를 찾아낼 수 있도록 어둠 속에서 난 크게 소리를 질렀다.
　　　(*어둠 속에서 en la oscuridad)

6. 마리아는 그에게 낮은 목소리로 자기를 혼자 내버려두라고 요청했다.

7. 나는 그에게 행동을 똑바로 하라고 충고했다.

8. 의사 선생님은 부러진 어금니를 뽑기 전에 내가 고통을 느끼지 않도록 주사를 놓아주었다.　(*주사를 놓다 poner una inyección, 주사를 맞다 ponerse una inyección, 뽑다 extraer)

9. 어머니는 아들이 두 번 다시 거짓말을 하지 않도록 크게 야단쳤다.

10. 아이가 만지지 않도록 청소 용품을 찬장에 숨겼다.
　　　(*청소용품 productos de limpieza)

11. 경찰은 그가 다시는 음주 운전을 못하도록 면허를 취소해버렸다.

(*면허를 취소하다 retirar el carné de conducir a alguien, 음주운전 하다 conducir bebido, conducir bajo la influencia de alcohol, conducir estando bajo los efectos de alcohol, conducir borracho)

12. 아버지는 우리가 하루 종일 TV를 보는 것이 맘에 들지 않아서 TV를 꺼버렸다.

13. 한국 국민들은 해산물을 좋아한다. 보건 당국은 국민들에게 여름철에 해산물을 날것으로 먹지 말 것을 경고했다.

(*해산물 marisco, 보건당국 autoridades sanitarias, *해산물을 날로 혹은 거의 익히지 않고 먹다 comer los mariscos crudos o poco cocidos)

14. 아무에게도 말하지 말라고 애원했음에도 불구하고 그는 그것을 모두에게 말해 버렸다.

15. 오랜 전부터 나는 그녀를 사랑하고 있다. 그녀가 나와 같은 동네에 살았으면 좋으련만.   (*동네 barrio)

16. 할아버지 내외분께서는 미국에 숙부님과 함께 살고 계신다. 두 분을 뵌 지가 1년이 넘어서 무척이나 뵙고 싶다. 나는 할아버지 내외분께서 우리랑 같이 사셨으면 좋겠다.

17. 후안이 외국으로 떠났을 당시 그의 조카는 열 살이 채 못 되었던 터라 그를 만났을 때 그를 알아보지 못한 것은 이상할 것이 없었다.

18. 얼마 전 내 옛 친구는 암으로 세상을 떠났다. 그에게 술 담배를 끊으라고 말하지 않은 것이 몹시도 후회가 된다.

19. 그는 나에게 크리스마스 이브를 자기와 같이 보내자고 제안했다.

(*크리스마스 이브 Nochebuena)

20. 나는 내 마음에 들지 않았던 영화가 오스카 상을 수상한데 대해 놀랐다.

21. 교수님은 수업 시간에 핸드폰으로 문자 메시지를 보내지 말라고 학생들에게 당부하셨다.   (*문자 메시지 mensaje de texto)

22. 엄마는 딸에게 길을 건너기 전에 차가 오는지 이쪽저쪽을 살펴보라고 말했다.

(*이쪽저쪽을 살피다 mirar a un lado y a otro)

23. 그는 나에게 차에 무슨 문제가 생기면 자기에게 연락하라고 말했다.

(*연락하다 avisar)

연습문제 B

1. 주어진 표현을 이용하여 문장을 자유롭게 만들어 보시오.

① Mamá me dijo que …

② Es extraño que …

③ El profesor nos pidió que …

④ No se lo dije para que …

⑤ Me alegra que …

⑥ A mi madre no le gustaba que …

⑦ Me molestó que los alumnos … , así que les dije que …

⑧ Mis padres no querían que …

⑨ El niño se portó bien para que …

⑩ No me gustó que …

⑪ Me gustaría que …

⑫ Mi amigo me aconsejó que …

⑬ La administración prohibió que los alumnos …

⑭ Me sorprendió que …

⑮ No era verdad que …

2. 종속절에 현재 완료 시제를 사용하여 문장을 만들어 보시오.

① Espero que …

② No parece que …

③ No creo que …

④ Siento mucho que …

⑤ Temo que …

⑥ Es imposible que …

⑦ No me gusta que …

⑧ Me alegro de que …

3. 다음 모델에 따라 문장을 만들어 보시오.

> Cuando tenía 6 años mis padres me dijeron que ⋯ (no hablar con personas desconocidas)
>
> ==> Cuando tenía 6 años mis padres me dijeron que no hablara con personas desconocidas.

① Cuando yo tenía 8 años mis padres me dijeron ⋯

    a. no cruzar la calle solo/a

    b. leer un libro en vez de mirar la televisión

    c. no pelearme con mi hermana

② Cuando yo tenía 15 años mis padres me dijeron ⋯

    a. dedicarme a los estudios

    b. pensar en el futuro

    c. no beber alcohol

    d. respetarlos

4. Lea el siguiente texto y escriba su opinión en 150~200 palabras.

> ### Francia debate la eutanasia
>
> El gobierno francés dijo el miércoles que apoyará que el Congreso debata la posibilidad de legalizar la eutanasia, y un ministro sugirió que la práctica no es tan infrecuente como se piensa. Mientras tanto, se realizó en esta ciudad el funeral del joven Vincent Humbert, que murió el viernes pasado luego de pedirle a su madre que le ayudara a suicidarse. El presidente Jacques Chirac envió a un cercano consejero a la ceremonia de entierro de Humbert en esta ciudad del norte donde el joven pasó los últimos tres años de su vida en un hospital, después de quedar discapacitado en un accidente automovilístico del 2000. No podía moverse, hablar ni ver. Sólo el dedo pulgar de su mano izquierda tenía

movimiento. Humbert, de 22 años, murió el viernes, dos días después que su madre supuestamente le inyectara barbitúricos durante una visita en el hospital. La policía ha cuestionado el proceder de la mujer, que enfrenta la posibilidad de ser investigada formalmente. El presidente de la Asamblea Nacional Jean-Louis Debre dijo el martes que el parlamento estudiará el tema, una decisión que el gobierno pareció respaldar. "Naturalmente, estamos muy abiertos a un debate", sostuvo el miércoles el portavoz gubernamental Jean-Francois Cope. El ministro de Relaciones Sociales, Francois Fillon, manifestó que se necesitan normativas éticas para "encuadrar a las prácticas que ya son muy numerosas en la realidad pero que son realizadas en el anonimato y silencio". Durante la ceremonia, el padre de Humbert, Francis Humbert compartió el "último mensaje" de su hijo, que decía: "Quiero que ellos acepten mi partida como algo simple, muy natural". En Europa occidental sólo Bélgica y Holanda permiten la eutanasia, aunque con fuertes limitaciones legales. Pero la muerte de Humbert impulsó un nuevo debate en Francia.

(*원문 출처 : https://www.panamaamerica.com.pa/mundo/muerte-de-joven-abre-debate-sobre-eutanasia-133612)

세고비아 성

48 접속법 (6): 부정(negación)

● *Uno se hace viejo, no porque pase el tiempo, sino porque pierde la ilusión.*

정신 활동(actividad mental), 의사소통(comunicación), 감각(sentido), 확실성(certeza)을 나타내는 동사가 시제절을 보어로 취할 때는 직설법이 출현한다. 그러나 이들 동사가 부정이 되는 경우 시제 보어절은 접속법으로 바뀌는 것이 일반적이다. 정신 활동, 의사소통, 감각, 확실성을 나타내는 동사는 주로 다음과 같다.

(i) 정신 활동: creer, pensar, considerar, opinar, recordar, suponer …

(ii) 의사소통: decir, contar, narrar, murmurar, explicar, responder …

(iii) 감각: ver, oír …

(iv) 확실성: es verdad, está claro, es obvio, estar seguro, es cierto …

기본 예제

⑴ a. 나는 그가 그것을 이해했다고 믿는다.

　　Creo que lo ha comprendido.

　 b. 나는 그가 그것을 이해했을 거라고 보지 않는다.

　　No creo que lo haya comprendido.

⑵ a. 대통령은 금융위기가 존재한다고 말했다.

　　El presidente ha dicho que hay crisis financiera.

　 b. 대통령은 금융위기가 존재한다고 말하지 않았다.

　　El presidente no ha dicho que haya crisis financiera.

⑶ a. 그가 우리를 속였다는 것은 사실이다.

　　Es verdad que nos ha engañado.

b. 그가 우리를 속였다는 것은 사실이 아니다.

No es verdad que nos haya engañado.

⑷ a. 나는 그가 합격할 거라 믿어. 준비가 잘 되어 있거든.

Creo que aprobará. Está bien preparado.

a′. 나는 그가 합격할 거라 보지 않는다.

No creo que apruebe.

b. 나는 그가 시험에 합격했다고 생각한다.

Creo que {ha aprobado/aprobó} el examen.

b′. 나는 그가 시험에 합격했을 거라고 보지 않는다.

No creo que {haya aprobado/aprobara} el examen.

단, 정신활동, 의사소통, 감각, 확실성을 표현하는 동사나 술어라 할지라도 부정 명령이나 부정 의문문의 경우는 대개 시제 보어절에 직설법을 사용한다. 단, 이 경우도 말하는 사람의 입장에서 확신이 서지 않으면 접속법을 사용할 수도 있다.

기본 예제

⑴ 네 목소리 잘 들린다. 날 귀머거리로 여기지 말아라.

Te oigo perfectamente. No creas que soy sordo.

⑵ 너 때문에 내가 그것을 했다고는 생각지 마라.

No creas que lo hice por ti.

⑶ 너는 그가 금고를 털었다고 생각지 않니?

¿No crees que ha atracado la caja fuerte?

⑷ (네가) 그에게 진실을 말하는 편이 더 낫다고 생각지 않니?

¿No crees que es mejor decirle la verdad?

한편, 관계 구문의 선행사를 부정하는 경우에도 접속법을 사용한다. (자세한 내용은 관계절과 접속법 부분 참조)

기본 예제

⑴ 네가 그것을 훔치지 않았다는 것을 믿는 사람은 아무도 없다.

No hay nadie que crea que no lo robaste.

⑵ 이 세상에 내 마음에 드는 사람은 아무도 없다.

En el mundo no hay nadie que me guste.

연습문제 A

1. 나는 그가 한 시간 이내에 결승점에 도착할 거라 믿는다.

2. 나는 그가 한 시간 이내에 결승점에 도착할 수 있을 거라 보지 않는다.

3. 나는 그가 한 시간 이내에 결승점에 도착했다고 생각한다.

4. 나는 그가 한 시간 이내에 결승점에 도착했을 거라고 보지 않는다.

5. 나는 그가 결승점에 한 시간 이내에 도착할 수 있을 거라 미처 생각지 못했었다.

6. 아무도 그가 그 문제를 풀 수 있을 거라 보지 않는다.

7. 우리들 중 그 어느 누구도 그가 그 문제를 쉽게 풀 수 있을 거라고는 생각지
   못했었다.   (*쉽사리 con facilidad)

8. 나는 네가 살을 빼기 위해서 굶는 것이 좋은 것이라고는 생각지 않아.

(*굶다 ayunar 살을 빼다 perder peso, adelgazar)

9. 많은 젊은이들이 살을 빼기 위해 담배를 피우지만 흡연이 살을 빼게 도와준
   다는 것은 확실하지 않다.

10. 네가 나의 도움 없이 라디오를 고쳤다니 믿을 수가 없구나.

11. 그가 복권에 당첨되었다는 것은 분명치가 않다.

(*복권에 당첨되다 tocarle la lotería a alguien)

12. 나는 잠을 적게 자는 것이 건강에 좋다고 보지 않는다.

13. 후안은 실제보다 나이가 들어 보인다. 그래서 아무도 후안이 나보다 나이가
    어리다고 생각지 않는다.

14. 나는 냉장고에 있던 빵을 먹어버린 사람이 후안이라고 보지 않는다.

15. 나는 당신이 말하고자 하는 바를 잘 이해합니다. 그러니 날 바보라고 생각하
    지 마세요.

16. 이 세상에는 아직도 배고픔을 겪는 사람이 많다는 사실을 잊지 마라.

17. 이 가게에는 내 마음에 드는 것이라고는 하나도 없다.

18. 열쇠가 어디에 있는지 아는 사람은 아무도 없다.

19. 나는 네가 네 일이 힘들다고 불평하는 것이 마음에 들지 않는다. 힘들지 않은
    일은 하나도 없어. (*힘든 duro)

20. 비록 수년 전부터 한국이 경제 위기를 겪고 있기는 하지만 이것이 대통령의
    개혁 정책이 실패했음을 의미하는 것은 아니다. (*개혁정책 política de reforma)

21. 대통령은 경제 사정이 더 나빠졌다고 생각하지 않지만 난 아무도 그의 의견
    에 동의하지 않을 거라고 생각한다. (*나빠지다, 악화되다 empeorar)

22. 나는 한국의 모든 정치인들이 다 썩었다고는 생각지 않지만 한국의 정치인들
    에게 기대할 수 있는 것은 하나도 없다.

23. UFO를 보았다고 말하는 사람들이 많기는 하지만 나는 UFO가 실제로 외계
    에 존재하는지는 분명하지 않다.

(*UFO = objeto volador no identificado(OVNI), 외계 otros planetas)

연습문제 B

1. 다음에 주어진 표현을 이용하여 문장을 자유롭게 완성시켜 보시오.

   ① No creo que …

   ② No creía que …

   ③ No estoy seguro de que …

   ④ No he dicho que …

   ⑤ No había nadie que …

   ⑥ No es cierto que …

   ⑦ Ninguno de nosotros imaginaba que …

   ⑧ No olvides que …

   ⑨ No creas que …

   ⑩ ¿No piensas que … ?

2. 다음 글을 읽고 여러분의 의견을 적으시오.

"Parásitos" gana el Oscar: ¿es Corea del Sur tan desigual como retrata la película?

El Oscar a la mejor película recayó este año, por primera vez, en una producción de habla no inglesa: "Parásitos", un retrato con humor negro de las relaciones entre pobres y ricos en Corea del Sur. La película es una crítica a las agudas diferencias de clase en una sociedad capitalista y desigual que, sorprendentemente, no es ni el Brasil donde conviven las favelas y las mansiones; ni tampoco los Estados Unidos donde el 1% de la población acumula un quinto de la riqueza del país. Corea es una nación que se encuentra entre las 15 economías más grandes del mundo, donde la esperanza de vida está entre las más altas del planeta y casi la mitad de la población tiene educación superior. Además, de los países de OCDE tiene la menor tasa de desempleo. Su eficiente sistema sanitario, acompañado de un estilo de vida saludable, lo ayuda a entrar en la lista de 10 países con mayor esperanza de vida. Tras la Guerra de Corea, en pocas décadas Corea del Sur se reinventó como una economía industrializada y líder en innovación tecnológica.

Sin embargo, los surcoreanos no parecen estar contentos con su situación actual: según una encuesta, tres de cada cuatro jóvenes quieren irse del país; ocho de cada 10 ven a Corea del Sur como un "infierno". Creen que se ha agudizado el problema social: el de con qué 'cuchara' uno nace. Tener 'cuchara de oro' se refiere a lo que uno puede disfrutar de la riqueza que heredan de sus padres". Y tener 'cuchara de barro' se refiere a la ausencia de esa herencia. La ausencia de igualdad de condiciones para las generaciones jóvenes es un tema muy presente en Corea del Sur, donde la gente asegura que la cuchara con la que crezcan influirá en el progreso que puedan hacer en sus carreras o en su capacidad de acceder a una vivienda. En la encuesta publicada por un periódico, el 85% de los jóvenes estaba de acuerdo con la siguiente afirmación: "La gente que nació pobre nunca podrá competir con la gente que nació rica".

(*원문 출처: https://www.bbc.com/mundo/noticias-51445921)

접속법 (7): 시간 관련 표현

• *Nunca llueve a gusto de todos.*

antes (de) que, después (de) que, cuando, siempre que, en cuanto, tan pronto co-mo, a medida que, mientras 등은 시간과 관련된 접속사(conjunción)들이다. 이들 표현을 이용하여 작문하는 방법에 대해 알아보자.

1. '…하기 전에'와 같은 표현을 번역할 때 두 동사의 행위자가 동일 인물인 경우에는 antes de inf.를 사용하고 두 동사의 행위자가 서로 다른 경우에는 antes de que subj.를 사용한다.

기본 예제

⑴ a. 내가 떠나기 전에 (내가) 그녀에게 전화하겠다.

   La llamaré por teléfono antes de marcharme.

 b. 그녀가 떠나기 전에 내가 너에게 전화하겠다.

   Te llamaré por teléfono antes de que ella se marche.

⑵ a. (네가) 방에서 나가기 전에 (네가) 모든 것을 정돈해두어라.

   Déjalo todo en orden antes de salir de la habitación.

 b. 어머니께서 돌아오시기 전에 (네가) 모든 것을 정리해두어라.

   Déjalo todo en orden antes de que mamá vuelva.

⑶ 그는 나에게 그가 돌아오기 전에 떠나라고 말했다.

 Me dijo que me marchara antes de que volviera.

⑷ 그들은 우리가 도착하기 10분 전에 그곳을 떠났다.

Ellos se fueron de allí 10 minutos antes de que nosotros llegáramos.

⑸ 유엔 안보리가 정한 시한이 끝나기 이틀 전에 이라크는 핵 시설에 대한 사찰을 조건 없이 수용하기로 결정하였다.

Dos días antes de que concluyera el plazo fijado por el Consejo de Seguridad de la ONU, Irak decidió aceptar sin condiciones la inspección de las instalaciones nucleares.

2. '···한 후에/···한 뒤에'와 같은 표현을 번역할 때는 두 동사의 행위자가 동일 인물인 경우에는 después de inf.를 사용하고 두 동사의 행위자가 서로 다른 경우에는 después (de) que subj.를 사용한다.8) 한편, 이미 발생한 과거의 사건을 가리키는 경우 después de que 뒤에 접속법 대신에 (주로 중남미 지역에서) 직설법이 사용되기도 하지만 미래를 나타내는 경우에는 반드시 접속법을 사용한다.

기본 예제

⑴ a. 우리는 손님들이 다 돌아가신 뒤에 저녁 식사를 하도록 하겠다.

Cenaremos después de que los invitados se vayan.

b. 우리는 손님들이 다 돌아가신 뒤에 저녁 식사를 했다.

Cenamos después de que los invitados se fueran.

⑵ 애인이 군에 입대한 뒤에 그녀는 많이 울었다.

Lloró mucho después de que su novio {ingresara/ingresó} en el ejército.

⑶ 이스라엘은 아랍인의 테러로 인해 두 사람의 목숨이 희생된 뒤에 팔레스타인의 헤닌(Jenin) 시를 포위하였다.

Israel sitió la ciudad palestina de Jenin después de que un ataque árabe se cobrara dos nuevas vidas.

---

8) 일부 문법서(¡Eso es!)에 따르면 행위자가 동일하더라도 después de que를 사용할 수 있다고 한다.

(ex) Lo haré después de terminar esta tarea.

= Lo haré después de que termine esta tarea.

3. cuando의 경우는 '…하게 되면/…하면'과 같은 표현을 옮길 때 자주 사용한다. 일상적으로 행해지는 행위 혹은 주기적으로 반복되는 행위나 사건을 가리키는 경우에는 직설법을 사용하고(cf. 예문 ⑴~⑶) 아직 이루어지지 않은 미래의 행위를 가리킬 때는 접속법을 사용한다.(cf. ⑷~⑻)

기본 예제

⑴ 나는 긴장하게 되면 얼굴이 붉어진다.

    Cuando me pongo nervioso, me pongo colorado.

⑵ 나는 화가 나면 아무하고도 얘기를 안 한다.

    Cuando me enfado, no hablo con nadie.

⑶ 나는 차로 여행하면 어지럽다.

    Cuando viajo en coche, me mareo.

⑷ 네가 어른이 되면 그것을 이해하게 될 거야.

    Cuando seas mayor, lo comprenderás.

⑸ 외출하게 되면 가스 밸브 잠그는 것 잊지 마라.

    Cuando salgas, no olvides cerrar la válvula del gas.

⑹ 네가 이 선물을 그에게 주면 그는 매우 만족해 할거야.

    Cuando le des este regalo, se pondrá contento.

⑺ 기온이 더 내려가면 우리는 난방을 틀고 외투를 입을 것이다.

    Pondremos la calefación y nos pondremos el abrigo cuando baje más la temperatura.

⑻ 시간이 나거든 우리랑 주말을 함께 보내러 오도록 해라.

    Cuando tengáis tiempo, venid a pasar un fin de semana con nosotros.

4. en cuanto(= tan pronto como/apenas)는 '…하자마자'와 같은 표현을 옮길 때 자주 사용한다. 이미 발생했거나 아니면 일상적으로 일어나는 사건이나 행동 경우에는 직설법을, 아직 발생하지 않은 행동 혹은 사건인 경우는 접속법을 사용한다. 같은 의미로 nada más를 이용하여 작문을 할 수도 있는데 이때는

동사 원형을 사용한다.

기본 예제

(1) a. 그는 눕자마자 잠이 들어버렸다.

Se quedó dormido en cuanto se tumbó.

Se quedó dormido nada más tumbarse.

b. 그는 눕자마자 잠이 들 것이다.

En cuanto se tumbe, se quedará dormido.

Nada más tumbarse, se quedará dormido.

(2) a. 그녀는 그것을 알게 되자마자 모든 사람에게 얘기해 버렸다.

En cuanto lo supo, se lo contó a todo el mundo.

b. 그녀가 그것을 알게 되면 바로 모든 사람들에게 얘기해 버릴 것이다.

En cuanto lo sepa, se lo contará a todo el mundo.

(3) a. 그는 도착하자마자 에어컨을 켠다.

En cuanto llega, pone el aire acondicionado.

b. 그는 도착하자마자 에어컨을 켤 것이다.

En cuanto llegue pondrá el aire acondicionado.

5. '…할 때까지'와 같은 표현은 hasta que ind./subj.를 이용하여 작문을 하는 경우가 대부분이다. 이미 지나간 일이나 일상적으로 늘 일어나는 일인 경우에는 직설법을, 아직 일어나지 않은 일을 가리키는 경우에는 접속법을 사용한다. 단, 주절 주어와 hasta que 절의 주어가 동일한 경우에는 hasta 뒤에 동사 원형을 쓰기도 한다. 그리고 주절 동사가 부정될 경우에는 접속사 que 뒤에 아무런 의미가 없는 no가 종종 출현하기도 한다(cf. (2),(5),(6)).

기본 예제

(1) 우리 집에서는 (평소) 내가 도착할 때까지 식사를 하지 않는다.

En mi casa, hasta que no llego, no comen.

⑵ 나는 하이메(Jaime)가 올 때까지 이곳을 떠나지 않을 것이다.

No me iré de aquí hasta que no llegue Jaime.

⑶ 모든 걸 다 알 때까지는 나는 의견을 말하지 않겠다.

No opinaré hasta saberlo todo.

⑷ 그는 학업을 마칠 때까지 기숙사에 있었다.

Estuvo en el colegio mayor hasta que terminó la carrera.

⑸ 그것을 보기 전까지는 난 그것을 믿지 않을 것이다.

No lo creeré hasta que no lo vea.

⑹ 그는 그것을 보기 전까지는 그것을 믿지 않을 것이라고 말했다.

Dijo que no lo creería hasta que no lo viera.

6. 시간적 지속과 함께 조건의 의미가 담긴 '…하는 동안…하는 한'과 같은 표현은 mientras subj.를 사용하여 작문하면 된다. 잘 알다시피 mientras 뒤에 직설법 시제가 오면 조건적 의미는 없고 오직 주절이 나타내는 상황이나 행동과 동시에 일어나는 것만을 표현한다.

기본 예제

⑴ a. 우리가 깨어 있는 동안 그들은 공격하지 않을 것이다.

No atacarán mientras estamos despiertos. (simultaneidad)

　 b. 우리가 깨어 있는 한 그들은 공격하지 않을 것이다.

No atacarán mientras estemos despiertos. (condición)

⑵ 네가 계속 담배를 피는 한 우리는 이 방에 들어오지 않겠다.

No entraremos en esta habitación mientras sigas fumando.

(si y durante ese tiempo)

⑶ 내가 돈을 갖고 있는 동안은 걱정하지 말아라.

Mientras yo tenga dinero, no te preocupes.

⑷ 내가 살아있는 한 이곳에 돌아오지 않을 것이다.

No volveré por aquí mientras viva.

연습문제 A

1. 수프가 식기 전에 먹어라. (*식다 enfriarse)

2. 나는 수프가 식기 전에 먹었다.

3. 선생님께서 오시기 전에 지금 네가 읽고 있는 잡지를 서랍 속에 숨겨라.

4. 나는 선생님께서 강의실에 들어오시기 직전에 읽고 있던 잡지를 책상 밑에 숨겼다.

5. 내가 마음을 바꾸기 전에 떠나라. (*마음을 바꾸다, 생각을 바꾸다 cambiar de opinión)

6. 불길이 온 산을 휩쓸기 전에 소방대를 불러라. (*불길, 화염 llama, 휩쓸다 arrasar)

7. 나는 선생님께서 돌아오시기 전에 모든 것이 정돈되어 있기를 바란다.

8. 일주일 째 비가 많이 오고 있다. 너무 늦기 전에 우리는 시민들을 대피시켜야만 한다. (*대피시키다 evacuar)

9. 그들은 날이 저물기 전에 집으로 돌아가기로 했다. (*날이 저물다 anochecer)

10. 네가 돌아오기 훨씬 전에 그녀는 떠났다.

11. 도둑들은 경찰이 오기 전에 그는 뒷문으로 빠져나가는데 성공했다.

    (*뒷문 puerta de atrás)

12. 그는 손님들이 도착하기 전에 집안 청소를 끝낼 것이라고 말했다.

13. 식당에 있던 손님들은 가스가 폭발하기 바로 1분전에 그곳을 빠져 나오는데 성공했다.

14. 할아버지께서는 내가 학업을 마치기 6개월 전에 돌아가시고 말았다.

15. 영화가 너무 지루해서 영화가 끝나기도 전에 나는 영화관에서 나와 버렸다.

16. 그는 제대하기 1주일 전에 발목을 다쳤다.

    (*제대하다 licenciarse, 제대시켜주다 licenciar, …을 다치다 hacerse daño en …)

17. 우주비행사들은 산소가 떨어지기 전에 지구로 돌아왔다.

    (*우주비행사 astronauta, 산소 oxígeno)

18. 우리는 나머지 사람들이 온 뒤에 식사를 하기로 결정했다

19. 우리는 나머지 사람들이 온 뒤에 식사를 했다.

20. 뻬드로는 우리가 식사를 한 뒤에 올 것이다.

21. 어머니는 우리가 저녁 식사를 한 뒤에 그릇을 씻었다.

22. 폭풍이 지나간 뒤 해가 날 것이다. (*폭풍 tormenta)

23. 엘비스 프레슬리가 마지막 콘서트를 끝낸 후 그의 열성 팬들은 눈물을 흘렸다.

(*팬 admirador seguidor, fan, 열성적인 fervoroso, ferviente)

24. 콘서트가 시작된 지 몇 분 뒤에 관객들은 가수에게 야유를 보내기 시작했다.

(*관중 espectador, …에게 야유를 보내다 abuchear a alguien)

25. 콜롬부스가 1492년에 아메리카를 발견한 이후에야 유럽인들은 신세계에 관심을 가지기 시작했다.

26. 경찰은 도둑이 금고를 턴지 5분 후에 그를 추격을 시작했다.

(*추격하다 perseguir, 금고 caja fuerte)

27. 대통령이 사임을 발표한 지 얼마 후 야당 지도자들은 현재의 위기에 대한 해결책을 찾기 위해 모임을 가졌다.(*야당 oposición, 사임을 발표하다 anunciar su dimisión)

28. 그녀를 만나게 되면 오늘 네게 일어난 일을 절대 얘기하지 마라.

29. 네가 스무 살이 되면 자동차를 사주도록 하마.

30. 아버지께서 네가 담배를 피운다는 사실을 아시게 되면 그는 불같이 화를 낼 것이다.

31. 그가 도착하면 내 사무실에 들리라고 말해라.

32. 수위를 만나거든 엘리베이터가 작동하지 않는다고 말하고 빨리 고쳐달라고 해라.

33. 대통령 후보께서 돌아오시면 내가 찾아뵈러 왔었다고 말씀드려라.

(*대통령 후보 candidato a la presidencia)

34. 아버지께서는 그녀에게 그녀의 애인이 군복무를 마치게 되면 결혼하라고 말했다.

35. 가을이 오면 나뭇잎들이 떨어질 것이다.

36. 나는 일을 마치자마자 곧장 집으로 갔다.

37. 나는 일을 마치자마자 곧장 집으로 갈 것이다.

38. 해가 지자마자 그들은 집으로 돌아갔다.

39. 해가 지자마자 그들은 집으로 돌아갈 것이다.

40. 어머니께서 돌아가셨다는 소식을 듣자마자 그녀는 기절해버렸다.

(*기절하다 desmayarse)

41. 어머니께서 돌아가셨다는 소식을 듣게 되면, 그녀는 바로 기절해버릴 것이다.

42. 그녀의 목소리를 듣자마자 나는 금방 그녀를 알아보았다.

43. 너는 그녀의 목소리를 듣자마자 그녀를 알아보게 될 것이다.

44. 너에게 사과할 때까지 뻬드로와 얘기하지 마라.

45. 죽음이 우리를 갈라놓을 때까지 난 그대를 사랑하겠소.

46. 소방관들이 도착할 때까지는 아무 것도 하지 마라.

47. 너의 부모님이 너를 찾으러 오실 때까지 여기서 꼼짝도 하지 마라.

48. 선생님은 내게 부모님께서 나를 찾으러 오실 때까지 여기서 움직이지 말라고 말씀하셨다.

49. 네가 한 일을 뉘우칠 때까지 방에서 나오지 마라.

50. 지칠 때까지 달려라.

51. 그는 지칠 때까지 달렸다.

52. 네가 원할 때까지 이곳에 머물러도 좋다.

53. 당신이 신분을 밝힐 때까지 우리는 당신을 들여 보내줄 수 없습니다.

(*신분을 밝히다 identificarse)

54. 구조대가 그를 발견할 때까지 그는 살아있었다.

55. 넌 눈이 스르르 감길 때까지 공부해야 해.

56. 의사 선생님은 엄마에게 아기가 기침을 할 때까지는 시럽을 주지 말라고 말했다. (*기침하다 toser, 시럽 jarabe)

57. 내가 도착했을 때 사무실이 닫혀 있어서 비서가 올 때까지 기다리는 수밖에 없었다.

58. 교수님께서 연구실에 들어오라고 말씀하실 때까지 후안과 나는 복도에 서서 기다렸다.

59. 정부는 은행들에게 파산 위기에 처한 그 그룹이 구조조정을 실행에 옮길 때까지 자금을 지원해주지 말라고 경고했다.

(*파산 위기에 처한 estar al borde de la quiebra, 구조조정 reestructuración, 실행에 옮기다 llevar a cabo)

60. 북한 당국이 핵무기 개발 계획을 포기하지 않았음이 최근 알려졌다. 야당은 북한이 핵무기 개발 계획을 포기할 때까지 북한에 대한 경제 원조를 즉각 중단할 것을 정부에 요구하고 나섰다. 한편, 정부는 필요한 조치를 취할 것을 검토하고 있다. (*알려지다 darse a conocer, 핵무기 개발 계획 el plan del desarrollo de armas nucleares, 검토하다 estudiar)

61. 그들이 내게 월급을 계속 지불하는 한 나는 계속 일을 할 것이다.

62. 당신이 한국에서 사는 한 한국말을 구사할 줄 알아야 합니다.

연습문제 B

1. 주어진 표현을 이용하여 문장을 완성시켜보시오.

① Voy a salir de aquí antes de que …

② Fuimos al mercado antes de que …

③ Fregaremos los platos después de que …

④ Fuimos de excursión después de que …

⑤ En cuanto llegue a casa, …

⑥ Tan pronto como le digas aquello, …

⑦ Cuando nos casemos, …

⑧ No cierres la puerta hasta que …

⑨ No podremos viajar por España hasta que …

⑩ María esperó hasta que …

⑪ Cuando …, dile que …

⑫ … antes de que sea demasiado tarde.

⑬ No te permitiré comer el helado hasta que …

2. Lea el siguiente texto y escriba una redacción de 150~200 palabras sobre el tema.

> ### Legalización de las drogas
>
> ¿Qué pasaría si el Gobierno despenalizara el consumo y comercio de drogas, autorizando su venta libre en las farmacias o estancos del país? Pasarían varias cosas:

1. De inmediato se detendría la sangría de muertos provocados por el consumo de droga. Algún muerto habría, por sobre dosis o imprudencia, pero la riada de jóvenes asesinados con porquería en sus venas se detendría de inmediato.

2. Las farmacias venderían a precio razonable las dosis de droga demandada por los ciudadanos. El producto estaría garantizado contra adulteraciones y sería tan seguro-y dañino-como indicara exactamente en el prospecto.

3. El precio de la venta de la droga sería una fracción de los feroces precios actuales de la droga clandestina. Ello detendría en el acto la riada de pequeños y grandes delitos que los drogatas actuales cometen para poder financiar su vicio. Si pocos roban para comprarse cerveza, bien pocos lo harían para comprarse dosis a precio normal. Al respecto conviene no olvidar que el costo original de la droga es bien bajo, lo astronómico del precio es resultado de la prohibición, no de la droga.

4. El Estado cobraría un fuerte impuesto sobre las drogas vendidas, como hace con alcoholes y tabacos. Con ello podría financiar masivamente programas de rehabilitación y de prevención del consumo de drogas.

5. Millares de funcionarios-policías, aduaneros, jueces y oficiales, etc.-quedarían liberados de la imposible tarea de impedir su tráfico, que es el más rentable del planeta, y contra el que han fracasado en todo el mundo.

6. Posiblemente, como ocurrió al abolir la prohibición norteamericana del alcohol a principios de los años 30, el consumo legalizado de drogas aumentaría ligeramente. Sólo los puritanos extremos temen que la legalización traería consigo una drogadicción masiva. Pero un cierto aumento del consumo es casi seguro. Pero sólo el consumo, no la muerte. Habría algunos jóvenes más enganchados, pero no habría muertos.

*adulteración 변질, prospecto 사용 설명서, enganchado 중독된

(*원문 출처: Fuentes "Lectura y redacción")

50 접속법 (8): 접속법과 기타 표현들

• *Por muy mal que te trate la vida, no te deprimas*

1. '마치 …인 것처럼'

한국인이 잘 알고 있는 노래 '베사메 무초(Bésame mucho)'의 가사에 'Bésame, bésame mucho como si fuera esta noche la última vez'가 나오는 것처럼 현재 상황과 반대되는 상황을 가리키는 '마치 …인 것처럼', '마치 …이었던 것처럼'과 같은 표현은 como si + {접속법 과거/접속법 과거 완료}를 이용하여 작문하면 된다. 접속법 과거의 경우는 시간적으로 주절과 동일한 경우에 사용되며 접속법 과거 완료는 주절보다 이전의 사건을 언급하고자 하는 경우 즉, '마치 …이었던 것처럼'과 같은 표현을 옮길 때 사용된다.

기본 예제

⑴ Pedro는 그 노인을 자신의 아버지인 것처럼 돌본다.

　　Pedro cuida al anciano como si fuera su padre.

⑵ 어젯밤 파티에서 그들은 나를 마치 알지 못하는 것처럼 대했다.

　　En la fiesta de anoche me trataron como si no me conocieran.

⑶ 그는 마치 스페인에서 살기라도 했던 것처럼 스페인어를 잘 한다.

　　Habla bien español como si hubiera vivido en España.

⑷ 그는 마치 아무 일도 없었던 것처럼 차분히 내게 말했다.

　　Me habló con tranquilidad como si no hubiera pasado nada.

⑸ 아버지께서 방문을 열었을 때 나는 마치 깊이 잠들어 있는 것처럼 했다.

　　Cuando papá abrió la puerta, hacía como si estuviera profundamente dormido.

2. '…하는 경우에'와 같은 표현은 en caso de que subj.와 같은 표현을 이용하여 작문을 하는 것이 좋다.

⑴ 길을 잃어버릴 경우 내게 전화해라.

En caso de que te pierdas, llámame.

⑵ 주차할 곳이 없을 경우는 내게 알려라.

En caso de que no haya donde aparcar, avísame.

3. '…인 것은 … 때문이 아니라 …이기 때문이다'와 같은 표현은 no porque subj., sino porque ind.를 이용하여 작문을 하면 된다.

⑴ 내가 그것을 하는 것을 강요해서가 아니라 내가 원하기 때문이다.

Lo hago, no porque me obliguen, sino porque quiero.

⑵ 내가 그곳에 가지 않는 것은 돈이 없어서가 아니라 가고 싶지 않기 때문이다.

No voy allí, no porque no tenga dinero, sino porque no quiero.

⑶ 내가 영화관에 너와 가지 않는 것은 가고 싶지 않아서가 아니라 교수님과 약속이 있기 때문이다.

No voy al cine contigo, no porque no me apetezca, sino porque tengo una cita con el profesor.

⑷ 당신이 식사조절을 하는 게 나을듯한 이유는 당신이 비만해서가 아니라 심장에 문제가 있기 때문입니다.

Le conviene hacer un régimen alimenticio, no porque esté gordo, sino porque tiene problemas cardíacos.

4. 아무리 …하더라도

　‘비록…이지만’과 같은 양보의 의미를 표현하기 위해서 가장 흔히 사용되는 것은 aunque 이지만 ‘아무리…하더라도/일지라도’와 같이 좀 더 강조적인 표현을 스페인어로 옮기고자 할 때는 por {(muy) adj/adv} que subj, por {mucho/poco/nada} que subj.를 사용하는 것이 좋다.

기본 예제

⑴ 아무리 늦더라도 내게 알려주기 바란다.

　　Por muy tarde que sea, {avísame/tenme informado}.

⑵ 아무리 많이 주장을 해도 너는 그를 납득시키지 못할거야.

　　Por mucho que insistas, no lo convencerás.

⑶ 아무리 아파도 고함을 지르지 말아라.

　　Por mucho que te duela, no grites.

⑷ 네가 아무리 노력을 적게 하더라도 넌 목표를 달성할거야.

　　Por poco que te esfuerces, conseguirás tu objetivo.

⑸ 아무리 행동을 잘 해도 이미 나쁜 평판이 나 있다.

　　Por muy bien que se porte ya tiene mala fama.

⑹ 삶이 아무리 고달프더라도 기죽지 마라.

　　Por muy mal que te trate la vida, no te deprimas.

⑺ 아무리 말도 안 되는 것처럼 보여도 사실이다.

　　Por muy absurdo que parezca, es verdad.

⑻ 그녀를 많이 도와준다 하더라도 그녀는 네게 감사하지 않을 것이다.

　　Por mucho que la ayudes, no te lo agradecerá.

⑼ 그가 아무리 똑똑하다고 해도 동생이 더 똑똑하다.

　　Por muy inteligente que sea, su hermano lo es más.

⑽ 아무리 배가 고파도 절대 남의 것을 훔쳐선 안 된다.

　　Por mucha hambre que tengas, no debes robar.

연습문제 A

1. 그녀는 스페인 사람인 것처럼 스페인어를 잘 한다.
2. 그녀는 마치 백만 장자이기라도 한 것처럼 옷을 잘 입는다.

(*옷을 잘 입다 vestirse bien, 백만장자 millonario,a)

3. 아기는 마치 나를 알고 있기나 한 것처럼 나를 보고는 빙긋이 웃었다.
4. 그는 마치 나를 알지 못하는 것처럼 쳐다봤다.
5. 그는 항상 나를 마치 세 살짜리 어린아이인 것처럼 취급했다.
6. 그들은 마치 우리에게 화가 나 있기라도 한 것처럼 보인다.
7. 네가 바로 여기에 있는 것처럼 네 목소리가 잘 들린다.
8. 그녀는 나이가 15살인 것처럼 행동한다.
9. 공상 과학 영화에서는 외계인들은 인간보다 아는 것이 더 많은 것처럼 행동한다. (*공상 과학 영화 película de ciencia ficción, 외계인 extraterrestre)
10. 그녀는 마치 작별 인사라도 하려는 듯 손을 흔들었다.
11. 너는 일어난 일에 대해서 아무 것도 모르는 것처럼 그녀와 얘기를 해라.
12. 그는 마치 자기가 과거에는 부자였기나 한 것처럼 말한다.
13. 그녀는 나에게 라디오에서 아무것도 듣지 못했던 것처럼 내게 무슨 일이 났냐고 물었다.
14. 지진이 일어났던 도시는 마치 폭격이라도 받은 것처럼 완전히 파괴되어 있었다. (*지진 terremoto, 폭격하다 bombardear)
15. 그는 부양해야할 자식이 많기라도 한 것처럼 일요일조차도 쉬지 않고 일을 한다. (*조차도 incluso)
16. 내가 머리가 아픈 것은 공부를 많이 해서가 아니라 술을 많이 마셨기 때문이다.
17. 그가 친구가 많은 것은 돈이 많아서가 아니라 인정이 많아서이다.

(*인정이 많은, 마음씨 고운 bondadoso, de buen corazón)

18. 그가 너를 그렇게 대한 것은 버릇이 없는 사람이어서가 아니라 신경이 날카로워 있기 때문이다. (*버릇이 없다 no tener modales)
19. 내가 전화를 받지 않은 것은 받고 싶지 않아서가 아니라 외출 중이었기 때문이다.
20. 내가 그것을 하는 것은 좋아서가 아니라 나에게 강요하기 때문이다.

21. 아무리 네가 서두른다 해도 늦게 도착할 것이다.

22. 아무리 덥고 습기가 많더라도 나는 겨울보다는 여름이 더 좋다.

23. 아무리 날씨가 덥다하더라도 자켓을 입어라. 왜냐하면 밤에는 기온이 내려가기 때문이다.

24. 시간이 아무리 흘러도 네가 내게 한 짓은 결코 잊지 않을 것이다.

25. 당신이 아무리 멀리 가더라도 전 당신을 따라가겠어요.

26. 아무리 깨끗해 보이더라도 저 샘물을 마시지 마라.   (*샘 manantial)

27. 아무리 건강을 조심해도 지나치지 않다.

28. 네가 아무리 그들을 많이 도와준다고 해도 그들은 너에게 감사해 하지 않을 것이다.

29. 아무리 친절해 보여도 그를 믿지 마라. 그는 위선자다.   (*위선자 hipócrita)

30. 네가 아무리 그것을 잘 한다 해도 사장님은 만족하지 않을 것이다. 왜냐하면 그는 완벽주의자거든.   (*완벽주의자 perfeccionista)

31. 아무리 노력을 많이 한다 해도 자기 기록을 향상시키지는 못할 것이다.
                                        (*기록 marca, récord)

32. 네가 아무리 운동을 많이 해도 1킬로도 못 뺄 것이다.

33. 아무리 급해도 외출하기 전에 빗질하고 거울 쳐다보는 것 잊지 마라.
                                        (*급하다 tener prisa)

34. 네가 아무리 울어도 나는 네가 숙제를 마치기 전까지는 그 장난감을 사주지 않을 것이다.

35. 네가 보기에 아무리 이상하다고 해도 그건 사실이다.

36. 네가 아무리 빨리 달려도 절대 나 보다 먼저 들어오진 못할 것이다.

37. 아무리 피곤해도 아버지께서 돌아오실 때까지 너는 잠을 자서는 안 된다.

38. 더스틴 호프만(Dustin Hoffman)이 여자인 것처럼 연기하는 영화의 제목이 뭔지 아니?   (*연기하다 actuar)

연습문제 B

1. 주어진 표현을 이용하여 자유롭게 문장을 만들어 보시오.

① como si

② por muy adj. que

③ por mucho que

④ por poco que

⑤ por muy adv. que

⑥ no porque …, sino porque

⑦ En caso de que

2. Lea el siguiente texto y escriba su opinión en 150~200 palabras.

Corea y nucleares

Estados Unidos acaba de caer en la cuenta de que Corea del Norte posee armas nucleares (un aplauso a su sagaz servicio de espionaje) y de inmediato ha solicitado el envío de ins- pectores de armamento de la ONU al país asiático.

Resulta curioso este empeño de la potencia hegemónica en frenar la proliferación nuclear … fuera de sus fronteras. Quizá sea por temor a perder esa hegemonía que mantiene en todo el mundo, no por su liderazgo moral, cultural, económico o simplemente político, sino precisamente por poseer el Ejército más potente de todos (o sea, lo de siempre a lo largo de la historia).

Estados Unidos amenaza con imponer sanciones a Corea del Norte, opción que ya ha ejercido anteriormente con otros países como Irak, India o Pakistán, pero que se ha mostrado menos dispuesto a aplicar a naciones aliadas como Israel o Suráfrica, que también cuentan con algunas armas atómicas. Cabría preguntarse si en la actitud de Washington no pesan también ciertos argumentos racistas: *El armamento nuclear puede estar a disposición de naciones civilizadas y blancas, que las usarán con criterio y prudencia, pero no se puede dejar esta tecnología en manos de bárbaros amarillos o moros*. Este debe ser sin duda el razonamiento básico del Ejército estadounidense, una idea que además cala profundamente en la mentalidad de muchas personas. Sin embargo, no deberíamos olvidar que, hasta la fecha, el único país que ha utilizado armas atómicas sobre ciudades habitadas ha sido precisamente la civilizada y democrática unión americana, el mismo país que derrocha cada año una ingente cantidad de dólares en armas e investigación militar.

El armamento nuclear es la peste de la civilización moderna, pero si un país posee este tipo de armas, entonces todos tienen derecho a tenerlas, y ninguna nación que las posea puede exigir a las demás que se mantengan desarmadas.

(*원문 출처: El Mundo)

51 사역의 표현

> ● *El árbol tierno sufre con los vientos fuertes;*
> *pero también se hace más resistente.*

사역 구문이란 어떤 행위자가 어떤 사건이 일어나도록 만드는 것을 가리킨다. 영어에서는 make, have와 같은 동사를 사용하여 사역의 의미를 전달하듯이(I made him run, I had the horse (to) run) 스페인어에서는 hacer, mandar, dejar 등과 같은 동사를 사용하여 사역의 의미를 전달한다. 이 중에서 가장 널리 쓰이는 것은 hacer이다. 이 동사를 이용하여 사역을 나타내는 대표적인 방법은 두 가지가 있다. 첫째는 hacer + inf./adj. + obj. 혹은 hacer + obj. + inf./adj.이고 다른 하나는 hacer que + subj.이다. 첫 번째 유형의 경우 obj.가 사람이면 그 앞에 전치사 a를 넣는다.

기본 예제

(1) 나는 후안을 달리게 했다.

　　Hice correr a Juan. / Hice a Juan correr.

(2) 나는 개를 달리게 했다.

　　Hice correr el perro. / Hice el perro correr.

(3) 한국에서 축구는 별로 중요하지 않지만 월드컵은 이 스포츠를 인기 있는 것으로 만들고 있다.

　　Pese a la escasa trascendencia del fútbol en Corea del Sur, el mundial está haciendo popular este deporte.

(4) 아이가 공을 굴린다.

　　El niño hace rodar el balón.

⑸ 그 광대는 아이들을 웃기려고 했지만 실패했다.

El payaso intentó hacer reír a los niños pero no lo logró.

⑹ 나는 호세가 그것을 먹지 못하게 만들었다.

Le hice no comerlo a José.

⑺ 그녀의 고통을 잊게 할 수 있는 것이라면 난 어떤 것이라도 할 용의가 있다.

Estoy dispuesto a hacer cualquier cosa que le haga olvidar sus dolores.

⑻ 애국심은 많은 한국 사람들로 하여금 일본 침략자들에 맞서 분연히 일어서

게끔 만들었다.

El patriotismo hizo levantarse a muchos coreanos contra los invasores

japoneses.

⑼ 언어학 교수는 학생들로 하여금 그 논문을 읽도록 했다.

El profesor de lingüística les hizo leer ese artículo a los alumnos.

El profesor de lingüística hizo que los alumnos leyeran ese artículo.

⑽ 반흡연 캠페인은 담배 판매고를 줄어들게 만들었다.

La campaña contra el tabaco ha hecho disminuir las ventas.

⑾ 후안은 자기 머리를 자르도록 내버려두었다

Juan se dejó cortar el pelo.

Juan dejó que le cortaran el pelo.

한편, hacer + inf./adj. + obj. 유형의 사역 구문에서 obj를 대명사 형태로 바꿀 경우 inf. 동사가 자동사면 대격형({le/lo},la)을, 타동사면 여격형(le)을 사용한다.

기본 예제

⑴ Hice correr a Juan → {Lo/le} hice correr.

*Hice correr{lo/le}.

⑵ Hice construir la casa a Juan → Le hice construir la casa.

*Lo hice construir la casa.

Le hice construirla.

Se la hice consruir.

(1)과 (2)의 대조에서 보듯이 inf.가 자동사인 경우는 대명사가 반드시 사역동사 앞으로 이동해야 한다. 반면에 inf.가 타동사인 경우는 이동이 필수적이진 않다.

연습문제 A

1. 선생님은 우리를 열심히 공부하게 만들었다.

2. 선생님께서 나보고 읽어보라고 하신 책은 정말 지루하다.

3. 아빠는 해야 할 일이 많이 있었기에 아이들을 서재에서 나가도록 했다.

4. 너를 행복하게 해주기 위한 것이라면 난 무엇이든 하겠다.

5. 그녀는 매우 여린 사람이니 그녀를 울리지 마라. (*여린 delicado,a)

6. 이 상은 날 행복하게 만드는 동시에 커다란 책임감을 느낀다.

(*책임감 responsabilidad)

7. 나는 그녀를 고통받게 하고 싶지 않다.

8. 후안이 내게 말한 것을 네게 설명해줄 수 없어. 왜냐하면 그가 나에게 아무에게도 그것을 말하지 않을 것을 약속하게 만들었거든.

9. 그녀가 너무 침울해 있어서 나는 그녀가 모든 것을 잊도록 하는 무언가를 할 작정이다.

10. 나를 변호사로 만드는 것이 부친의 유일한 소망이었다.

11. 불법 정치 자금 스캔들은 대통령으로 하여금 국민들에게 사과하게 만들었다.

(*스캔들 escándalo, 정치 자금 fondo político)

12. 그를 이리로 오게 할까요?

13. 아버지께서는 60 평생을 공부하고 일하며 그리고 가족들을 행복하게 하려고 하면서 보내셨다. (*60 평생 sus sesenta años de vida)

14. TV는 사람들을 바보로 만들고 또 일부 프로그램은 아이들에게 유해하다.

15. TV를 아이들로 하여금 많은 시간을 허비하게 만든다.

16. 그녀의 부재(不在)는 그들로 하여금 그녀가 도망갔다고 믿게 만들었다.

(*부재 ausencia)

17. 감독은 그 여자 배우에게 화장을 하게 했지만 그녀는 화장하기를 거부했다.

(*~하기를 거부하다 se niega a~)

18. 숙제를 마치면 네가 원하는 것을 사도록 허락하겠다.

19. 비가 오는데 그 여자를 밖에서 기다리게 내버려두지 마시오.

20. 산업화 덕분으로 인해 우리의 삶은 전보다 더욱 편리해 졌다. 예를 들어 비행기의 발명은 24시간 이내에 지구 어느 곳에도 갈 수 있게 해주었고 세탁기나 청소기와 같은 가전제품의 발명은 주부들을 가사 노동에서 해방시켜주었다. 하지만 환경오염은 더욱 더 심각해졌다.

(*발명 invención, 가전제품 artículos electrodomésticos, 가사일 labores de la casa, tarea doméstica, trabajo doméstico, tarea del hogar, 심각해지다 agravarse)

연습문제 B

1. 다음을 아래와 같은 형태로 바꾸시오.

Hice trabajar a Pedro → Hice que Pedro trabajara.

---

① La hice salir de la habitación.

② Le hice quemar los documentos.

③ Hicimos diseñar la casa al mejor arquitecto.

④ Su muerte hizo llorar a todos.

⑤ Ellos no me dejaron entrar en el cine.

2. 다음을 아래와 같은 형태로 바꾸시오.

> Juan siempre hace que sus amigos se rían → Juan siempre hace reírse a sus amigos.

① El jefe hace que su secretaria le traiga café.

③ Pedro hizo que todos le obedecieran.

③ El anfitrión no dejó que sus invitados pagaran.

④ El camarero dejó que el perro entrara en el bar.

⑤ El gobierno no deja que los ciudadanos salgan por la noche.

⑥ Hizo que los niños guardaran los juguetes en el armario.

52 종합응용작문 (1)

1. 배움에는 나이가 없다.

2. 뜻이 있는 곳에 길이 있다. (*뜻 voluntad)

3. 사람이 많은 곳에는 역시 시끄러운 소리가 나기 마련이다.

4. 독서의 기쁨을 발견하는 것보다 더 큰 즐거움은 없다고 생각한다. (*독서 lectura)

5. 시작이 중요하지만 끝은 더 중요하다.

6. 행복은 눈 깜짝할 사이에 지나간다. (*눈 깜짝할 사이에 en un abrir y cerrar de ojos)

7. 삶이라는 것이 보기처럼 그렇게 쉽지만은 않다.

8. 행복은 작은 것에서부터 시작된다.

9. 사람은 건강할 때만이 진정으로 행복하다.

10. 다리의 높이가 상당해서 그녀는 밑을 내려다보는 것만으로도 많이 어지러 웠다. (*상당한 considerable, …하는 것만으로도 con sólo inf., 많이 어지럽다 marearse mucho, tener mucho vértigo)

11. 모든 길은 로마로 통하지만 몇몇 길은 다른 길보다 더 짧고, 안전하고 빠르다는 것은 자명하다. (*…로 통하다 conducir a…, 자명하다, 분명하다 es evidente que …)

12. 외식하러 가고 하고 싶지만 나는 시간이 없다. (*외식하다 comer fuera)

13. 후안은 대머리는 아니지만 머리숱이 적다.

14. 마드리드와 바르셀로나 사이의 거리는 약 600 킬로미터이다.

15. 내가 공부하는 대학은 도시에서 약 4킬로 떨어져 있다.

16. 살라망카는 마드리드에서 약 200킬로 떨어져 있다.

17. 나는 파산지경에 놓인 회사를 살리기 위해 그러한 위험을 감수할 용의가 있다. (*그러한 위험을 감수하다 correr ese riesgo, 파산할 지경에 놓인 estar a punto de quebrar)

18. 그녀는 일주일만에 내가 한 달 내내 버는 것보다 더 많이 쓴다.

19. 그는 도서관에 틀어박혀 하루 종일 공부만 하기 때문에 성적이 좋다.

　　　　　　　　　　　　　(*책만 파다, 공부를 열심히 하다 empollar, estudiar duro)

20. 우리는 그들의 약혼을 축하해주었다.　　　　　　　(*약혼 compromiso)

21. 그들은 서로 인사를 나누고 좋은 성적을 받은 것을 서로 축하해주었다.

22. 나는 17살에 집을 나왔다.　　　　　　　　　　　(*가출하다 irse)

23. 다음 주에 나는 전학을 가는데 난 새로운 친구를 사귀는 것이 힘들어서 걱
　　정이다.　　(*전학가다 cambiar de colegio, 새로운 친구를 사귀다, 만들다 hacer amigos nuevos)

24. 그녀는 직장에서 자기가 여자라는 이유 때문에 차별을 받는다고 생각한다.

　　　　　　　　　　　　　　　(*차별감을 느끼다 sentirse discriminado/a)

25. 여자라는 이유만으로 그녀를 차별해서는 안 된다. 그녀는 다른 동료들과 똑
　　같은 시간을 근무하므로 월급을 올려달라고 요구할 권리가 있다.

　　　　　　　　　　　　　　　(*…할 권리가 있다 tener derecho a inf.)

26. 경찰은 그를 음주운전 혐의로 체포하여 운전면허를 몰수했다.

　　　　　　　　　　　　　　　　　　(*몰수하다 retirar)

27. 그 경찰관은 나에게 딱지를 뗀 후 교통법규를 준수할 것을 충고했다.

　　　　　　　　　　　　　　　(*교통법규 normas de circulación)

28. 얼음 위에서 넘어졌지만 다행히 다치지 않았다.　　　(*다치다 hacerse daño)

29. 그녀는 첫 학기에 실망하여 학업을 포기했다.　　　(*실망하다 decepcionarse)

30. 이번 주말에 친구들과 스키 타러 가려 했었으나 스키가 망가지는 바람에 가
　　지 못했다.　　　　　　　　　　　　　(*…하려 했었지만 iba a inf.)

31. 우리들 중 누구도 말을 탈줄 모른다.　　　　　(*말을 타다 montar a caballo)

32. 물은 수소와 산소로 이루어진다.　　(*수소 hidrógeno, …로 구성되다 constar de)

33. 이 신발은 너무 조입니다. 한 치수 더 큰 것 없습니까? (*조이다 apretar a alguien)

34. 나는 살이 쪄서 바지가 조인다.

35. 나는 돈 만 페세타와 신분증이 든 지갑을 지하철에서 도둑맞았다.

　　　　　　　　　　　　　　　(*신분증 carné de identidad)

36. 후안은 장래가 매우 촉망되는 청년이다.

　　　　　　　　　(*장래가 매우 촉망되는 tener un futuro muy prometedor)

37. 마리아는 인상이 좋아서 호감이 간다.

(*인상이 좋다 tener buena impresión, dejar buen impresión, 호감이 가다 caer bien a alguien/sentirse bien con)

38. 한국에 대한 인상이 어떻습니까?

39. 당신 신용카드 만료일자가 언제입니까?/어떻게 되나요?

(*만료일자 fecha de vencimiento)

40. 당신은 월급의 몇 프로를 세금으로 내십니까?

(*세금으로 내다 pagar algo en impuestos)

41. 유통기한이 지났으니 우유를 버려라. (*유통기한이 지나다 caducar)

42. 화재는 장소도 따로 없고 시간도 따로 없다.

43. 벤츠 자동차는 매우 비싸기는 하지만 오래가기 때문에 그럴 만한 가치가 있다. (*…할 만한 가치가 있다, 그럴 만도 하다 valer la pena)

44. 그 가게에서는 신용카드를 받아주지 않아서 현금으로 지불하는 수밖에 없었다. (*현금으로 지불하다 pagar en efectivo/al contado)

45. 최근 몇 년 사이 컴퓨터 기술의 발전은 경이적이다.

(*컴퓨터 관련 기술 informática, 경이적인 espectacular)

46. 너는 첨단 기술이 1세기 전의 생활수준보다 더 나은 생활수준을 가져다줄 거라고 생각하니? (*첨단 기술 alta tecnología)

47. 그녀를 소개받았을 때 나는 매우 떨렸다. (*떨리다 ponerse nervioso)

48. 내 딸은 매우 수줍음을 타서 모르는 사람들과 함부로 얘기하려 들지 않는다.

49. 매일 아침 아내와 나는 함께 출근한다.

50. 빠블로 네루다가 왜 생각을 바꿨는지는 아무도 모른다.

(*생각을 바꾸다, 마음을 바꾸다 cambiar de idea)

51. 나는 소리를 내지 않기 위해 발뒤꿈치를 들고 방에서 나갔다.

(*소리를 내다 hacer ruido, 발뒤꿈치를 들고 de puntillas)

52. 이웃 주민들이 너무 떠들어서 잠을 잘 수가 없다. 조용히 해달라고 말해야겠다.

53. 아이는 벽에 낙서를 했다고 어머니에게 야단을 맞았다. (*낙서하다 garabatear)

54. 그들은 자기들이 우리보다 더 우월하다고 믿는다. (*우월한 superior a)

55. 나는 뻬드로는 입에 음식을 넣은 채 말을 하는 것이 마음에 들지 않는다.

56. 동생은 방금 손에 동전 하나를 쥐고서 문방구에 갔다.

57. 집에 도착해보니, 할아버지께서는 입에 담배를 문 채 신문을 읽고 있었다.

58. 그는 오늘 아침 한 쪽 다리에 깁스를 한 채 나타났다.

59. 마리아는 더 예뻐 보이고 또 멋진 남자와 결혼하기 위해 성형수술을 받았다.

(*성형수술을 받다 someterse a una cirugía plástica)

60. 나는 깊이 잠들어 있었기 때문에 초인종 소리를 듣지 못했다. (*깊이 profundamente)

61. 거울을 쳐다보았을 때 그녀는 많이 살이 빠졌다는 것을 깨달았다.

62. 나는 미끄러져 계단에서 굴러 떨어졌다.

63. 이 블라우스는 어제 내가 너에게 사준 치마와 잘 어울린다.

(*…와 어울리다 hacer juego con)

64. 그 가게에서 나의 회색 치마와 잘 어울리는 멋진 블라우스를 발견했다.

65. 너는 이 목도리가 누구 것이라고 생각하니?

66. 이 안경이 누구 것이라고 생각하니?

67. 당신은 이 사람이 어떤 직업을 가지고 있다고 생각하십니까?

68. 넌 그들이 어디 출신이라 생각하니?

69. 내일 날씨가 어떨 것이라 생각되니?

70. 너는 내가 너에게 무엇 때문에 돈을 준다고 생각하니?

71. 너는 네 딸이 어디에 숨어있다고 생각하니?

72. 너는 너의 딸이 누구랑 결혼하기를 바라니?

73. 너는 기차가 그곳에 도착하는데 얼마나 걸릴거라 생각하니?

74. 너는 그가 일을 마치는데 얼마나 걸리거라 생각하니?

75. 너는 김대중 대통령의 후계자가 누가 될 거라고 보니?   (*후계자 sucesor)

76. 날씨는 기분 상태에 영향을 많이 끼친다.

(*영향을 미치다 influir en, 기분 상태 estado de ánimo)

77. 하늘이 더 흐려지고 있다.   (*흐린 nublado)

78. 나는 아직 자동차 보험료를 지불하지 않았다.(*자동차 보험, 보험료 seguro del coche)

79. 운전할 때 졸지만 않았어도 사고를 당하지 않았을 텐데. 조심하지 않은 것
    이 몹시 후회가 된다.   (*졸다 dormitar, 조심하다 ser prudente)

80. 내가 그녀를 알게 된 바로 그 순간 난 그녀에게 푹 빠지고 말았다.

81. 내가 밤새 수도꼭지를 틀어 놓는 바람에 욕조에 물이 넘쳤다.

(*욕조 bañera, 넘치다 desbordarse)

82. 그녀는 자기가 사업에서 성공하지 못한 것은 능력이 없어서가 아니라 뒤를 봐주는 사람이 없었기 때문이라고 생각한다. (*백, 후광 enchufe, palanca)

83. 앙케이트에 따르면 국민 대다수는 사형제도를 반대한다.

(*사형제도 pena de muerte)

84. 나는 네가 커다란 어려움에 직면하게 될 것이라고 생각했다.

(*직면하다 enfrentarse con/a)

85. 너를 위해서라면 무슨 일이든 하겠다.

86. 아이들 방은 폭3미터이다. (*폭 ancho)

87. 이 책은 15장으로 구성되어 있다. (*…로 구성되다 constar de)

88. 물은 섭씨 100도에서 끓는다. (*섭씨 centígrado, 끓다 hervir)

89. 아기가 혼자 남게 되자 울기 시작했다.

90. 그는 10년 동안 숨어살았다.

91. 나는 바르셀로나에서는 이방인이라는 느낌이 들지 않는다.

(*이방인이라는 느낌이 들다 sentirse extranjero)

92. 청중들은 모두 그의 연설에 깊은 감명을 받았다.

(*…에 감명을 받다 quedarse emocionado con)

93. 우리가 파티에 가기에는 너무 이르다.

94. 벌써 네가 잠자리에 들 시간이다. (*…할 시간이다 es hora de que subj.)

95. 벌써 네가 떠나야할 시간이다.

96. 책장에는 책이 20권밖에 들어가질 않아 하나를 더 주문할 생각이다.

(*책장 estantería)

97. 이곳은 기온은 가끔 영하 20도까지 내려갈 때가 있다.

98. 그가 국회의원 선거에 나설 것이라는 소문이 금새 퍼졌다. (*입후보하다 presentarse)

99. 다른 방법으로 안되면 힘에 호소하는 수밖에 없다.

(*…에 의지하다, 호소하다 recurrir a, …하는 수밖에 없다 no terner más remedio que inf.)

100. 석유는 현대 산업에 없어서는 안 되는 것이다.

(*없어선 안 되는, 필수 불가결한 indispensable)

53 종합응용작문 (2)

1. 빛은 소리보다 훨씬 빨라서 1초에 지구 주위를 30번이나 돈다.

   (*지구 주위를 돌다 girar alrededor de Tierra)

2. 유럽에서 가장 인구가 많은 나라는 독일이고 가장 큰 나라는 프랑스다.

3. 그의 설교는 한 시간 동안 계속되었다.   (*설교 sermón)

4. 나는 그를 신뢰하지 않지만 그가 하는 말을 믿는 척한다.   (*…하는 척하다 fingir)

5. 어린 시절에 일어났던 그 사건은 아직도 내 기억에 남아있다.

6. 컴퓨터를 켜자 컴퓨터 바이러스가 하드디스크의 모든 정보를 다 파괴시켜
   버렸다.   (*컴퓨터 바이러스 virus informático, 하드디스크 disco duro)

7. 어젯밤에는 정말 무서운 꿈을 꾸었는데, 깨어보니 온통 땀 투성이었다.

   (*무서운 꿈 pesadilla)

8. 거듭된 실패로 그는 절망했다.   (*절망하다 desesperarse)

9. 가장 어려운 예술은 자유로운 삶을 사는 것이다,

10. 가난한 사람들을 도와주지 않는 것은 범죄나 다름없다.

11. 조국을 위해 죽는 것은 아름다운 일이다.

12. 나와 같은 세대의 사람과 얘기를 나누는 것은 즐거운 일이다.

13. 친구들과 같이 있는 것은 재미있는 일이다.

14. 하루 종일 서 있는 것은 매우 피곤하다.

15. 쓰레기를 아무데나 버리거나 침을 아무데나 뱉는 것은 교양 없는 짓이다.

   (*침을 뱉다 escupir, 아무데나 dondequiera)

16. 붉은 신호등일 때는 길을 건너는 것은 매우 위험하다.

   (*신호등 semáforo, 건너다 cruzar)

17. 그녀는 길을 건너기 전에 차가 오는지 이쪽저쪽을 살폈다.

   (*이쪽저쪽을 살피다 mirar a un lado y a otro)

18. 그 임무를 완수할 수 있도록 그를 격려해줄 필요가 있다.

(*임무 misión, 완수하다 cumplir, 격려하다 animar)

19. 그는 가지고 있던 돈을 몽땅 주식에 투자하고서 모든 것을 운에 맡겼다.

(*운에 맡기다 abandonarse a la suerte)

20. 그는 나에게 자동차 운전하는 법을 친절하게 가르쳐주었다.

21. 우리는 노사가 경제 위기를 극복하기 위해 최선을 다하기를 바란다.

(*노사 los sindicatos y los patrones)

22. 그는 내게 지각하지 말라고 경고했다.

23. 선생님은 그에게 처신을 똑바로 하라고 충고를 했지만 그는 이를 무시했다.

24. 나는 그의 태도가 너무 건방져 보여서 그에게 똑바로 행동하라고 충고했다.

(*건방진 arrogante)

25. 나는 누군가 계단을 오르는 소리를 들었을 때 닭살이 돋았다.

(*닭살이 돋다 la piel se pone de gallina a alguien)

26. 마침내 우리는 그가 나무 밑에 앉아 졸고 있는 것을 발견했다.

27. 해마다 이맘때면 그 가수는 자선 공연을 연다.

(*해마다 이맘때면 todos los años por estas fechas, 자선 공연을 열다 dar un concierto con fines benéficos)

28. 해마다 이맘때면 우리는 산으로 소풍을 간다.

29. 그녀를 보자 가슴이 두근거리는 것을 느꼈다. (*두근거리다 palpitar)

30. 모든 동물 가운데 개가 인간의 가장 좋은 벗이다.

31. 이 도시에는 외국인이 묵을 여관이 하나도 없다. (*여관 hostal, 묵다 alojarse)

32. 감기에 걸렸는데도 그는 출근했다.

(*감기에 걸리다 coger un resfriado, constiparse, acatarrarse, resfriarse)

33. 스페인어는 배우기가 쉬운 언어이다.

34. 이 노래는 인기가 있어서 아이들까지도 알고 있다. (*…까지도 hasta)

35. 편지를 다 쓰자 그녀는 편지를 접어서 봉투에 넣었다. (*접다 doblar)

36. 나는 우리가 같이 여행을 갔으면 해. 왜냐하면 여행은 우리가 서로를 더 잘 알 수 있는 좋은 기회가 되기 때문이지. (*여행을 가다 ir de viaje)

37. 물을 불필요하게 낭비하지 마라.

38. 그녀는 한 달 만에 5킬로를 감량하는데 성공했다.

39. 날씨가 나빠서 소풍을 망쳤다.   (*망치다 fastidiar)

40. 우리 식구는 4명이다.

41. 학생들은 하비에르를 과대표로 뽑았다.

42. 후안은 반대표 없이 의회 의장으로 뽑혔다.

        (*의회 Congreso de los diputados, 반대표 없이 sin ningún voto en contra)

43. 총장님은 마 교수를 학과장으로 임명하였다.   (*임명하다 nombrar)

44. 캐나다에 5년 간 살았었던 그녀는 추위에 익숙하다.

45. 교통 체증을 피하고 약속 시간에 맞추어 도착하기에 제일 좋은 방법은 대중
교통을 이용하는 것이다.   (*약속 시간에 맞게 llegar a la hora citada)

46. 일이 영 잘못 되어 가고 있다.   (*잘못되어 가다 ir por muy mal camino)

47. 운전을 할 줄 아십니까? 아뇨, 모릅니다. 운전하는 것을 제게 가르쳐 주시
겠어요?

48. 데모대가 던진 화염병은 비록 인적 피해는 아니지만 물질적 피해를 초래하
였다.   (*화염병 cócteles molotov, 물질적 피해 daños materiales, 물질적 피해 daños personales)

49. 미국에서 나온 스포츠인 야구는 한국에서 가장 많이 하는 스포츠이다.

50. 썩은 계란은 냄새가 매우 고약하다.   (*썩은 podrido)

51. 누나는 임신 7개월인데 나는 건강한 아이가 태어나길 바란다.

52. 그 여인은 계단에서 넘어지는 바람에 유산을 했다.   (*유산하다 abortar)

53. 그 청년은 대낮에 그의 핸드백을 훔쳐갔다.   (*대낮에, 한낮에 en pleno día)

54. 인류의 기원은 먼 시대로 거슬러 올라간다.

      (*거슬러 올라가다 remontarse a, 시대 f. era)

55. 신부(新婦)의 옷이 너무 길어서 바닥에 질질 끌린다.   (*끌리다 arrastrarse (por))

56. 나날이 물가가 올라간다.   (*나날이, 하루가 다르게 día tras día, 물가 m. pl. precio)

57. 베네치아는 점차 가라앉고 있다.   (*가라앉다 hundirse)

58. 후안은 키가 160밖에 되지 않는다.

59. 후안은 가족 보다 일에 더 관심이 많다.   (*…에 관심이 있는 interesar a alguien)

60. 일 년 중 가장 짧은 달은 어느 달입니까?

61. 너의 계획이 뭔지 내게 말해봐라.

62. 너는 어느 게 후안의 주소인지 아니?

63. 우리는 다섯 달 전에 미리 비행기 자리를 예약했다.

(*다섯 달 전에 미리 con cinco meses de antelación)

64. 여름 휴가를 호텔에서 보내고 싶으면 훨씬 이전에 미리 방을 예약해야 한다.

(*훨씬 이전에 미리 con mucho tiempo de antelación)

65. 네가 우산을 잃어버렸다면 내 것을 빌려줄 수 있다.

66. 나는 12살에 처음으로 바다를 보았다.   (*처음으로 por primera vez)

67. 아버지께서는 미리미리 서둘지 않고 일을 하는 것을 좋아하신다.

(*미리미리 con tiempo, 서둘지 않고 sin prisa)

68. 번개가 치고 잠시 뒤에 천둥소리가 들렸다.

69. 날씨가 추우니 위에 무엇 좀 걸쳐 입어라.

70. 스페인 잡지 하나를 정기 구독했으면 좋겠다. (*정기 구독하다 hacer una suscripción a)

71. 나는 방안에 아무도 없으리라고 생각하고 있었기 때문에 그를 보고 놀랐다.

72. 최근 유아 사망률이 많이 감소하였다.   (*유아사망률 mortalidad infantil)

73. 공해로 인해 북극 위의 오존층이 반으로 줄어들었다.

(*공해 contaminación, 북극 m. Ártico, 남극 m. Antártico, 오존층 capa de ozono, 반으로 a la mitad)

74. 나는 한꺼번에 두세 가지 일을 할 수 있는 그의 능력이 부럽다.

75. 그가 창문을 활짝 열어 제치자 방안은 이내 꽃향기로 가득 찼다.

(*활짝 de par en par, …로 가득 차다 llenarse de)

76. 북한의 유엔가입이 임박했다.   (*유엔 f. ONU, 가입 m. ingreso, 임박한 inminente)

77. 한국 대표팀과 일본 대표팀은 2대2로 비겼다.   (*대표팀 selección, 비기다 empatar)

78. 우리 팀은 그의 팀을 5대 0으로 이겼다.

79. 자기 자신을 이기는 것보다 더 큰 승리는 없다.

80. 그는 전 재산을 자선 단체에 기증했다.   (*기증하다, 물려주다 legar, donar)

81. 그는 아버지로부터 깔끔함을 물려받았다.   (*물려받다 heredar, 깔끔함 pulcritud)

82. 도박은 그를 파멸로 몰고 갈 것이다.   (*도박 m. juego, 파멸 ruina, 몰고 가다 llevar)

83. 그는 양심의 가책으로 인해 잠을 이루지 못한 채 밤새 뒤척였다.

(*양심의 가책 remordimiento de conciencia, 뒤척이다 revolverse)

84. 놀이동산에 데려간다고 약속했으니 약속을 좀 지켜라.

(*약속을 지키다 cumplir la promesa/la palabra)

85. 음식을 잘못 먹는 바람에 설사를 했다.

  (*음식을 잘못 먹다 comer un alimento en mal estado, 설사 diarréa, 배탈이 나다 enfermarse del estómago)

86. 비행기로 멕시코에 갔을 때 우리는 LA를 경유했다.

         (*경유하다, 중간 기착하다, 거쳐가다 hacer escala)

87. 미인 대회가 3년 연속 바르셀로나에서 열렸다.

     (*미인대회 m. concurso de belleza, 3년 연속 por tercer año consecutivo)

88. 브라질 대표팀은 월드컵에서 3번 연속 우승을 차지했다.

89. 의사 선생님은 그녀에게 변비를 막기 위해 과일과 채소를 먹도록 권했다.

            (*변비 estreñimiento)

90. 그들은 사냥할 장소를 찾아 수십 킬로를 차를 타고 돌아다녔다.

    (*수십 킬로 decenas de kilómetros, 돌아다니다, 질주하다 recorrer)

91. 물기가 빠지도록 몸 닦은 수건을 걸어두어라.

     (*걸어두다 dejar colgado algo, 물기가 빠지다 escurrir)

92. 그가 피를 흘리는 것을 보고는 그녀는 졸도하여 쓰러졌다.

    (*피를 흘리다 derramar la sangre, 졸도하여 쓰러지다 caerse desmayado)

93. 전에는 여성들은 집안일과 아이 돌보는데 전념했지만 90년대 이후부터는 상황이 많이 바뀌었다.   (*…에 헌신, 투자하다 dedicarse a)

94. 난 아무 것도 할 일이 없을 때 시간을 때우기 위해서 텔레비전을 보는 일이 많다.

95. 아버지를 전송하러 공항에 갔다 오는 길이다. 아버지는 사업차 미국에 가셨다.

96. 사고 소식을 듣는 순간 그는 소파에 털썩 주저앉았다. (*털썩 주저앉다 dejarse caer)

97. 그는 방에 들어가자마자 침대에 벌렁 드러누웠다.

98. Keizo Obuchi 전 일본 수상이 뇌출혈을 일으킨 지 6주 후에 사망하였다.

          (*뇌출혈 m. derrame cerebral)

99. 보다 나은 삶을 찾아서 많은 북한 주민들이 목숨을 걸고 탈출한다.

          (*목숨을 걸다 jugarse la vida)

100. 폭우로 집에 물난리가 났다.   (*홍수가 나다 inundarse)

54 종합응용작문 (3)

1. 나이가 어리면 어릴수록 외국어를 배우기가 쉽다.

2. 그녀는 기껏해야 스무 살 정도 밖에 되지 않을 것이다.
(*기껏해야, 많아봤자 a lo sumo)

3. 그 전투는 생각보다 더 치열했다.   (*치열한, 처참한 sangriento)

4. 여당은 국회의원 선거에서 기대했던 것 보다 더 나쁜 결과를 얻었다.
(*국회의원 선거 elecciones legislativas)

5. 손에 쥐고 있는 것이 뭐니?

6. 한국인과 일본인을 구분 짓는 특징들 중의 하나는 한국 사람들은 맵고 짠 음식을 좋아한다는 점이다.

7. 그들은 늘 허기가 져서 학교에서 돌아오곤 했었다.

8. 주말마다 아버지는 술에 취해 집에 돌아오곤 하셨다.

9. 어느 것이 그의 집이지? 그의 집은 푸른색으로 칠해진 창문이 있는 집이다.

10. 인체의 정상적인 온도는 37도다.

11. 그 상인은 나의 순진함을 이용하여 내게 바가지를 씌웠다.
(*악용하다 aprovecharse de, 바가지를 씌우다 timar a alguien)

12. 그는 사고 뒤에 며칠 동안 의식불명 상태로 있었다.
(*의식불명의 inconsciente, en coma)

13. 두 자매는 경제적인 문제로 다투고서는 1년 동안 서로 말도 건네지 않고 지내다가 이번 달에 화해를 했다.   (*화해하다 reconciliarse)

14. 나는 다음 주에 시험이 무지하게 많지만 그렇다고 공부하면서 하루를 몽땅 보내고 싶지는 않다.

15. 여러분을 기다리게 만들어서 죄송합니다.

16. 머리가 노란색이어서 처음에 그를 알아보지 못했다.

17. 그들은 마을을 약탈하고 불을 지른 혐의로 고소당했다.

(*약탈하다 saquear, 불을 지르다 incendiar)

18. 검은 연기가 하늘을 뒤덮고 있는 것을 보았을 때 나는 그 집에 불이 났다는 것을 알았다.

19. 보도에 차를 주차한 혐의로 딱지를 떼였다.

20. 이것이 장롱 속에 안 들어간다니 안타깝다. [es una pena]

21. 나는 네가 늦게까지 일하는 것을 개의치 않는다.

22. 한국의 정치인들은 많은 사람들이 궁핍하게 살아가고 있다는 사실에 개의치 않는다. (*궁핍하게 살아가다 vivir en miseria)

23. 공항은 얼마나 멉니까?

24. 어제 그와 전화 통화를 했을 때 그는 감기에 걸려있는 것 같았다.

25. 나는 몇 몇 아이가 공원에서 뛰어 놀고 있는 것을 보았다.

26. 모든 것이 네가 원하는 식으로 해결되기를 기대한다.

27. 그녀는 우리가 그녀에게 해 준 얘기 때문에 무척이나 놀랐다.

28. 로터리를 지나던 버스 한 대가 폭발하는 바람에 타고 있던 수십 명의 승객이 부상을 당했다. (*로터리 glorieta, 수십 명의 승객 decenas de pasajeros)

29. 모스크바 시내의 한 지하 통로에서 폭탄이 폭발하는 바람에 적어도 7명이 사망하고 10여 명이 중상을 입었다.

(*지하 통로 paso subterráneo, 적어도 al menos, por lo menos)

30. 테러리스트들은 장군이 타고 가던 차를 폭파시켰다.

31. 게릴라들은 폭발물을 실은 기차가 지나가던 다리를 폭파시켰다.

(*폭발물을 실은 cargado de explosivos)

32. 호텔 근처에서 폭탄이 터져 그곳을 근처를 지나던 행인 몇 명이 부당을 당했다.

33. 모든 사람이 다 들을 수 있게끔 더 큰 소리로 말해라.

34. 나는 베네주엘라의 수도인 카라카스(Caracas) 출신이다. 그곳의 기후는 매우 쾌적하여 덥지도 춥지도 않다. 베네주엘라는 사계절이 없고 우기와 건기가 있을 뿐이다. (*우기 épocas de lluvia, 건기 épocas de sequía)

35. 그 도둑은 자동차 트렁크에 숨은 채 도주하였다. (*트렁크 maletero)

36. 부모님들은 내가 태어나기 전부터 이 마을에 살고 계셨다.

37. 보건복지부 통계자료에 따르면 한국인 10명 당 4명은 일주일에 한 번 이상 술을 마신다.

(*네 명 중 한 명 uno de cada dos coreanos, 보건복지부 Ministerio de Sanidad y Bienestar)

38. 한국 대학생 2중 중 한 명은 생활비를 벌기 위해 아르바이트를 한다.

39. 한 보고서에 따르면 직장여성 10명 중 1명은 직장 내에서 성희롱을 당해본 경험이 있다고 한다. (*직장 여성 trabajadora, 성희롱 acoso sexual)

40. 한국 사람들은 행복해지기 위해서는 돈보다는 건강이 더 중요하다고 믿고 있다. 어떤 보고서에 따르면 한국 사람 2명 중 1명은 건강을 유지하기 위해 일주일에 적어도 두 번은 운동을 한다고 한다. 하지만 전문가들은 건강 유지에 너무 강박 관념을 가질 필요는 없다고 말한다.

(*…에 강박관념을 가지다 estar obsesionado con)

41. 한국인 세 명중 두 명은 낙태와 사형제도에 반대하고 있다.

42. 지쳐 퇴근하던 도중 그는 우연히 100만원 수표 한 장을 주웠다. 그는 심호흡을 하고서는 마치 아무 일도 없었다는 듯이 집을 향하여 천천히 걷기 시작했다.

43. 난 가장 중요한 것은 모든 사람들과 더불어 행복하고 평화롭게 사는 것이라 생각한다.

44. 그가 가장 좋아하는 것은 개를 데리고 해변을 산책하는 것이다.

45. 최대한 천천히 걸어라!

46. 누구나 재주를 하나씩 타고 태어난다. (*재주 talento)

47. 버스에서 내리다가 문에 옷이 끼는 바람에 넘어졌다.

(*…에 무엇이 끼다 pillarse algo con)

48. 청년은 소녀의 손을 어루만져주었다.

49. 그의 친구가 자살했다는 소식을 듣고 죄책감을 느꼈다.

(*죄책감을 느끼다 sentirsr culpable)

50. 빌 클린턴과 조지 부시는 리차드 닉슨 전 대통령의 장례식에서 서로 인사를 나누었다. 이 장례식에 앨 고어 부통령은 참석하지 않았다.

51. 범죄를 예방하기 위해 경찰이 이 구역을 자주 순찰을 돌아주면 좋을 텐데.

(*순찰하다 patrullar)

52. 후안이 내게 보라고 추천한 영화 JSA는 남북 관계를 다루고 있다.

53. '미션 임파서블'을 보고 싶었지만 극장에 가보니 이미 표가 동이 나서 다른 영화를 보는 수밖에 없었다. 이 영화는 생각했던 것보다는 더 재미있었다.

54. 한국 육상 선수는 마지막 몇 미터에서 미국 선수를 앞질렀다.

(*앞지르다, 추월하다 adelantar)

55. 너무 뛰었더니만 지금 숨이 차다. (*숨이 차다 jadear)

56. 그가 하고 싶어하는 대로 그것을 하도록 내버려두어라.

57. 네가 앓고 있는 독감은 어떠한 약으로도 치유가 안 된다.

58. 여름에 나는 종종 창문과 문을 열어 둔 채 잠을 잔다.

59. 내가 방에 들어갔을 때 그녀는 무릎 사이에 얼굴을 묻은 채 울고 있었다.

60. 그 때 우리가 도망치지 않았더라면 지금 우리는 어떻게 돼 있을까?

61. 전쟁이 끝날 즈음 경제 상황이 정상화되었다. (*정상화 되다 normalizarse)

62. 어제 그의 동료가 산을 오르다가 독사에 물려서 병원에 실려 갔으나 의식불명 상태다. (*의식불명 상태인 estar en coma, 독사 serpiente venenosa)

63. 엄마는 나를 혼내주기 위해 두 달간 외출을 금지시켰다. (*혼내주다 escarmentar)

64. 나는 할머니께서 가르쳐주신 대로 요리를 하겠다.

65. 비록 그들은 자주 다투기는 하지만 서로 사랑한다.

66. 미래에 대비하여 저축을 많이 해라.

67. 추석 전날 밤 우리는 둘러앉아 서로 얘기를 나누었다.

(*둘러앉아 sentados en círculo, 전날 밤 víspera)

68. 내가 아는 외국인들 가운데 많은 사람들이 한국 음식은 너무 맵다고 말한다. 그러나 그렇지 않은 음식들도 얼마든지 있다.

69. 떡국은 한국의 전통 음식 가운데 하나이다. 일반적으로 설날 아침 조상님께 차례를 지낸 후 떡국으로 아침 식사를 한다. (*제사를 지내다 rendir culto a)

70. 후안은 질투가 심한 사람이어서 남이 잘 되는 것을 기뻐하지 않는다.

71. 우리는 속지 않을 것이다.

　　(*속다 dejarse engañar, 누구에게 속다 dejarse engañar por alguien, 무언가에 속다 dejarse engañar

　　por algo)

72. 속지 마라.

73. 후안은 친구에게 속았다.

74. 겉이 반듯한 것에 속아선 안 된다.

75. 그 여배우는 기자들이 사진 촬영을 하도록 내버려두었다.

76. 우리는 아기가 밤새도록 울게 내버려두었다.

77. 지금까지 그의 행동은 매우 모범적이어서 그를 아는 사람은 누구도 그가 살

　　인을 저질렀다는 것을 믿지 못한다.　　　　(*살인을 저지르다 cometer el homicidio)

78. 그녀는 자신감이 넘친다.

79. 네가 가난하게 태어난 것은 네 잘못이 아니야. 그러니 용기를 잃지 마라.

　　　　　　　　　　　　　　　　　　　　　　(*가난하게 태어나다 nacer pobre)

80. 너희들은 결혼한 지 몇 년이니 되었니?

81. 그녀가 흠칫 놀라서 눈을 떴을 때 그는 배낭에 등을 기댄 채 그녀를 쳐다보

　　고 있었다.

82. 남북 정상회담을 통해 긴장이 완화되기를 기대한다.

　　　　　　　　　　　　　　　　　　　(*긴장이 완화되다 aflojarse la tensión)

83. 여름철에는 몇 주 전에 방을 예약해두는 것이 필요하다.

84. 누이는 6개월만에 일본어를 완벽하게 말하는 것을 배웠다.

85. 스페인에서 가장 내 맘에 드는 것은 경치이다.

86. 세계에서 가장 높은 산은 무엇입니까?

87. 올해 가장 많이 팔린 자동차는 무엇입니까?

88. 안데스 산맥에서 시작하여 브라질을 횡단하여 대서양으로 흘러 들어가는

　　아마존 강은 세계에서 가장 길다.　　　　　(*…로 흘러들다 desembocar en)

89. 일본의 수도인 도쿄는 아시아에서 가장 인구가 많은 도시 가운데 하나이다.

　　　　　　　　　　　　　　　　　　　　　　(*인구가 많은 poblado)

90. 도서관에 평소보다 학생들이 많이 눈에 띈다.

91. 나는 직경 2미터 깊이 3미터의 구멍을 파는데 약 3시간이 걸렸다.

(*파다 excavar, cavar, 직경 diámetro, 깊이 profundidad)

92. 이 풀장은 폭 20미터이고 길이가 25미터이다.

(*폭, 너비 de anchura/ancho, 길이 de longitud/largo)

93. 미국은 이스라엘 수상과 팔레스타인 지도자가 최근 며칠 동안의 폭력 사태에 종지부를 찍기 위한 합의에 도달하도록 하는데 성공했다.

(*…에 종지부를 찍다 poner fin a)

94. 바람에 머리가 헝클어졌다.　　　　　　　　　(*헝클어뜨리다 desgreñar)

95. 내가 내일 죽는 한이 있어도 당신의 은혜는 잊지 않겠습니다.

96. 우리는 모두 여행하기를 좋아한다. 시간과 돈만 있으면 외국에 가보고 싶지 않는 사람은 아무도 없을 것이다.

97. 그는 일어날 일을 직감하기라도 한 것처럼 행동했다.　　　(*직감하다 intuir)

98. 교수님은 그 작가와 마치 오래 전부터 아는 것처럼 얘기를 나누고 있었다.

99. 그녀는 자신이 갑자기 위대한 사람이 된 것 같은 기분을 느꼈다.

100. 그는 아무 일도 없었던 것 같은 얼굴을 하고 있었기 때문에 아무도 그의 심중을 알지 못했다.

101. 작년에 나는 오랜만에 고향을 찾았는데 고향이 너무 변해서 깜짝 놀랐다. 나는 낯선 땅에 온 것만 같은 느낌이 들었다.

55 종합응용작문 (4)

1. 내가 너라면 다시는 음주 운전하지 않을 것이다.

   (*음주 운전하다 conducir bebido, conducir bajo la influencia de alcohol, conducir estando bajo los efectos de alcohol, conducir borracho)

2. 태양이 없다면 우리는 생존하지 못할 것이다.

3. 당신의 도움이 없었다면 나는 당장 대답을 못했을 것이다.

4. 당신의 추천이 없었더라면 나는 이 회사에서 일하고 있지 않을 것이다.

5. 내가 그때 포기했더라면 이렇게 훌륭한 성과를 얻지 못했을 것이다.

6. 네가 날 도와주지 않았더라면 난 어떻게 되었을는지 모르겠다.

7. 부모와 자식들 간에 좀 더 많은 대화가 이루어진다면 젊은이들 사이의 자살은 줄어들텐데.

8. 우정이란 인생에 있어 가장 중요한 평화와 사랑과 같은 것이다. 모든 사람들이 우정을 지닌다면 전쟁도 없고 우리의 삶은 더욱 아름다워질 것이다.

9. 책상 위에 어지럽게 쌓여있는 책은 언제 정리할거니?

   (*어지럽게 de manera desordenada)

10. 밤 열한 시가 조금 못되어 누님은 서울의 한 병원에서 둘째 아들을 출산했다.

11. 내가 자동차를 바꾸려하지 않는 것은 돈이 없어서가 아니라 건강을 유지하고 싶기 때문이다.

12. 나는 후안이 한밤중에 마리아의 방에 들어가는 것을 보았다.

13. 날씨가 매우 더웠기에 그녀는 목단추를 풀고 얼굴에 손으로 부채질을 했다.

   (*단추를 끄르다, 풀다 desabrocharse, 손 부채질하다 darse aire a la cara con la mano)

14. 땀을 많이 흘린 뒤 나는 목을 축이기 위해 차가운 물 한 잔을 단 숨에 들이켰다.

   (*목을 축이다 refrescar la garganta)

15. 버스 안에서 노인들에게 자리를 양보하는 하는 것은 매우 아름다운 풍습이다.

   (*양보하다 ceder)

16. 첨단 기술은 많은 사람들에게 혜택을 주고 삶의 질 향상에도 기여하기도 하지만 동시에 환경 파괴의 문제를 유발시키기도 한다.   (*첨단 기술 alta tecnología)

17. 이 재킷은 제게 잘 맞지 않아요. 좀 조이는군요. 한 치수 더 큰 거 없나요?

18. 마리아는 이혼한 상태이며 남편 없이 세 자녀를 키우기 위해 세비야에서 관광가이드로 일하고 있다.   (*관광가이드 guía de turismo, 키우다 criar)

19. 식당에 들어가니 사람들이 조용히 식사하거나 혹은 매우 낮은 소리로 얘기를 나누고 있었다.

20. 보건당국은 전염병이 발생한 지역 주위에 철조망을 치고 통행을 금지시켰다.
   (*보건 당국 autoridades sanitarias, 철조망 alambre de espino, 철조망을 치다 rodear A con el alambre de espino)

21. 작년에 홍수가 났을 때 정부는 예방 대책을 세우겠다고 말했지만 아직 아무런 조치로 취하지 않고 있다.   (*예방책 medida preventiva)

22. 내 저금통장을 훔쳐간 자는 바로 그다.

   (*저금통장 cartilla de ahorros, libreta de ahorrros)

23. 네가 가져온 끈은 짐 꾸러미를 묶기에는 너무 짧다.   (*끈 cuerda)

24. 무릎 꿇고 애원한다 해도 난 너에게 돈을 빌려주지 않을 것이다.

25. 할아버지께서는 그를 볼 때마다 차갑게 대하셨다. 돌아가실 때까지 그가 저지른 일을 절대 용서하지 않으셨다.

26. 차창 밖으로 병을 던지는 것은 금지되어 있다.

27. 어제 내린 비로 땅이 무를지도 모르니 장화를 신고 가라.

   (*…일지도 모르니 por si, 장화 bota)

28. 혹시 네가 나를 필요로 할지 모르니 난 너와 함께 남겠다.

29. 그녀는 혹시 누군가가 그녀를 찾을까봐 사무실에서 나가기 전에 쪽지를 남겼다.   (*누구를 찾다 preguntar por)

30. 대통령이 화를 내자 모든 장관들은 어찌할 바를 몰라 조용히 입 다물고 말았다.   (*어찌할 바를 모르다 sin saber qué hacer)

31. 이 시장에서는 우리가 필요로 하는 것을 싸게 살 수 있다.

32. 보통 담배를 끊는 사람들은 살이 찐다.

33. 가장 맛있는 음식들이 가장 살찌는 음식들이다.

34. 나는 그녀를 보는 순간 다리가 부들부들 떨렸다.

35. 나는 자전거에서 내려서 끌고 갔다.   (*…을 끌고 가다 ir arrastrando algo)

36. 남녀간의 사회적, 경제적 평등에 도달하기 위해서는 아직 가야 할 길이 많이 남아 있다.

37. 스페인에서는 여성 인구의 31%인 5백만 명 이상의 여성들이 가사일에만 전념하고 있다.   (*가사일 tarea del hogar, tarea doméstica)

38. 빠에야는 해물, 닭고기, 쌀로 만든 스페인의 요리이다.

39. 나는 지금 그에게 매우 화가 나있으니 내게 그에 대해서 얘기하지 마라.

40. 이 케익은 레몬맛이 난다.   (*…맛이 나다 sabe a)

41. 나는 무릎에 심한 타박상을 입었다.

          (*…를 부딪쳐 다치다, 타박상을 입다 darse un golpe en …)

42. 내가 타고 가던 차가 다른 차와 충돌하여 나는 머리를 부딪쳐서 정신을 잃고 말았다.   (*정신을 잃다, 의식을 잃다 perder el conocimiento)

43. 나는 절대 좌절감을 느끼지 않는다.   (*좌절감을 느끼다 sentirse frustrado)

44. 그는 그 소식을 듣고 만족해 했다.

          (*만족하다, 흡족해 하다, 만족감을 느끼다 sentirse satisfecho)

45. 돈 많이 받으면서 직장을 쉽게 잃는 것보다는 돈 적게 받고 직장이 안정된 것이 좋다.   (*직장이 안정되다 estar seguro en el trabajo)

46. 그는 쓰러져 있는 나를 보고 하얗게 질려서 내 쪽으로 달려왔다.

          (*하얗게 질려서 blanco como el papel)

47. 후안이 떠나려 했을 때 뻬드로가 뒤에서 뛰어 달려와서 있는 힘을 다해서 그의 얼굴을 때렸고 그는 코피를 쏟았다.

          (*뒤에서 달려오다 venir corriendo por detrás, 코피를 흘리다 echar sangre por la nariz)

48. 미겔 세르반테스는 1616년 4월 23일에 사망하였는데 이 날은 윌리엄 셰익스피어가 사망한 날이기도 하다.

49. 이 책을 완성하는데 7년이 걸렸다.

50. 바르셀로나에서 마드리드까지 얼마나 걸립니까?

51. 밖에서 나는 소리를 듣고는 그는 서둘러 문을 열었다.

(*서둘러 …하다 apresurarse a inf.)

52. 신랑 신부가 신혼여행에서 돌아온 지 얼마 후 그의 할머니께서 병이 나셨다.

(*신혼여행 viaje de luna de miel)

53. 이 남자들 중 네가 보기에 누가 가장 미남이니?

54. 까딸루냐는 스페인에서 가장 산업화된 지역이다.

55. 20년 전 후안은 자신의 아버지로부터 이 회사의 사장직을 물려받았다.

(*누구로부터 무엇을 물려받다 heredar de alguien algo)

56. 전 세계가 9월 11일 테러를 강하게 비난했다.

(*강하게 enérgicamente, 비난하다, 규탄하다 condenar)

57. 70년, 80년대에는 수많은 반체제 인사들이 독재 정권으로부터 박해를 받았다.   (*반체제 인사 disidente 박해받다 ser perseguido, 독재 정권 régimen dictatorial)

58. 한반도에서의 평화 유지와 안정이 가장 중요하다.

59. 통일을 앞당기기 위해 우리는 노력을 많이 해야 한다.   (*앞당기다 adelantar)

60. 소풍갈 차비를 해라.

61. 그 강도는 경찰에 자수하기 전에 애인에게 전화를 걸었다.(*자수하다 entregarse)

62. 깃발이 바람에 나부낀다.   (*나부끼다 ondear)

63. 그들은 누가 더 빨리 밥을 먹는지 내기를 하였다.

(*내기하다 apostar, hacer una apuesta a ver quién …)

64. 누가 목표점에 먼저 도달하는지 식사 내기를 하였다.

(*식사내기를 하다 apostar una comida)

65. 환절기에 감기에 걸리기 쉽다. 따라서 외출 후에는 깨끗이 씻는 것이 필요하다.   (*환절기 en los cambios de las estaciones)

66. 그녀의 눈물이 내 마음을 약하게 한다.   (*마음을 약하게 하다 ablandar a alguien)

67. 그는 머리숱이 많다. 그러나 그의 동생은 머리숱이 거의 없다.

68. 여자들은 좀 더 예쁘게 보이고 싶어하고 남자들은 좀 더 터프해 보이고 싶어한다.   (*터프한 varonil)

69. 어제 잠을 못 잤더니 눈이 충혈 되었다.   (*충혈 되다 irritarse los ojos)

70. 딸은 나를 보자 눈시울을 적셨다.　　　(*눈시울을 적시다 humedecerse los ojos)

71. 후안은 일을 마치기가 무섭게 집으로 돌아가는데 그의 동료들은 그가 아내에게 꽉 잡혀 산다고 생각한다.　　(*아내에게 잡혀 산다 su mujer le tiene en un puño)

72. 그가 살아있다는 소식을 듣고 나는 안도의 한숨을 내쉬었다.

(*안도의 한숨을 내쉬다 respirar con alivio)

73. 너무 늦기 전에 대기 및 수질 오염 문제 해결을 위한 대책을 세울 필요가 있다.

74. 나는 급한 핑계를 대고서는 그곳을 떠났다.

(*급한 핑계를 대다 inventar una excusa urgente)

75. 나를 업어 줘!

76. 아이를 나에게 업혀 줘!

77. 엄마는 나를 업어주었다.

78. 항상 아이를 업고 다닌다.

79. 예감이 좋다./예감이 좋지 않다.

80. 최대한 멀리 도달하고 싶다.

81. 심판들도 선수들과 마찬가지로 실수를 저지른다.　　(*…과 마찬가지로 al igual que)

82. 경찰관은 주저하지 않고 내게 딱지를 떼었다.　　　(*주저하다 vacilar)

83. 그녀에게 똑바로 처신하라고 감히 말할 사람은 아무도 없다.

84. 헌법은 대한민국 모든 국민들에게 교육을 받을 권리를 인정하고 있다.

(*헌법 Constitución)

85. 아무리 어려워도 그것을 해야만 한다.

86. 샤워 중에 전화벨이 울려서 나갔더니 잘못 걸려온 전화였다.

(*잘못 걸려온 전화 llamada equivocada)

87. 숙제를 하기 위해 도서관에 갔지만 참고할 만한 책을 하나도 찾지 못했다.

(*참고하다 consultar)

88. 나는 이 차를 그에게서 빌렸다.　　　(*빌리다 pedir pedir {prestado/a} algo)

89. 나는 이 넥타이를 그에게서 빌렸다.

90. 그는 내게서 옷을 빌렸다.

91. 나는 그녀에게서 목걸이를 빌렸다.

92. 차는 그의 것이 아니라 빌린 것이다.

93. 그는 항상 옷을 빌려 입고 다닌다.

94. 몸조심해라. 왜냐하면 기침 감기가 악화되면 기관지염이나 폐렴으로 악화
될 수 있기 때문이다. (*…로 악화되다 degenerar en…, 기관지염 bronquitis, 폐렴 pulmonía)

95. 내 동생은 이제 겨우 한 살이다. 그래서 아직 걸을 줄을 몰라 기어다닌다.

(*기어다니다 andar a gatas, gatear)

96. 일부 과학자들은 달에 생명체가 있을 수 있다고 말한다.

97. 쓰레기 수거는 악취와 있을지 모르는 감염을 막는 좋은 방법이다.

(*악취 malos olores)

98. 그들 사이에 오해가 생겨서 그들의 애정이 식어버렸다.   (*오해 malentendido)

99. 어떤 파티에 초대받아 갈 때 너는 주로 무엇을 입니?   (*초대받아 가다 ir invitado)

100. 그는 아주 좋은 성적으로 시험을 통과했다.

56 종합응용작문 (5)

1. 그는 장인 장모님께서 빌려주신 돈으로 회사를 차렸지만 몇 달만에 경험 부족으로 인해 파산하였다.

    (*회사를 차리다 montar una empresa, 경험부족 f. falta de experiencias, 파산하다 quebrar, arruinarse)

2. 마리아는 열쇠를 그만 분실하고 말았다고 말했다. 내가 열쇠를 찾는 데는 시간이 오래 걸리지 않았다. 왜냐하면 열쇠는 그녀가 잃어버렸다고 말한 바로 그 장소에 떨어져 있었기 때문이었다.

3. 그는 돈을 많이 벌지만 자동차를 바꾸지 않는다.

4. 그가 당을 바꾸는 바람에 사람들은 그를 많이 비난했다.

5. 그의 목소리를 듣자마자 나는 그를 알아보았다

6. 우리는 신랑 신부가 행복하기를 바랍니다.

7. 나는 그녀가 그것을 오해하지 말기를 기대한다.　　　(*오해하다 tomarlo a mal)

8. 내가 너에게 빌려 주었던 돈을 돌려줘!

9. 그는 내게 선물해 주었던 것을 돌려달라고 요구했다.

10. 비록 그가 우리에게 돈을 빌려달라고 애원한다 해도 우리는 빌려주지 않을 것이다.

11. 혹 그녀가 올지도 모르니 모든 것을 준비해 두거라.

12. 그들이 아직 도착하지 않았다는게 이상하다. 길을 잃어버렸을거야.

13. 내가 호세에게 같이 수영할 것을 제의하자 그는 수영할 줄 모른다고 말했다.

14. 네가 아무리 일을 한다 해도 백만장자는 되지 못할 것이다.

15. 나는 체스를 할 줄 아는 친구가 없다.

16. (내가) 집으로 돌아왔을 때 나는 무슨 일이 벌어졌었는지 알게 되었다.

17. 나에게 동의하는 사람은 손을 들기 바랍니다.

18. 제일 먼저 일어나는 사람이 다른 사람들을 깨워주기 바랍니다.

19. 내일 친구들이 나를 만나러 올 가능성이 있다.

20. 어머니는 아버지께서 식사를 하시는 동안 신문을 읽으시는 것이 마음에 들지 않는다.

21. 도와주는 사람 하나 없이 나는 그 일을 끝마쳤다.[sin que를 이용하여 작문할 것]

22. 당신이 내게 그런 말을 한다는 것은 모순이다.　　　　　(*모순이다 ser absurdo)

23. 스페인 사람들은 많은 작가들이 로뻬 데 베가의 희곡 작품에서 영감을 얻는다는 사실에 자부심을 느낀다.　　　　　(*영감을 얻다 inspirarse en)

24. 나는 내 딸이 연극에서 별로 중요하지 않은 역할을 하는 것에 개의치 않는다. 오직 딸에게 기대하는 바는 최선을 다해 달라는 것이다.

　　　　　(*중요하지 않은 역할 papel de poca importancia)

25. 대통령은 국민들이 안전하다고 느끼도록 여러 가지 안전 조치를 강구하라고 경찰에 지시했다.　　　　　(*안전하다고 느끼다 sentirse seguro)

26. 네가 어디에 있든지 간에 우리가 너와 접촉할 수 있도록 핸드폰을 하나 사도록 해라.　　　　　(*…와 접촉하다 ponerse en contacto)

27. 네가 어디에 있더라도 네가 한국인임을 잊지 마라.

28. 누가 오더라도 절대 문을 열어주지 마라.　　　(*누가 오더라도 venga quien venga)

29. 어느 누구도 내가 내 의견을 표명하는 것을 막지 못할 것이다.

30. 이제는 너희들이 일을 해야 하는 시간이다.

31. 벌써 내가 떠나야할 시간이다.

32. 우리가 잠자리에 들어야할 시간이다.　　　　　(* ~할 시간 ser hora de que)

33. 우리가 당신을 들여 보내주기를 바란다면 먼저 신분을 밝히시기 바랍니다.

　　　　　(*신분을 밝히다 identificarse)

34. 부자들이 가난한 사람들을 돕기란 쉽지 않다.

35. 기차가 연착하는 것은 이 나라에서는 흔한 일이다.

36. 한국인들이 스페인어를 몇 달만에 마스터하는 것은 불가능하다.

37. 끔찍한 사고였지만 중요한 것은 너희들이 살아있다는 것이다.

38. 나는 그가 교통 신호를 준수하지 않았다고 보지 않는다.

(*교통신호 señal de tráfico)

39. 그가 재판에서 거짓말을 할 가능성이 있다.

40. 그가 재판에서 거짓말을 했을 가능성이 있다.

41. 그가 나와의 약속을 잊어버렸다니 매우 이상하다.

42. 나는 네 나이에 네가 정치에 대해 얘기하는 것이 싫다. 지금 네가 해야 할 유일한 일은 공부하는 것이다.

43. 스페인 사람은 아침은 가볍게 먹고 점심은 거하게 먹는다.

44. 네가 보기에 가장 적절하다고 생각되는 것을 해라.

45. 네가 나랑 같은 학교에서 공부하면 좋으련만.

46. 항상 돈 걱정만 하는 사람에게 명랑한 성격을 기대하기란 어려운 법이다.

47. 몇 몇 여당 의원들이 기업가들로부터 뇌물을 받는 장면이 담긴 비디오가 인터넷을 통해 유포되자 시민단체들은 사건의 진상을 철저히 규명할 것을 검찰에 촉구하였다.　　(*여당 partido gobernante, 유포시키다 difundir, 철저히 a fondo)

48. 내가 유일하게 참을 수 없는 것은 사람들이 나를 비웃는 것이다.

49. 내가 유일하게 참을 수 없는 것은 네가 내 부모를 험담하는 것이다.

50. 경찰은 내게 신분증을 보여줄 것을 요구했다.

51. 어젯밤에 후안은 커피 한 잔을 서재로 가져와 달라고 말했다. 잠시 후에 그에게 커피를 가져갔더니 책상 위에 두고 나가라고 했다. 30분 후에 다시 들어갔더니 그는 이미 잠들어 있었고 커피는 식어있었다.

52. 최근의 실험에서 우리가 바라던 결과가 나오지 않아 유감이다.

(*실험 experimento)

53. 환경오염에 관한 보고서를 제출하라고 말하기 위해 나는 그녀에게 전화했다.

54. 아무도 날 귀찮게 하지 못하도록 난 서재에 틀어 박혔다.

55. 라디오에서 사고 소식을 들을 때마다 나도 모르게 심장이 멎는다. 난 네가 집을 나설 때마다 네게 아무 일도 일어나지 않도록 기도한다.

56. 우리가 너를 볼 수 있도록 돌아 봐라.　　(*돌아서다 darse la vuelta)

57. 그가 부자라는 사실이 그가 행복하다는 것을 반드시 의미하는 것은 아니다.

58. 스페인어를 할 줄 아는 것은 현대 생활에 있어 매우 중요한 것이지만 잘 하기 위해서는 많은 노력이 필요하다.

59. 손님들이 도착하시기 전에 고기가 해동되도록 냉장고에서 꺼내라.

(*해동시키다 descongelar)

60. 마취 효과가 끝날 때까지는 그는 통증을 전혀 느끼지 않을 것이다.

(*마취 효과 los efectos de la anestesia)

61. 후안은 작년에 은행에서 근무하는 어떤 참한 여자를 알게 되었는데 곧 두 사람은 매우 친한 사이가 되었다. 어느 날 그는 그녀에게 자기와 결혼해 달라고 요청했다.　　　　(*참한, 단정한 decente, 친하게 되다 hacerse amigos)

62. 테러로 인한 희생자가 많아서 매우 유감이다. 다시는 이런 비극이 재발되지 바란다.

63. 한국 외무장관과의 회담 후 가진 기자회견에서 미 국무장관은 남북이 조건 없이 대화를 재개할 것을 촉구하였다.　　(*미 국무장관 secretario de Estado de EEUU)

64. 그녀는 더 예쁘게 보이기 위해 손톱을 붉게 칠하고 머리를 노랗게 물들였다.

65. 사장님이 꼬투리 잡지 않도록 일을 최대한 잘 해라.

(*꼬투리 잡다 aprovecharse de tus defectos, encontrar tu punto débil, cogerte en tu lado flaco)

66. 나는 이발사에게 머리를 자른 뒤 턱수염과 구레나룻을 면도해 달라고 말했다.

(*구레나룻 patilla)

67. 나는 한국 축구 대표팀이 2002년 월드컵에서 4강에 진출한 것이 너무 자랑스럽다.　　　　　　　　　　　　　　　　(*4강, 준결승 semifinal)

68. 내가 좋아하는 팀이 우승을 해서 매우 기쁘다.　(*우승하다 conseguir el campeonato)

69. 우리 팀이 3년 연속 우승하는 것은 쉽지 않다. (*3년 연속 por tercer año consecutivo)

70. 나는 네가 집에 늦게 돌아오는 것이 싫다.

71. 나는 네가 차를 그렇게 급히 모는 것이 마음에 들지 않는다.

72. 교수님은 학생들이 수업에 빠지거나 지각하는 것을 싫어하셨다.

73. 여러분들 모두가 스페인을 알 수 있는 기회를 가졌으면 좋겠어요

74. 그렇게 근면한 그 사람이 사업에 실패했다는 것이 믿어지지 않는다.

75. 그녀는 사장에게 월급을 선불해 달라고 부탁했다.

(*월급을 선불하다 pagar por adelantado el sueldo)

76. 스페인 사람들이 낮잠을 자는 이유는 그들이 게을러서가 아니라 낮에는 더 위 때문에 일을 할 수 없기 때문이다.

77. 마리아는 뻬드로에게 자기에게 뭔가를 얘기를 해 달라고 요구했고 뻬드로 는 그녀에게 (그가) (그녀에게) 무슨 얘기를 해주기를 바라는지 물었다.

78. 그는 매우 수줍음을 타는 사람이어서 너에게 한 마디도 하지 않았다는 것은 내가 보기에 하나도 이상하지 않다.

79. 그는 이곳 출신이 아니다. 내 기억이 틀리지 않다면 그는 남쪽 지방 출신이다.

80. 콘서트는 한 밤중에 할 것이다.

81. 내일이면 시험 결과가 알려질 것이다.

82. 후안은 너무 많이 먹어서 병이 났다.

83. 그는 계단으로 올라가고 나는 엘리베이터로 올라갔다.

84. 비행기로 여행하는 것은 기차로 여행하는 것보다는 더 빠르지만 재미는 덜 하다.

85. 나는 혼자 보다는 친구들과 여행하는 것을 더 좋아한다.

86. 언젠가 우리는 죽는다는 것을 잘 알고 있으면서도 아무도 죽음을 받아들일 준비가 되어 있지 않다.

87. 내가 방에 들어갔을 때 아이가 코피를 흘리고 있었다.

(*코피를 흘리다 sangrar por la nariz)

88. 나는 자식의 미래를 위해 희생할 용의가 있다.   (*희생하다 sacrificarse)

89. 그녀는 1년째 병원에 입원 중이다.

90. 스페인에서는 사람들이 내가 생각했던 것보다 더 일찍 일어난다.

91. 나는 공장에서 이 셔츠를 원가에 구입하였다.   (*원가에 a precio de coste)

92. 한국에서는 5년마다 대통령을 뽑는다.[SE 비인칭 구문]

(*5년마다 cada cinco años)

93. 스페인 국왕은 민주주의에 대한 헌신으로 인해 사람들로부터 존경을 받는 다.[SE 비인칭 구문]   (*…에 대한 헌신으로 인해 por su dedicación a la democracia)

94. 매일 아침 딸아이는 나에게 머리를 빗어 달라고 요구한다.

95. 계속 무릎 꿇고 있어라!

96. 그녀는 한 시간째 아버지 서재에서 무릎을 꿇고 있다.

97. 가장 나를 짜증나게 하는 것은 매표소 앞에서 줄을 서야만 하는 것이다.

(*매표소 taquilla, 줄서다 hacer cola)

98. 과속은 법에 의해 처벌되어지는 행위이다.　　　　　(*과속 exceso de velocidad)

99. 나는 우리 형제 중에서 가장 맏이며 5년 전 돌아가신 아버지를 가장 많이 기억하는 사람이다.

100. 네가 술을 마시지 않겠다고 약속하지 않으면 파티에 가는 것을 허락하지 않겠다.

101. 밤 12시 이전에 돌아온다고 약속하면 파티에 가는 것을 허락하겠다.

BIBLIOGRAFÍA

민영빈 외(1996) *English Writing*, 시사영어사.

장승재(1999)『반석기초 영작문』, 반석출판사.

Alarcos Llora, A.(1994) *Gramática de la lengua española*, Espasa Calpe

Alcina, J. & J. Blecua(1982) *Gramática española*, Ariel.

Anderson, G. & V. Bustamante(1992) *Spanish Subjunctive in Context*, Lanham.

Ayllón, C. et al.(1992) *Spanish Composition through Literature*, Prentice Hall.

Borrego, J. et al.(1995) *El subjuntivo*, SGEL.

Bosque, I. & V. Demonte(1999) *Gramática descriptiva de la lengua española*, Espasa.

Busquet, L. & L. Bonzi(1995) *Curso de Conversación y Redacción*, SGEL.

Busquet, L. & L. Bonzi(1998) *Curso intensivo de español para extranjeros*, Verbum.

Butt, J. & Benjamin C.(1988) *Modern Spanish*, Edward Arnold.

Canales, A. et al.(2001) *Sueña* 4, Anaya.

Caycedo, L. et al.(2000) *Calro que sí*, Houghton Mifflin Company.

Fernández. E.(1990) *Uso de las preposiciones*, SGEL.

Fernández. M.(1994) *Diccionario de refranes*, Alderabán.

García, J.F.(1988) *Español*, Universidad de Salamanca.

González, A. & M. Sánchez(1998) *Curso práctico,* I, II, Edelsa.

Jarvis, A. & L. Lebredo(2000) *Spanish for Business and Finance*, Houghton Mifflin Company.

Kupferschmid, G. & S. Polansky(2001) *¡Eso es!*, Houghton Mifflin Company.

Lagunilla, M. & A. Anula(1996) *Sintaxis y cognición*, Síntesis.

López, L. & N. Baulenas(1999) *¿A que no sabes?*, Edelsa.

Millares, S. & A. Centellas(1995) *Método de Español para Extranjeros*, Edinumen.

Moreno, B. & M. Pastor(1996) *Suma y Sigue*, Fundación Antonio de Nebrija.

Moore, J.(1996) *Reduced Constructions in Spanish*, Carland Publishing.

Nance, K. & Rivera, I.(1996) *Aprendizaje - Técnicas de composición*, D.C. Heath and Company.

Gutiérrez, S.(1994) *Estructuras comparativas*, Arco.

Prado, M.(1997) *Advanced Spanish Grammar*, John Wiley & Sons, Inc.

RAE(1973) *Esbozo de una nueva gramática de la lengua española*.

Sánchez, A. et al.(1997) *Antena 1,2,3*, SGEL.

Táboas, S.(1996) "Spanish Infinitival relatives", *Probus 7*.

Terrell, T. et al.(1997) *Dos mundos*, Mc Graw Hill.

Whitley, M.(1986) *Spanish/English Contrasts*, Georgetown Univ. Press.

Whitley, M. & L. González(2000) *Gramática para la composición*, Georgetown Univ. Press.

정 답

52. 종합응용작문 (1)

1. － Para aprender no hay edad.

   － Para aprender la edad no importa.

2. Donde hay voluntad, hay camino.

3. Donde hay mucha gente, hay también mucho ruido.

4. － Creo que nada es más {alegre/divertido} que descubrir el placer de la lectura.

   － Creo que no hay nada más {alegre/divertido} que descubrir el placer de la lectura.

5. － El comienzo es importante pero el final es más importante.

   － Si empezar bien un trabajo es importante, terminarlo es mucho más importante.

6. La felicidad pasa en un abrir y cerrar de ojos.

7. La vida no es tan fácil como parece.

8. La felicidad empieza por algo pequeño.

9. Uno es verdaderamente feliz sólo cuando está en forma.

10. La altura del puente era considerable y {ella tuvo mucho vértigo con sólo mirar abajo/el vértigo la asaltaba con sólo mirar abajo}.

11. Todos los caminos conducen a Roma. Sin embargo, es evidente que algunos son más cortos, más seguros y más rápidos que otros.

12. Quiero ir a comer fuera pero no tengo tiempo.

13. Juan no es calvo pero tiene poco pelo.

14. La distancia entre Madrid y Barcelona es, aproximadamente, de 600 kilómetros.

15. La universidad donde estudio está a unos 4 km de la ciudad.

16. Salamanca está a unos 200 km de Madrid.

17. Estoy dispuesto a corrrer ese riesgo para salvar la empresa que está a punto de quebrar.

18. Ella gasta más en una semana de lo que gano todo el mes.

19. Saca buenas notas porque se pasa el día {estudiando/empollando} en la biblioteca.

20. ‒ Les felicitamos por el compromiso.

     ‒ Felicitamos su compromiso

21. Se saludaron y se felicitaron por las buenas notas.

22. Me fui de casa cuando tenía 17 años.

23. La próxima semana voy a cambiar de colegio y estoy precoupado porque me cuesta hacer amigos nuevos.

24. Ella se siente discriminada en el trabajo por ser mujer.

25. No hay que discriminarla por ser mujer. Como trabaja las mismas horas que otros compañeros, tiene derecho a pedir que le suban el sueldo.

26. La policía le detuvo por conducir {bebido/borracho} y le retiró el carné de conducir.

27. Tras ponerme una multa, el policía me aconsejó que respetara las normas de circulación.

28. Me resbalé en el suelo pero afortunamdamente no me hice daño.

29. En el primer curso se decepcionó y dejó la carrera.

30. Yo iba a esquiar con mis amigos este fin de semana, pero no pude porque se me rompieron los esquíes.

31. Ninguno de nosotros sabe montar a caballo.

32. El agua consta de hidrógeno y oxígeno.

33. Estos zapatos me aprietan demasiado. ¿No tienen una talla más grande?

34. He engordado y los pantalones me aprietan.

35. Me robaron la cartera con diez mil pesetas y el carné de identidad en el metro.

36. Juan es un chico que tiene un futuro muy prometedor.

37. − María me deja buena impresión y me cae bien.

　　− María tiene buena impresión y me siento bien con ella.

38. ¿Qué piensas de Corea?/¿Qué le parece Corea?

39. − ¿Cuál es la fecha de vencimiento de su tarjeta de crédito?

　　− ¿Hasta cuándo es válida su tarjeta de crédito?

40. ¿Qué porcentaje de tu sueldo pagas en impuestos?

41. Tira la leche porque ya ha caducado.

42. El incendio puede ocurrir en cualquier momento y en cualquier sitio.

43. El Mercedes es muy caro, pero vale la pena porque dura mucho.

44. En esa tienda no aceptaron la tarjeta de crédito y no tuve más remedio que pagar {en efectivo/al contado}.

45. Los avances de la informática en los últimos años son espectaculares.

46. ¿Crees que la alta tecnología nos permitirá lograr un nivel de vida mejor que el de hace un siglo?

47. Cuando me la presentaron, me puse muy nervioso.

48. Mi hija es muy tímida y no se atreve a hablar con las personas {que no conoce/ desconocidas}.

49. Todas las mañanas mi mujer y yo vamos juntos al trabajo.

50. Nadie sabe por qué Pablo Neruda cambió de idea.

51. Salí de puntillas de la habitación para no hacer ruido.

52. Los vecinos hacen mucho ruido y no puedo dormir. Tendré que decirles que se callen.

53. El niño fue regañado por su madre por garabatear en las paredes.

54. Ellos se creen superiores a nosotros.

55. No me gusta que Pedro hable con la boca llena.

56. Mi hermano acaba de ir a la papelería con una moneda en la mano.

57. Cuando llegué a casa, mi abuelo leía el periódico con un cigarrillo en la boca.

58. Esta mañana, ha aparecido con una pierna {escayolada/enyesada}.

59. María se sometió a una cirugía plástica para verse más guapa y casarse con un chico guapo.

60. Como estaba profundamente dormido, no oí el timbre.

61. Cuando se miró en el espejo, se dio cuenta de que había adelgazado mucho.

62. Me resbalé y me caí por las escaleras.

63. Esta blusa hace juego con la falda que te compré ayer.

64. En esa tienda encontré una blusa muy preciosa que hace juego con mi falda gris.

65. ¿De quién crees que es esta bufanda?

66. ¿De quién crees que son estas gafas?

67. ¿Qué oficio crees que tiene esta persona?

68. ¿De dónde crees que son ellos?

69. ¿Qué tiempo crees que va a hacer mañana?

70. ¿Para qué crees que te pago dinero?

71. ¿Dónde crees que está escondida tu hija?

72. ¿Con quién quieres que se case tu hija?

73. ¿Cuánto tiempo crees que tardará el tren en llegar allí?

74. ¿Cuánto tiempo crees que tardará en terminar el trabajo?

75. ¿Quién crees que será el sucesor del presidente Kim Dae Jung.

76. El tiempo influye mucho en el estado de ánimo.

77. El cielo está poniéndose más nublado.

78. Todavía no he pagado el seguro del coche.

79. Si no hubiera dormitado al conducir, no habría tenido el accidente. {Estoy arrepentido de/Me arrepiento mucho de} no haber sido prudente.

80. En el mismo momento en que la conocí me enamoré de ella.

81. La bañera se ha desbordado porque dejé el grifo abierto toda la noche.

82. Cree que no tuvo éxito en los negocios, no porque no tuviera capacidad, sino porque no tenía enchufe.

83. ─ Según la encuesta, la mayoría de la población se opone a la pena de muerte.

 ─ Según la encuesta, la mayoría de la población está en contra de la pena de muerte.

84. Pensé que {ibas a enfrentarte/te enfrentarías} con enormes dificultades.

85. Haré cualquier cosa por ti.

86. La habitación de los niños {tiene/mide} 3 metros de ancho.

87. Este libro consta de 15 capítulos.

88. El agua hierve a 100 centígrados.

89. Cuando se quedó solo, el bebé empezó a llorar.

90. Vivió escondido durante diez años.

91. En Barcleona no me siento extranjero.

92. Toda la audiencia se quedó muy emocionada con su conferencia.

93. Es muy temprano para que vayamos a la fiesta.

94. Ya es hora de que te acuestes.

95. Ya es hora de que te vayas.

96. En la estantería sólo caben 20 libros y pienso pedir una más.

97. La temperatura de aquí a veces baja hasta 20 grados bajo cero.

98. Se extendió pronto el rumor de que él {iba a presentarse/se presentaría} para las elecciones generales.

99. Si fracasan otros medios, no tendremos más remedio que recurrir a la fuerza.

100. El petróleo es indispensable para la industria contemporánea.

53. 종합응용작문 (2)

1. La luz es mucho más rápida que el sonido y gira 30 veces alrededor de la Tierra en un segundo.

2. El país más poblado de Europa es Alemania y el más grande es Francia.

3. Su sermón duró una hora.

4. No confío en él pero finjo creer lo que dice.

5. Aún guardo en la memoria el incidente que ocurrió en la infancia.

6. Al encender el ordenador, el virus informático destruyó toda la información del disco duro.

7. Anoche tuve una terrible pesadilla, y cuando me desperté, me encontré lleno de sudor.

8. ― Los repetidos fracasos lo llevaron a desesperarse.
   ― Se desesperó a causa de los repetidos fracasos.

9. El arte más difícil es llevar una vida libre.

10. (El) no ayudar a los pobres es un crimen.

11. (El) morir por la patria es hermoso.

12. Es muy agradable charlar con alguien de mi generación.

13. (El) estar con amigos es divertido.

14. (El) estar de pie todo el día es muy cansado.

15. (El) tirar la basura y escupir dondequiera son un comportamiento mal educado.

16. ― Es muy peligroso cruzar la calle {cuando el semáforo está rojo/con el semáforo rojo}.

17. Ella miró a un lado y a otro para ver si venían coches antes cruzar la calle/la carretera.

18. Se necesita animarlo para que cumpla la misión.

19. Invirtió {todo el dinero que/cuanto dinero} tenía en la bolsa y se abandonó a la suerte.

20. Me enseñó con simpatía cómo conducir el coche.

21. Deseamos que los sindicatos y los patrones hagan todo lo posible {para/por} superar la crisis económica.

22. Me advirtió que no llegara tarde.

23. El profesor le aconsejó que se portara bien pero él no le hizo caso.

24. Me pareció que su actitud era tan arrogante y le aconsejé que se portara bien.

25. Cuando oí a alguien subir por las escaleras, la piel se me puso de gallina.

26. Por fin lo encontramos dormitando, sentado debajo de un árbol.

27. Todos los años por estas fechas el cantante da un concierto con fines benéficos.

28. Todos los años vamos de excursión a la montaña.

29. Al verla, sentí el corazón palpitar.

30. De todos los animales el perro es el mejor amigo del hombre.

31. En esta ciudad no hay ningún hostal donde los extranjeros se alojen.

32. Anuque se constipó, fue al trabajo.

33. El español es (un idioma) fácil de aprender.

    Es fácil aprender el español.

34. Esta canción es popular y hasta los niños la conocen.

35. Al terminar de escribir la carta, ella la dobló y la metió en el sobre.

36. Quiero que vayamos juntos de viaje, porque el viaje es {una buena ocasión para/una buena oportunidad de} conocernos mejor.

37. No {derroches/malgastes} agua innecesariamente.

38. Ella ha conseguido adelgazar cinco kilos en un mes.

39. El maltiempo fastidió la excursión.

40. Somos cuatro de familia.

41. Los alumnos eligieron representante del departamento a Javier.

42. uan ha sido elegido presidente del Congreso de los diputados sin ningún voto en contra.

43. El rector nombró al profesor Mah director del departamento.

44. Ella, que vivió en Canadá cinco años, está acostumbrada al frío.

45. La mejor manera de evitar el atasco y llegar a la hora citada es utilizar el transporte público.

46. Las cosas van por muy mal camino.

47. ¿Sabes conducir? No, no sé conducir. ¿Quieres enseñarme a conducir?

48. Los cócteles molotov que lanzaron los manifestantes no produjeron daños personales pero causaron daños materiales.

49. El béisbol, deporte de origen norteamericano, es el que más {se juega/se practica} en Corea

50. Los huevos podridos huelen muy mal.

51. Mi hermana está embarazada de siete meses y deseo que nazca un bebé sano.

52. La mujer se cayó por la escalera y abortó.

53. Ese joven le robó el bolso en pleno día.

54. El origen de la humanidad se remonta a eras lejanas.

55. El vestido de la novia es tan largo que se arrastra por el suelo.

56. Los precios {suben/ascienden} día tras día.

57. Venecia está hundiéndose poco a poco.

58. Juan no mide más que un metro y sesenta.

59. A Juan le interesa más el trabajo que la familia.

60. − ¿Cuál es el mes más corto del año?

   − ¿Qué mes es el más corto del año?

61. Dime cuál es tu plan.

62. ¿Sabes cuál es la dirección de Juan?

63. Reservamos los puestos del avión con cinco meses de antelación.

64. Si quieres pasar las vacaciones de verano en el hotel, debes reservar una habitación con mucho tiempo de antelación.

65. Si has perdido tu paraguas, puedo prestarte el mío.

66. Vi el mar por primera vez a los doce años.

67. Al padre le gusta hacer las cosas con tiempo y sin prisa.

68. Relampagueó y después de unos segundos se oyó el trueno.

69. Como hace frío, ponte algo encima.

70. Me gustaría hacer una suscripción a una revista española.

71. Al verlo, me sorprendí mucho, porque pensaba que no había nadie en la habitación.

72. La mortalidad infantil se ha reducido mucho últimamente.

73. A causa de la contaminación, la capa de ozono sobre el Ártico se ha reducido a la mitad.

74. Envidio su capacidad de hacer dos o tres cosas a la vez.

75. Cuando abrió las ventanas de par en par, la habitación se llenó inmediatamente de aromas de flores.

76. El ingreso de Corea del Norte en la ONU es inminente.

77. La selección de Corea y la de Japón han empatado 2 a 2.

78. Mi equipo venció al suyo por 5 a 0.

79. No hay mayor victoria que vencerse a sí mismo.

80. Ha legado todos sus bienes a una institución benéfica.

81. Ha heredado de su padre la pulcritud.

82. El juego le llevará a la ruina

83. A causa del remordimiento de conciencia se revolvió toda la noche sin conciliar el sueño.

84. Me prometiste llevarme al parque de atracciones, así que tienes que cumplir tu {promesa/ palabra}.

85. Comí un alimento en mal estado y tuve diarrea.

86. Cuando fuimos a México en avión, hicimos escala en Los Ángeles.

87. El concurso de belleza se celebró en Barcelona por tercer año consecutivo.

88. La selección brasileña consiguió el campeonato por tercera vez consecutiva en la Copa Mundial de Fúbol.

89. El médico le recomendó que comiera fruta y verdura para evitar el estreñimiento.

90. Recorrieron en coche decenas de kilómetros buscando un lugar donde cazar.

91. Deja colgada la toalla con la que te has secado para que escurra.

92. Al verlo derramar la sangre, se cayó desmayada.

93. Antes las mujeres se dedicaban a las tareas del hogar y al cuidado de los hijos, a partir de los años 90 las cosas han cambiado mucho.

94. uando no tengo nada que hacer, a menudo veo la televisión para matar el tiempo.

95. ― Vengo de despedir a mi padre en el aeropuerto. Se ha ido {de/por} negocios a EEUU.

    ― Vengo del aeropuerto tras despedir a mi padre, que se fue de negocios a EEUU.

96. Al oír la noticia del accidente, se dejó caer en el sofá.

97. En cuanto entró en la habitación, {se dejó caer/se tumbó} en la cama.

98. El ex primer ministro japonés Keizo Obuchi ha fallecido 6 semanas después de haber sufrido el derrame cerebral.

99. En busca de una mejor vida, muchos norcoreanos huyen del país jugándose la vida.

100. La casa se ha inundado por las fuertes lluvias.

54. 종합응용작문 (3)

1. − Cuanto más joven seas, con más facilidad aprenderás una lengua extranjera.
   − Mientras seas más joven, más fácilmente aprenderás una lengua extranjera.

2. A lo sumo tendrá unos veinte años.

3. La batalla fue más sangrienta de lo que se imaginaba.

4. En las elecciones legislativas el partido gobernante obtuvo peor resultado del que se esperaba.

5. ¿Qué es lo que tienes en la mano?

6. Una de las propiedades que distinguen los coreanos de los japoneses es que a aquellos les encantan las comidas picantes y saladas.

7. Ellos siempre regresaban hambrientos del colegio.

8. Los fines de semana papá volvía borracho a casa.

9. ¿Cuál es su casa? Su casa es la que tiene la ventana pintada de azul

10. La temperatura normal del cuerpo humano es de 37 grados.

11. El comerciante se aprovechó de mi inocencia y me timó.

12. Tras el accidente estuvo {inconsciente/en coma} unos días.

13. − Las dos hermanas discutieron por cuestiones económicas y pasaron un año sin dirigirse la palabra, pero este mes se han reconciliado.
    − Las dos hermanas pasaron un año sin dirigirse la palabra tras discutir por cuestiones económicas pero este mes se han reconciliado.

14. Tengo muchos exámenes la semana que viene pero no quiero pasar el día entero estudiando.

15. Siento haberles hecho esperar.

16. Al principio no le reconocí porque tenía el pelo teñido de rubio.

17. Fueron acusados de haber saqueado e incendiado el pueblo.

18. Cuando vi el humo negro llenando el cielo, me di cuenta de que esa casa se ha incendiado.

19. Me pusieron una multa por aparcar (el coche) en la acera.

20. Es una pena que esto no quepa en el armario.

21. No me importa que trabajes hasta tarde.

22. A los políticos no les importa que mucha gente viva en miseria.

23. ¿A qué distancia está el aeropuerto?

24. Cuando hablé con él por teléfono, me pareció que estaba {acatarrado/resfriado}.

25. He visto algunos niños jugando en el parque.

26. Espero que todo se solucione como tú quieras.

27. Ella se sorprendió mucho por lo que le contamos.

28. Al explotar un autobús que pasaba por una glorieta, decenas de pasajeros que viajaban en él resultaron heridos.

29. Al menos 7 personas han muerto y más de diez han resultado gravemente heridas al estallar una bomba en un paso subterráneo del centro de Moscú.

30. Los terroristas hicieron estallar el coche en el que viajaba el general.

31. Los guerrilleros hicieron estallar el puente por el que pasaba el tren cargado de explosivos.

32. Al estallar una bomba cerca del hotel, unos transeúntes que pasaban cerca de allí {quedaron/resultaron} heridos

33. Habla más alto para que te escuchen todos.

34. Soy de Caracas, capital de Venezuela. El clima de allí es muy agradable. No hace ni calor ni frío. Venezuela no tiene cuatro estaciones. Sólo hay épocas de lluvia y épocas de sequía.

35. El ladrón se escapó {oculto/escondido} en el maletero del coche.

36. Mis padres vivían en este pueblo desde antes {de mi nacimiento/de que yo naciera}.

37. Según las estadísticas del Ministerio de Sanidad y Bienestar, cuatro de cada 10 coreanos beben más de una vez a la semana.

38. Uno de cada dos universitarios coreanos trabaja {por horas/a tiempo parcial} para ganarse la vida.

39. Según un informe, una de cada diez trabajdoras ha sufrido alguna vez acoso sexual en el trabajo.

40. Los coreanos creen que la salud es más importante que el dinero para ser feliz. Según un informe, uno de cada dos coreanos hace ejercicio por lo menos dos veces a la semana para estar en forma. Sin embargo, los expertos dicen que no hace falta estar obsesionados por {estar sano/la salud}.

41. Dos de cada tres coreanos están en contra del aborto y la pena de muerte.

42. Mientras volvía cansado del trabajo, cogió por casualidad un cheque de un millón de wones. Respiró hondo y empezó a andar despacio hacia su casa como si no hubiera pasado nada.

43. Creo que lo más importante es vivir feliz y en paz con todo el mundo.

44. Lo que más le gusta es dar un paseo con el perro por la playa.

45. Camina lo más lentamente que puedas.

46. Cada uno nace con un talento.

47. Al bajarme del autobús, me pillé el vestido con la puerta y me caí.

48. El joven le acarició la mano a la chica.

49. Al oír que su amigo se suicidó, se sintió culpable.

50. Bill Clinton y G. Bush se saludaron en el funeral del ex presidente R. Nickson, al que no asistió el vicepresidente Al Gore.

51. Me gustaría que la policía patrullara esta zona con frecuencia para prevenir crímenes.

52. La película 'JSA', que me ha recomendado Juan que vea, trata {de/acerca de/sobre} las relaciones entre las dos Coreas.

53. Quería ver 'misión imposible' pero las entradas ya estaban agotadas cuando llegué al cine. No tuve más remedio que ver otra película. Pero ésta fue más divertida de lo que pensaba.

54. El atleta coreano adelantó en los últimos metros al estadounidense.

55. He corrido tanto que ahora {me falta el aliento/jadeo}.

56. Déjale hacerlo como quiera.

57. La gripe que tienes no se cura con ningún medicamento.

58. En verano suelo dormir con la ventana y la puerta abiertas.

59. Cuando entré en la habitación, estaba llorando con la cara oculta entre las piernas.

60. Si no nos hubiéramos escapado entonces, ¿qué sería de nosotros ahora?

61. Al terminar la guerra, la situación económica se normalizó.

62. Su compañero fue mordido ayer por una serpiente venenosa al subir la montaña y fue llevado al hospital. Pero está en coma.

63. Mamá me prohibió salir durante dos meses para escarmentarme.

64. Cocinaré como me enseñó la abuela.

65. Aunque discuten con frecuencia, se quieren.

66. Ahorra mucho para el futuro.

67. La víspera de 'Chusok' nos hablamos sentados en círculo.

68. Muchos de los extranjeros que conozco me dicen que las comidas coreanas son demasiado picantes. Pero hay muchas comidas no picantes.

69. *Tokguk* es uno de los platos tradicionales de Corea. En general, lo tomamos de desayuno tras rendir culto a los antepasados en la mañana del primer día de Año Nuevo.

70. Juan es un celoso y no se alegra del éxito ajeno.

71. No nos vamos a dejar engañar.

72. No te dejes engañar.

73. Juan se dejó engañar por su amigo.

74. No debes dejarte engañar por lo que brilla.

75. La actriz se dejó fotografiar por los periodistas.

76. Dejamos llorar al bebé toda la noche.

77. Su comportamiento ha sido ejemplar hasta ahora y ninguno de los que le conocen cree que haya cometido el homicidio.

78. — Se siente dueño de sí misma.

— Tiene mucha confianza en sí misma.

79. No tienes la culpa de haber nacido pobre y no te desanimes.

80. ¿Cuántos años lleváis casados?/¿Cuánto tiempo hace que estáis casados?

81. Cuando ella abrió los ojos asustada, él la estaba mirando con la espalda apoyada en la mochila.

82. Espero que la tensión se afloje con la cumbre entre dos Coreas.

83. En verano se necesita reservar una habitación con varias semanas de anticipación.

84. Mi hermana aprendió a hablar perfectamente el japonés en seis meses.

85. Lo que más me gusta de España es el paisaje.

86. ¿Cuál es la montaña más alta del mundo?

87. ¿Cuál es el coche más vendido este año?

88. El Amazón, que empieza desde los Andes, atraviesa el Brasil y desemboca en el Atlántico, es el río más largo del mundo .

89. Ciudad de México, capital de México, es la segunda ciudad más poblada del mundo, después de Sao Paulo, en Brasil.

90. En la biblioteca se ven más estudiantes que de costumbre.

91. Tardé unas tres horas en excavar un agujero de dos metros de diámetro y tres metros de profundidad.

92. Esta piscina tiene veinte metros de anchura y 25 metros de longitud.

93. EEUU ha conseguido que el primer ministro israelí y el líder palestino {alcancen/lleguen a} un acuerdo para poner fin a la violencia de los últimos días.

94. — El viento me ha desdreñado el peinado.

— Se me ha enredado el pelo con el viento.

95. Aunque yo muera mañana, nunca olvidaré sus favores / ayudas.

96. A nosotros nos gusta viajar. No habrá nadie que no quiera ir al extranjero si tiene tiempo y dinero.

97. Actuó como si hubiera intuído lo que iba a ocurrir.

98. El profesor hablaba con el escritor como si lo conociera desde hacía mucho tiempo.

99. Ella se sintió como si de repente se hubiera hecho una gran persona.

100. Como tenía una cara como si no hubiera ocurrido nada, nadie sabía cómo se sentía.

101. El año pasado visité mi ciudad natal después de mucho tiempo pero me sorprendí mucho al verla tan cambiada. Me pareció como si estuviera en un lugar desconocido.

55. 종합응용작문 (4)

1. En tu lugar, nunca volvería a conducir estando bajo los efectos de alcohol.

2. Sin el sol, no podríamos sobrevivir.

3. Sin su ayuda, no habría podido contestar de inmediato.

4. Sin su recomendación, ahora no estaría trabajando en esta empresa.

5. Si yo lo hubiera abandonado aquel entonces, no habría logrado este resultado tan bueno.

6. Si no me hubieras ayudado, no sé qué habría sido de mí.

7. Si hubiera más comunicaciones entre los padres y los hijos, habría menos suicidios entre los jóvenes.

8. La amistad es como la paz y el amor, que son cosas muy importantes de la vida. Si todo el mundo tuviera amistad, no habría guerras y nuestra vida sería más hermosa.

9. ¿Cuándo vas a ordenar los libros colocados de manera desordenada sobre la

mesa?

10. Poco antes de las once de la noche, mi hermana ha dado a luz a su segundo hijo en una clínica de Seúl.

11. No cambio de coche, no porque no tenga dinero, sino porque quiero mantenerme en forma.

12. Vi a Juan entrar en la habitación de María a medianoche.

13. Como hacía mucho calor, se desabrochó el botón del cuello y se dio aire a la cara con la mano.

14. Tras sudar mucho, me tragué de una vez un vaso de agua fría para refrescar la garganta.

15. Es una costumbre muy hermosa ceder el asiento a los mayores en autobús.

16. La alta tecnología beneficia a muchas personas y contribuye al mejoramiento de la calidad de vida, pero al mismo tiempo ocasiona la destrucción del medio ambiente.

17. Esta chaqueta no me queda bien. Me queda un poco apretada. ¿No tienen una talla más grande?

18. María está divorciada y trabaja como guía de turismo en Sevilla para criar a sus tres hijos sin su esposo.

19. Cuando entré en el restaurante, la gente comía en silencio o hablaba en voz muy baja.

20. Las autoridades sanitarias han rodeado con el alambre de espino el área, donde se produjo la epidemia, y prohibieron el paso.

21. Cuando se produjeron las inundaciones el año pasado, el gobierno dijo que tomaría unas medidas preventivas para que no se repitieran los desastres pero aún no ha adoptado ninguna medida.

22. Es él quien me robó la cartilla de ahorros.

23. La cuerda que has traído es demasiado corta para atar el paquete.

24. No te prestaré dinero, aunque me lo pidas de rodillas.

25. Siempre que el abuelo lo veía lo trataba con frialdad. Nunca le perdonó por lo que había hecho hasta que murió.

26. Está prohibido tirar botellas por la ventanilla.

27. Lleva las botas por si el terreno está blando por la lluvia caída ayer.

28. Me quedaré contigo por si me necesitas.

29. Antes de salir del despacho, ella dejó una nota por si alguien preguntaba por ella.

30. Cuando se enfadó el presidente, todos los ministros se quedaron callados sin saber qué hacer.

31. En este mercado podemos comprar barato lo que necesitamos.

32. Generalmente, las personas que dejan de fumar {se ponen gordas/engordan}.

33. Los alimentos más ricos son los que más engordan.

34. Al verla, me temblaron las piernas.

35. Me bajé de la bicicleta y fui arrástrandola.

36. Aún queda mucho camino por recorrer hasta alcanzar la igualdad social y económica entre dos sexos.

37. En España más de 5 millones de mujeres, el 31% de la población femenina, se dedican exclusivamente a las tareas del hogar.

38. La paella es un plato español hecho con mariscos, pollo y arroz.

39. Estoy muy enfadado con él, así que no me hables de él.

40. Esta tarta sabe a limón.

41. Me he dado un golpe muy fuerte en la rodilla.

42. El coche en que yo iba chocó contra otro; me di un golpe en la cabeza y perdí el conocimiento.

43. Nunca me siento frustrado.

44. Al oírlo, se sintió satisfecho.

45. Es mejor cobrar menos y estar seguro en el trabajo que cobrar mucho y perder el empleo con facilidad.

46. Al verme tumbado, ha venido corriendo hacia mí blanco como el papel.

47. Cuando Juan iba a marcharse, Pedro vino corriendo por detrás y le dio un puñetazo en la cara con todas sus fuerzas, y éste echó sangre por la nariz.

48. Miguel de Cervantes murió el 23 de abril de 1616, día en que también falleció William Shakespear.

49. He tardado 7 años en terminar este libro.

50. ¿Cuánto tiempo se tarda de Barcelona a Madrid?

51. Oyó entonces sonido fuera y se apresuró a abrir la puerta.

52. Poco después de que los novios volvieran del viaje de luna de miel, cayó enferma su abuela.

53. ¿Cuál de estos hombres te parece el más guapo?

54. Cataluña es la región más industrializada de España.

55. Hace 20 años que Juan heredó de su padre la presidencia de la empresa.

56. Todo el mundo condenó enérgicamente los atentados del 11 de septiembre.

57. En los años 70 y 80 muchos disidentes fueron perseguidos por el régimen dictatorial.

58. El mantenimiento de la paz y la estabilidad en la península coreana son lo más importante.

59. Tenemos que hacer muchos esfuerzos por adelantar la reunificación.

60. Prepárate para ir de excursión.

61. El atracador llamó por teléfono a su novia antes de entregarse a la policía.

62. La bandera ondea con el viento.

63. Hicieron una apuesta a ver quién comía más rápido.

64. Apostaron una comida a ver quién llegaba antes a la meta.

65. Es fácil agriparse en los cambios de las estaciones, así que se necesita lavarse bien al {llegar/volver} a casa.

66. Sus lágrimas {me ablandan/me derriten el alma/ablandan mi sentimiento}.

67. Él tiene mucho pelo pero su hermano tiene poco pelo.

68. Las mujeres quieren verse más guapas y los hombres, más varoniles.

69. − Tengo los ojos irritados porque no dormí anoche.

    − Se me han enrojecido los ojos porque no dormí anoche.

70. Al verme mi hija, se le humedecieron los ojos.

71. Juan vuelve a casa en cuanto termina el trabajo, y sus compañeros piensan que su mujer le tiene en un puño.

72. Al oír que está vivo, respiré con alivio.

73. Debemos tomar medidas para solucionar la contaminación del aire y de las aguas antes de que sea demasiado tarde.

74. Inventé un pretexto urgente y abandoné allí.

75. Cárgame {a/en} la espalda.

76. Carga al niño {a/en} mi espalda.

77. Mamá me cargó {a/en} la espada.

78. Siempre lleva al bebé {a/en} la espalda.

79. Tengo un buen presentimiento./Tengo un mal presentimiento.

80. Quiero llegar lo más lejos posible.

81. Los árbitros cometen errores al igual que los jugadores.

82. El guardia me multó sin vacilar.

83. No hay nadie que se atreva a decirle que se porte bien.

84. La Constitución reconoce a todos los coreanos el derecho a la educación.

85. Por muy difícil que sea, debes hacerlo.

86. Mientras estaba en la ducha, sonó el teléfono y salí del baño a cogerlo, pero era una llamada equivocada.

87. Fui a la biblioteca a hacer la tarea pero no pude encontrar ningún libro que consultar.

88. − Le pedí prestado este coche.

    − Este coche se lo he pedido.

89. − Le pedí prestada esta corbata.

— Esta corbata se la pedí prestada.

90. Me pidió prestado el traje

91. Le pedí prestado el collar.

92. El coche no es suyo; lo tiene de prestado.

93. Siempre va vestido de prestado.

94. Cuídate, porque si el catarro empeora, puede degenerar en bronquitis o pulmonía.

95. Mi hermano no tiene más que un año. Aún no sabe andar y anda a gatas.

96. Algunos científicos dicen que puede haber vida en la Luna.

97. La recogida de basuras es una buena manera de evitar malos olores y posibles infecciones.

98. Hubo un malentendido entre ellos y su amor se enfrió.

99. ¿Qué sueles ponerte cuando vas invitado a una fiesta?

100. Aprobó el examen con muy buena nota.

56. 종합응용작문 (5)

1. Montó una empresa con el dinero que le prestaron sus suegros pero quebró por falta de experiencia(s) a pocos meses.

2. María me dijo que se le habían perdido las llaves. No tardé mucho en encontrarlas porque estaban caídas en el mismo lugar donde me dijo que las había perdido.

3. A pesar de que gana mucho dinero, no cambia de coche.

4. Lo han criticado mucho porque cambió de partido.

5. Lo reconocí nada más oír/escuchar su voz

6. Deseamos que los novios sean felices.

7. Espero que ella no lo tome a mal.

8. Devuélveme el dinero que te presté.

9. Me pidió que le devolviera lo que me había regalado.

10. Aunque nos suplique que le prestemos dinero, no lo haremos.

11. Tenlo todo preparado por si acaso viene ella.

12. Es extraño que todavía no hayan llegado. Se habrán perdido por el camino.

13. Cuando le sugerí a José que nadáramos juntos, me dijo que no sabía nadar.

14. Por más que trabajes, no te harás millonario.

15. No tengo ningún amigo que sepa jugar al ajedrez.

16. Cuando volví a casa, me enteré de lo que había pasado.

17. Los que estén de acuerdo conmigo, levanten la mano, por favor.

18. El que se levante primero, que despierte a los demás.

19. Es posible que mis amigos vengan a verme mañana.

20. A mamá no le gusta que papá lea el periódico mientras come.

21. Terminé el trabajo sin que nadie me ayudara.

22. Es absurdo que Vd. me lo diga.

23. Los españoles {se sienten/están orgullosos} de que muchos escritores se inspiren en las obras de teatro de Lope de Vega.

24. No me importa que mi hija juegue un papel de poca importancia en el teatro. Lo único que espero de ella es que haga todo lo posible.

25. El presidente ha ordenado a la policía que tome unas medidas de seguridad para que la población se sienta segura.

26. Cómprate un teléfono móvil para que podamos ponernos en contacto contigo, estés donde estés.

27. Estés donde estés, no olvides que eres coreano.

28. Venga quien venga, no le abras la puerta nunca.

29. Nadie me impedirá que exprese mi opinión.

30. Ya es hora de que os pongáis a trabajar.

31. Ya es hora de que me marche.

32. Es hora de que nos acostemos.

33. Si Vd. quiere que le dejemos entrar, identifíquese primero.

34. No es fácil que los ricos ayuden a los pobres.

35. Es corriente que el tren llgue con retraso en este país.

36. Es imposible que los coreanos perfeccionen en pocos meses.

37. Ha sido un accidente terrible pero lo importante es que estáis vivos.

38. No creo que él no haya respetado las señales de tráfico.

39. Es posible que mienta en el juicio.

40. Es posible que haya mentido en el juicio.

41. Es muy raro que se haya olvidado de la cita conmigo.

42. A mí no me gusta que hables de política a tu edad. Lo único que debes hacer ahora es estudiar.

43. Los españoles desayunan ligero y almuerzan fuerte.

44. Haz lo que te parezca mejor./consideres mejor

45. Me gustaría que estudiaras en la misma escuela que yo.

46. No se puede esperar que sea alegre alguien que siempre está preocupado por dinero.

47. Fue difundido por Internet un vídeo en el que unos diputados del partido gobernante recibían sobornos de unos empresarios, y los grupos civiles pidieron a la Fiscalía que investigara a fondo el incidente.

48. Lo único(=la única cosa) que no puedo soportar es que se rían de mí.

49. Lo único que no aguanto es que hables mal de mis padres.

50. La policía me pidió que mostrara el carné de identidad.

51. Anoche Juan dijo que le trajera una taza de café a su despacho. Cuando se la llevé, me dijo que la dejara en la mesa y que saliera. Media hora después, cuando volví a entrar en el despacho, (vi que) {ya estaba dormido/dormía} y (que) el café ya estaba frío.

52. Lamentamos mucho que no haya salido el resultado que deseábamos en el último experimento.

53. La llamé para decirle que presentara el informe de la contaminación del medio ambiente.

54. Me encerré en mi despacho para que no me molestara.

55. Cada vez que escucho noticias de accidentes por la radio, se me para el corazón. Siempre que sales de casa, rezo para que a ti no te ocurra nada.

56. Date la vuelta para que te veamos.

57. El hecho de que sea rico no siempre significa que sea feliz.

58. Saber hablar español es muy importante en la vida contemporánea, pero se necesitan muchos esfuerzos para hablarlo bien.

59. Saca del frigorífico la carne para que se descongele antes de que lleguen los invitados.

60. No sentirá ningún dolor hasta que no terminen los efectos de la anestesia.

61. El año pasado Juan conoció a una chica decente que trabajaba en un banco y pronto los dos se hicieron muy amigos. Un día le pidió que se casara con él.

62. Lamento mucho que haya muchas víctimas a causa del atentado. Deseo que no se repita esta tragedia.

63. En una rueda de prensa sostenida tras el encuentro con el ministro de asuntos exteriores, el secretario de Estado de EEUU pidió que las dos Coreas reanudaran el diálogo sin condiciones.

64. Ella se pintó las uñas de rojo y se tiñó el pelo de amarrillo para verse más guapa.

65. Haz tu trabajo lo mejor posible para que el jefe no se aproveche de tus defectos.

66. Le dije al peluquero que, después de cortarme el pelo, me afeitara la barba y las patillas.

67. Estoy muy orgulloso de que la selección coreana haya pasado a la semifinal en la Copa Mundial de 2002.

68. Me alegro mucho de que mi equipo favorito haya conseguido el campeonato.

69. No es fácil que nuestro equipo consiga el campeonato por tercer año consecutivo en los juegos asiáticos.

70. No me gusta que regreses tarde a casa.

71. No me gusta que conduzcas tan deprisa.

72. Al profesor no le gustaba que los alumnos faltaran a clase o llegaran tarde a clase.

73. Me gustaría que Uds. tuvieran la oportunidad de conocer España.

74. No puedo creer que ese hombre tan aplicado haya fracasado en sus negocios.

75. Suplicó al jefe que le pagara por adelantado el sueldo.

76. Los españoles duermen la siesta, no porque sean perezosos sino porque no pueden trabajar de día por el calor.

77. María le pidió a Pedro que le contara algo y él le preguntó qué quería que le contara.

78. No me extraña nada que él no te dijera nada porque es muy tímido.

79. No es de aquí. Si no recuerdo mal, es del sur.

80. El concierto será a medianoche.

81. Mañana se dará a conocer el resultado del examen.

82. Juan se puso enfermo de tanto comer.

83. Él subió por la escalera pero yo subí en el ascensor.

84. Viajar en avión es más rápido que viajar en tren, pero es menos divertido.

85. Me gusta más viajar con los amigos que viajar solo.

86. Sabemos bien que un día tenemos que morir, pero nadie está dispuesto a aceptar la muerte.

87. Cuando entré en la habitación, el niño sangraba por la nariz.

88. Estoy dispuesto a sacrificarme por el futuro de mis hijos.

89. − Ella lleva un año {hospitalizada/ingresada}.

    − Hace un año que está {hospitalizada/ingresada}.

90. En España se madruga más de lo que yo imaginaba.

91. Me compré esta camisa en la fábrica a precio de coste.

92. En Corea se elige al presidente cada cinco años.

93. Se admira al rey de España por su dedicación a la democracia.

94. Todas las mañanas mi hija me pide que le peine el pelo.

95. Sigue arrodillado.

96. Ella está arrodillada en el despacho de su padre desde hace una hora.

97. Lo que más me molesta es tener que hacer cola delante de la taquilla.

98. El exceso de velocidad es un acto castigado por la ley.

99. Soy el mayor de mis hermanos y el que más se acuerda del padre, que falleció hace 5 años.

100. No te permitiré ir a la fiesta si no prometes no tomar bebidas alcolólicas.

101. Te permitiré ir a la fiesta si me prometes volver antes de medianoche.

심상완

- 서울대학교 인문대학 西語西文學科 졸업(학사)
  서울대학교 대학원 西語西文學科 졸업(석사)
  스페인 마드리드 대학교 스페인어과 졸업(박사)
- 서울대학교 강사(1996), University of Connecticut 방문교수(2006~2007)
- 단국대학교 외국어대학 스페인어과 교수 (1997~현재)